RIEMANN
VERLAG

SIMONE EGGER

HEIMAT

WIE WIR UNSEREN SEHNSUCHTSORT IMMER WIEDER NEU ERFINDEN

RIEMANN VERLAG

INHALT

SPUREN IN DER GEGENWART

FINE ANTIQUE AND MODERN BEADS
JEWELRY REPAIRED
SURPRISE PARTY
85

IN DER MÜNCHNER U-BAHN sitzen vier Damen mittleren Alters in historischen Kostümen aus der Zeit des Biedermeier. Ein ungewöhnlicher Anblick, aber die Gruppe ist auf dem Rückweg von einer Veranstaltung, dem Stadtgründungsfest am 15. Juni 2013. Über die auffälligen Kleider entspinnt sich ein Gespräch mit einem jungen Ehepaar, das gegenüber Platz genommen hat. Der Mann sagt ein paar Worte, er spricht Deutsch mit arabischem Akzent, seine Frau lächelt.

»Sie kann kein Deutsch«, bemüht er sich zu erklären.

»Die Sprache«, betont die Dame gegenüber, »die Sprache ist aber so wichtig.« Sie habe selbst im Ausland gelebt, sie weiß, dass die Sprache der Zugang zu einer Kultur ist. Gerade wenn man sich nicht auskennt und sich fremd fühlt.

Ihm gefällt es hier, sagt der junge Mann, die andere Kultur, alles sehr interessant. Wo sie denn gewohnt hat, fragt er zurück.

»In Ungarn, mein Mann stammt von dort«, antwortet die Frau. Dann sind sie nach Deutschland gezogen. »Aber jetzt möchte er gerne wieder zurück, das Heimweh.«

Der junge Mann nickt, zunächst hat er auch vorgehabt, in seine erste Heimat zurückzugehen, er verweist auf seine Frau. Er wollte nur zum Studium in Deutschland bleiben. Aber jetzt hat er sich eingelebt, eine Rückkehr hält er für ausgeschlossen.

»Das ändert sich im Alter«, meint seine Gesprächspartnerin, »im Alter wächst die Sehnsucht nach zu Hause, dem Ort, aus dem man kommt.«

Heimat steht für Familie. Heimat meint Erinnerungen. Heimat lässt sich verorten. Heimat kann man riechen, schmecken, fühlen. Heimat ist da, wo das Herz wehtut. Heimat, das sind Gefühle und Emotionen. Diese Eigenschaften erscheinen beinah zeitlos. Die Welt hat sich aber in den vergangenen 200 Jahren rasant gewandelt, gerade in den letzten Jahrzehnten sind in rascher Folge immer neue Möglichkeiten und Entwicklungen hinzugekommen. Alles ist in irgendeiner Form erreichbar geworden. Die Menschen sind zu Beginn des 21. Jahrhunderts mobiler und vernetzter als jemals zuvor. Über das Internet lassen sich nicht nur Informationen rund um den Globus einholen, sondern auch Menschen in allen Regionen der Erde kontaktieren. Vor diesem Hintergrund stellt sich natürlich auch die Frage, ob so etwas wie Heimat inzwischen nicht hoffnungslos veraltet ist. Hat Heimat überhaupt noch Bestand?

In den letzten Jahren ist Heimat wieder ein großes gesellschaftliches Thema geworden. In ganz unterschiedlichen Bereichen wird über Heimat gesprochen und nachgedacht. Nicht immer tragen diese Debatten dasselbe Etikett. Heimatliches gibt es heute in allen erdenklichen Formen und Farben zu kaufen. Inzwischen hat sich eine eigene Ästhetik entwickelt. Die pinkfarbene Kuckucksuhr etwa steht für Verbundenheit und ist zugleich modern. Pop und Heimat schließen sich nicht mehr aus, sondern sind längst eine neue Verbindung eingegangen.

In wirtschaftlich angespannten Zeiten wird auch das Eigenheim zusehends aufgewertet. Man zieht sich dahin zurück, wo man

sich sicher fühlt. Gleichzeitig bedrohen explodierende Mieten und unvorhersehbare Flutkatastrophen die Orte, die für das Selbstverständnis so viel bedeuten, weil sie Heimat sind. Auch Themen wie »Flucht« und »Vertreibung« haben damit zu tun – wann ist Heimat schließlich wichtiger als im Augenblick des Verlusts? Immer wieder wird Heimat infrage gestellt. Im Laufe eines Lebens muss man sich heute oft mehrfach entscheiden und orientieren. Was ist mir wichtig, wo fühle ich mich verstanden und wo gehöre ich hin?

Die Frage nach der eigenen Zugehörigkeit ist und bleibt eine Frage, die alle Menschen betrifft. Grund genug also, über Heimat nachzudenken und sich auf die Suche zu begeben. Was macht Heimat in der Gegenwart aus? Welche Rolle spielen die Krisen und Konflikte der Welt, wenn es um das persönliche Verständnis von Heimat geht? Und wie wird Heimat heute wahrgenommen?

Was Heimat im Einzelnen heißt, muss jeder für sich selbst wissen. Eine allgemein gültige Definition gibt es nicht. Während manche an einem ganz konkreten Haus oder einer Region festhalten, ist es für andere die Familie oder der Freundeskreis, worauf sie sich in erster Linie beziehen. Wieder andere erklären, dass sie Heimat in einem Gegenstand verkörpert sehen. Das eigene Sofa oder die von der Großmutter geerbten Ohrringe stehen für Geborgenheit und das Verbundensein mit einer Geschichte. Heimat hat viel mit der Gegenwart zu tun, lebt aber auch von Erinnerungen. Aus anderen Zeiten ist Heimat mit einer Fülle von Bildern und Stimmungen aufgeladen.

Hermann Bausinger hat sich eingehend mit dem Thema befasst. Der bekannte Tübinger Kulturwissenschaftler nimmt an, dass »Heimat … – um nur weniges anzudeuten – ganz überwiegend als eine Form der *inneren Einstellung* verstanden und weithin an Erinnerungen festgemacht wird … aber auch, als ein Eindruck von *Lebensqualität*, an äußere Bedingungen gebunden werden [kann]; Heimat kann begründet werden in der Tradition und den Traditionen, kann aber auch als Ergebnis gegenwärtiger Aneignungen und Auseinandersetzungen verstanden werden.«[1]
Bausinger spricht nicht von einem feststehenden Begriff, sondern er zeigt an einer Vielzahl von Möglichkeiten auf, was Heimat ist und sein kann. Anhand von unterschiedlichen Aspekten eröffnet er ein Spannungsfeld, das die eigene Wahrnehmung ebenso mit einbezieht wie die Auseinandersetzung mit anderen. Neben den wechselnden Befindlichkeiten jedes Menschen wirken äußere Bedingungen auf das Verständnis von Heimat. Das

können die politischen Umstände in einem Land sein, das soziale Umfeld oder Probleme bei der Arbeit, ein schreckliches Unwetter oder die aktuelle Wohnsituation. Auch zeitlich legt sich Bausinger mit Blick auf die Heimat nicht fest, die Verortung in der Vergangenheit kann eine Rolle spielen, aber auch die Suche nach sich selbst und seinem Zuhause im Hier und Jetzt. In jedem Fall ist Heimat kein Harmonieraum, sondern eingebunden in Voraussetzungen und Situationen und muss immer wieder neu ausgehandelt werden.[2]

Der Begriff lässt sich längst nicht mehr mit einem Wort erklären. Der Blick auf das, was Heimat ist oder ausmacht, muss weiter gefasst werden. Heimat, das ist nicht nur ein Ort oder ein Bild. Was Heimat ist, kann sich im Laufe eines Lebens verändern. Mit der Globalisierung steigt die Wahrscheinlichkeit, dass wir unseren Sehnsuchtsort immer wieder neu erfinden müssen. Heimat ist immer auch ein Prozess. An der eigenen Biografie wird sichtbar, wie sich Heimat über die Jahre gewandelt hat. Menschen können ihre Heimat verlieren, sich aber auch neue Heimaten aneignen. Einmal ist Heimat der Geschmack von Erdbeeren im Sommer, ein anderes Mal das Notebook, das für die Kontakte zu Freundinnen und Freunden steht. Heimat kann eine gestrickte Decke sein und ebenso die Welt eines Computerspiels. Heimat ist eine öffentliche Angelegenheit und zugleich sehr privat. Es gibt dennoch Momente, die immer wieder auftauchen, und bei aller Vielfalt gibt es große Themen, die auch in den einzelnen Betrachtungen immer wiederkehren. Heimat hat vor allem einen räumlichen Bezug. Ein Haus, eine Wohnung, ein Zimmer, nichts steht so prägnant für »zu Hause« wie alle möglichen Orte, an denen man lebt oder an die man sich erinnert.

Heimat hat oft auch eine soziale Komponente, das heißt, Menschen fühlen sich heimisch im Kreise ihrer Lieben, in der Familie, unter Bekannten, unter Gleichgesinnten. Für die einen bedeutet Heimat, sich politisch zu engagieren, das Spektrum reicht vom Kaffeekochen für den Nachbarschaftsverein über den Einsatz in einer Kirchengemeinde oder die Gründung einer Bürgerinitiative bis hin zum Kampf gegen ein politisches Regime. Andere verstehen ihre Mitgliedschaft im Trachtenverein als Ausdruck von Heimatpflege. Immer geht es dabei um Herzensangelegenheiten.

Auch die bildliche Dimension von Heimat spielt eine Rolle. Manchmal reicht eine Vorstellung oder eine Idee, um Heimat zu empfinden. Sehnsuchtsorte wie die Küche der Großmutter, die man als Kind so geliebt hat, fallen ebenfalls in diese Kategorie. Mitunter ist auch die Vorstellung von einer vollkommenen Heimat für das eigene Leben wichtiger als das Heim, in dem man lebt, oder das Umfeld, in dem man sich bewegt. Die Welt lässt sich nicht in Ideale und Realitäten unterteilen. Träume, Bilder und Ideen wirken sich ganz wesentlich auf unser Leben aus und sind damit zentraler Bestandteil unseres Alltags. Heimat kann in einer Welt, in der nahezu alles denkbar und vieles möglich geworden ist, nicht auf eine einfache Formel gebracht werden. Dieses Buch ist vielmehr als Spurensuche zu verstehen, eine Spurensuche in spätmodernen Zeiten.

Erwin Wurm,
»Narrow House«, Bundeskunsthalle Bonn, 2013
Wurm schrumpfte sein Elternhaus auf 1,2 Meter Tiefe

HEIMAT.
EINE BIOGRAFIE

TEAM GB
GBR
OFFICIAL SUPPORTER

BEGRIFFSGESCHICHTEN – VOM HEIMATRECHT ZUR ROMANTISCHEN IDEE

»Es gibt Wörter, bei denen die jahrhundertelange Benützung nicht dazu geführt hat, daß die alten Bedeutungen abgeschliffen wurden und die jetzige Substanz glatt und klar zutage tritt, die vielmehr die Nuancen früheren Gebrauchs mit sich tragen und deshalb von jeder Seite wieder etwas anders aussehen«,[1] schreibt Bausinger.

Heimat, was meint das überhaupt? Nur wenige Wörter fassen so viele unterschiedliche Themen zusammen. Nur wenige Wörter stehen gleichzeitig für so viele verschiedene Bereiche. Nur wenige Wörter transportieren eine derart wechselvolle Geschichte und lassen sich doch immer wieder neu finden – und erfinden. Dabei kann man gar nicht mit einem Wort sagen, was Heimat eigentlich alles meint. Ist Heimat nun eher ein Ort, ein Gefühl oder vielleicht doch ein Ding, eine Sache? Oder ergibt sich Heimat vor allem aus der Beziehung zu anderen Menschen, aus der Liebe zu einer Partnerin oder einem Partner, aus dem Zusammenhalt von Freundeskreis und Familie? Während für die einen diese und jene Thematik im Vordergrund steht, legt ein anderer die Frage nach der Heimat vielleicht auch ganz anders aus. Manche sagen: »Die Heimat, klar, das ist der Ort, aus dem ich stamme.« Und manche meinen mit der gleichen Selbstverständlichkeit: »Heimat ist für mich die Verbindung zu den Leuten, die sich – ob Autotuning, Gartenarbeit oder Schachspielen – für das gleiche Hobby interessieren, die gleiche Musik hören oder in der gleichen Szene vernetzt sind.« Der Nächste will sich lieber in seiner Wohnung verkriechen, und Heimat bedeutet Ruhe und Frieden. Heimat ist die Phase, in der niemand stört. Für die einen mag ein einziger Aspekt zentral sein, für andere gilt genau das Gegenteil. Das gemütliche Wohnzimmer befindet sich dann gleich neben dem Musikantenstadl, die Nähe zu den eigenen Kindern trifft auf eine Sammelleidenschaft für Gartenzwerge. So unterschiedlich die Menschen sind, so unterschiedlich sind auch ihre Heimatbilder.

Bei jedem Versuch, die eine oder die andere Heimat zu beschreiben, scheint es aber immer um einzelne Momente zu gehen, die Teil eines größeren Ganzen sind. Bei jeder Definition von Heimat klingen im Hintergrund auch all die Facetten des Begriffs an, die gerade nicht zur Sprache kommen. Gängige Vorstellungen und typische Debatten sind selbst dann präsent, wenn es um ein individuelles Verständnis von Zugehörigkeit geht. Gerade diese Überlagerungen machen die besondere Vielfalt des Heimatbegriffs aus.

Vielleicht ist es letzten Endes aber auch gar nicht so wichtig, ob Heimat nun etwas Materielles oder etwas Ideelles, eine bestimmte Speise, einen Landstrich oder einen ganz besonderen Geruch meint, ob Heimat nun eher für Zugehörigkeit, für Freundschaft oder für Sicherheit steht. Wichtig ist, was Menschen in unterschiedlichen Zusammenhängen empfinden und was das Wort »Heimat« sein kann. Das Spannende daran sind ja gerade die verschiedenen Zuschreibungen, die den Begriff so schillernd erscheinen lassen. Einerseits wird die Frage nach Heimat von allen Menschen im Laufe ihres Lebens immer und immer wieder neu diskutiert. Andererseits hat Heimat auch eine historische Dimension, aus der sich die Tiefe des Wortes ableiten lässt. Die vielen Versatzstücke kommen eben auch von der langen Verwendung des Begriffs, sagt Bausinger. Die Biografie des Wortes hat viel mit seiner Verwendung zu tun und verspricht Auskunft darüber, wie die Rede von der Heimat über die Jahrhunderte zu einem derart komplexen Thema geworden ist.

Nach Kluges etymologischem Lexikon war das Wort »Heimat« im Mittelhochdeutschen bereits vor dem 11. Jahrhundert bekannt und meinte in seiner ursprünglichen Bedeutung etwa so viel wie »Stammsitz«. Ebenfalls nahe liegt hier die Auslegung im Sinne von »Erbbesitz«, andere Zuschreibungen müssen jedoch Spekulation bleiben.[2]

Bis ins 19. Jahrhundert hinein sollte die Koppelung einer rechtlichen Ordnung mit der Bindung an einen konkreten Ort das Verständnis von Heimat im deutschsprachigen Raum bestimmen. Vor allem in Bayern, in Österreich und in der Schweiz ist der Bezug zwischen räumlichen Strukturen und dem Begriff noch über diese Zeit hinaus bekannt und macht ein wesentliches Merkmal von Heimat aus: die Bezogenheit auf eine Gegend oder Region.

Die Kulturanthropologin Ina-Maria Greverus hat sich eingehend mit der Verknüpfung von Menschen und Orten auseinandergesetzt: »Bei ›Heimat‹«, erklärt die Wissenschaftlerin zur historischen Bedeutung des Begriffs, »handelt es sich entweder um die Gemeinde oder das nächstgrößere Territorium, die Grundherrschaft oder den Kanton (in der Schweiz) … [Gleichzeitig ist die] Heimat der Raum der Zuständigkeit, der Raum, der dem ›Heimatangehörigen‹, selbst wenn er verarmt ist, Schutz und Recht gewähren muß. Durch Heimatangehörigkeit erwarb man – durch Geburt, Heirat oder Einkauf – Heimatrecht.«[3]

Auf der gleichen Grundlage war es im Gegenzug aber auch möglich, die Heimat oder vielmehr das Heimatrecht zu verwirken, etwa wenn man sich zu lange Zeit an einem anderen Ort befunden hat. Das Absprechen jeglicher Unterstützung führt in diesem Zusammenhang zur Ausgrenzung aus einem bestimmten Areal, einem Dorf oder einer Stadt und damit immer auch aus einer Gemeinschaft. Der räumliche Bezug geht also mit sozialen Bindungen einher.

Gemäß der Redensart »Der Älteste kriegt die Heimat!«, in anderen Gegenden war es der jüngste Sohn, hatte auch im erbrechtlichen Sinne vielerorts nur einer aus der Familie einen Anspruch auf den elterlichen Hof. Die jüngeren oder älteren Geschwister hatten das angestammte Heim dagegen mittels Heirat oder als Gesinde zu verlassen und galten als Mägde oder Knechte ohne eigenen Grund, rechtlich gesehen, als heimatlos.[4] Wurde das Erbe zu gleichen Teilen an die Geschwister vergeben, reichte der Ertrag auf Dauer auch nicht für alle. Im Laufe des Lebens blieb vielen Menschen also schon in früheren Zeiten nichts anderes

»Der Älteste kriegt die Heimat!«

übrig, als sich aufzumachen, um eine neue Heimat und damit ihr Glück zu finden.

Nun konnte das System des Heimatrechts in bestimmten Landstrichen, Städten und Gemeinden nur unter der Voraussetzung funktionieren, dass sich der größte Teil der Bevölkerung eher wenig bewegte, sondern dauerhaft an einem Ort verweilte. Im Zuge der fortschreitenden Industrialisierung und mit dem steten Anwachsen der Bevölkerungszahlen aber verlangten bald gravierende Veränderungen in Wirtschaft und Gesellschaft die zunehmende Mobilität von Arbeitssuchenden in ganz Europa. Arbeiterinnen und Arbeiter wurden vor allem dort gebraucht, wo es Arbeitsplätze gab. In dieser Epoche des Umbruchs und des Wandels war eine Rückkehr im Falle der Bedürftigkeit aber meist nicht mehr möglich. Besonders in den Randgebieten der großen Städte, doch auch auf dem Land stieg mit der Zeit auch die Zahl der Heimatlosen, für die niemand mehr zuständig war. Die veränderte Situation verlangte nach einer angepassten Regelung.

Nachdem die Probleme von den herrschenden Mächten in Europa lange ignoriert worden waren, wurde das Heimatrecht in der zweiten Hälfte des 19. Jahrhunderts schließlich vom »Prinzip des Unterstützungswohnrechts« abgelöst. Dieses Recht sollte allen unter der Bedingung, dass sie mindestens zwei Jahre in der gleichen Stadt oder im gleichen Bezirk gemeldet waren, in einer Notlage unter die Arme greifen. Das ursprüngliche Heimatrecht begann sich nach und nach vom Ort der Herkunft abzukoppeln und zum späteren Staatsbürgerrecht zu entwickeln.[5]

Zu Beginn des 19. Jahrhunderts löste sich der Begriff also zusehends aus einem eindeutigen Zusammenhang. Heimat wurde in dieser Zeit nicht nur zu einem Recht, sondern auch zu einer idealen Welt, die ohne konkreten Rückbezug funktionierte. Ganz im Sinne der Romantik wurden Sehnsuchtsorte geschaffen, die Heimat meinten, aber nicht mehr exakt bezeichneten, was und wo diese Heimat war. Bilder von Bergen, von rauschenden Bächen und blühenden Wiesen, von Frauen und Männern in Tracht, Jagdszenen mit Hirschen und Kühe auf der Weide wurden zu beliebten Sujets der Landschafts- und der Genremalerei, die in jenen Jahren zu den wichtigsten und vor allem meistverkauften Gattungen im Kunstbereich zählten.

Von zentraler Bedeutung ist hier die Verbindung zu einer neuen Gesellschaftsschicht, die sich ebenfalls in dieser Epoche zu etablieren begann: dem Bürgertum. In großer Zahl erwarben Bürgerinnen und Bürger beispielsweise die Gemälde der Münchner Schule und anderer Landschaftsmaler, die weit über die jeweiligen Stadtgrenzen hinaus für ihre pittoresken Darstellungen bekannt waren. Die damit verbundenen Vorstellungen vom Landleben konnten sich gerade in einer Zeit durchsetzen, in der so manches in Bewegung geriet. Mit der Industrialisierung begann sich der Alltag der Menschen in Europa und in anderen Teilen der Welt radikal zu verändern. In den Städten wurden nicht nur

Fabriken gebaut. Für die industrielle Fertigung von Gütern wie zum Beispiel Lederwaren, Papier oder Automobilen bedurfte es zahlreicher Arbeitskräfte. Viele fühlten sich dadurch angezogen, verließen ihr Heimatdorf und zogen in die Stadt.
Zusehends wurde die Unterbringung zum Problem. Für Hunderttausende Menschen wurden Mietskasernen errichtet. Im städtischen Umfeld wohnten die meisten nicht mehr in einem einzelnen Haus oder auf einem eigenen Grundstück, sondern in einer Wohnung oder in einem Zimmer zur Untermiete. Gegenwelten zum oftmals rauen Alltag waren gefragt. Die Heimatbilder, die auch in vielen Gedichten und Romanen beschworen wurden, erinnerten an zu Hause oder schufen zumindest Orte, von denen sich träumen ließ.
Die Sehnsucht nach Heimat wurde aus unterschiedlichen Gründen zu einer Sehnsucht quer durch Schichten und Milieus. In diesem Moment entstand ein ideales Heimatbild, das aufzuheitern vermochte, an die Lieben zu Hause erinnerte und ein besseres Dasein versprach. Nicht nur in der Kunst wurde vor allem das Ländliche zur vollkommenen Lebenswelt erhoben. Vorstellungen von Schönheit und Natur verschmolzen zu einer Heimatästhetik. Die Probleme, die es in den Dörfern und auf den kleinen Bauernhöfen mit wenig Auskommen und vielen Kindern gab, oder die Armut, mit der viele Menschen gerade auch auf dem Land zu kämpfen hatten, wurden ausgeblendet. Heimat wurde zu einem Klischee, das Arbeiterinnen und Arbeiter über Schwierigkeiten hinwegtrösten konnte und in die bürgerlichen Stuben eine schwärmerische Idee von einem guten Leben brachte.

Gleichzeitig gab und gibt es Gegenden, die den romantischen Sehnsuchtsorten auf eine Weise entsprechen, dass einen das Gefühl nicht verlässt, dass das, was man da sieht, gar nicht wahr sein kann. Der Tegernsee etwa wirkt auf Besucher wie ein Gemälde, das Wirklichkeit geworden ist. Auch der Schliersee liegt malerisch in den Alpen. Vor historischen Bauerhäusern ragt der Kirchturm in dem gleichnamigen Ort am Seeufer in die Höhe. Die Menschen, die hier leben, wissen in der Regel, diese Bilderbuchqualitäten zu inszenieren. Gleichzeitig ist die Welt, die den Besuchern beinah allzu makellos erscheint, auch die Welt, in der die Menschen vor Ort tagtäglich leben. Ihre Heimat entspricht einem geradezu typischen Bild, das heißt aber nicht, dass eine weniger liebliche Umgebung nicht auch Heimat sein kann.

Schliersee

Um 1800 wurde die Landschaft und zumal die bayerische nicht nur im großen Stil als Motiv für Grafiken und Gemälde entdeckt. Vor allem Sportbegeisterte aus Großbritannien begannen sich für die Berge zu interessieren und gründeten sogenannte »Alpen-Clubs«. Der erste Verein dieser Art entstand 1857 in London, als Mitglieder des Adels im wahrsten Sinne des Wortes begannen, die Alpen zu erobern und aus sportlichem Interesse auf Berge zu steigen.

Gereist wurde freilich schon seit Jahrhunderten. Aus der Geschichte bekannt sind Wallfahrten und Handelsreisen, die Grand Tour, die zur Bildung junger Männer beitragen sollte, oder Kuraufenthalte, die sich in der Regel nur die Reichsten leisten konnten. Der Tourismus, wie wir ihn heute kennen, lässt sich in seinen Anfängen vor allem auf das 19. Jahrhundert zurückführen und hängt ebenfalls mit der Industrialisierung und ihren Auswirkungen auf die Gesellschaft zusammen. 1841 veranstaltete der Brite Thomas Cook die erste Pauschalreise, eine Bahnfahrt mit Nachmittagstee in die Umgebung von London. Auch Dampfschiffgesellschaften begannen sich im 19. Jahrhundert zu etablieren, und mit diesem Verkehrsmittel rückten auf einmal Ziele in fernen Ländern in greifbare Nähe. Erste Agenturen begannen Fahrten zu vermitteln und hatten die unterschiedlichsten Ferienorte im Portfolio. War diese Art der Unterhaltung zunächst den wohlhabenden Familien vorbehalten, begannen nach und nach auch Menschen aus anderen gesellschaftlichen Milieus zu reisen. Mit der Durchsetzung einer Sozialgesetzgebung, die wöchentliche Arbeitszeiten regelte und damit Freizeit und Ferien überhaupt erst ermöglichte, war die grundlegende Voraussetzung für den Tourismus geschaffen. Mit einem freien Sonntag und Anspruch auf Urlaub gab es auf einmal Raum für andere Betätigungen. Auch Arbeiterinnen und Arbeiter begannen sich nun in der Umgebung umzuschauen, machten Tagesfahrten in der Region und besuchten am Wochenende nahe gelegene Ausflugsorte. Dem Alpenverein und anderen in der zweiten Hälfte des 19. Jahrhunderts begründeten Gruppierungen dieser Art ging es vor allem um ein Erkunden der Natur.

Der Tourismus

Der Münchner Kulturwissenschaftler Burkhart Lauterbach ist ein Experte für die Entwicklungen dieser Zeit. »Es beginnt eine Intensivierung und Extensivierung des Reisens. Intensivierung, also eine Veränderung qualitativer Art, eine Verdichtung, bedeutet eine Verstärkung des Reisens insgesamt, ein Anwachsen der Anzahl von Reisezielen, von durchgeführten Reisen, von Reisenden, von Transportmitteln, von Strecken, von Reisegeschwindigkeiten, von Infrastruktur hinsichtlich Unterkunft und Verpflegung, von Ausrüstungsteilen, Informationsangeboten und vielem anderen mehr …«[6]

Für immer mehr Menschen wurde das Reisen mit all den Erfahrungen, die dazugehören, schon bald zu einem wesentlichen Bestandteil ihres Lebens. Mit Extensivierung meint Lauterbach, dass man auch eine Steigerung der räumlichen und der sozialen Reichweite beobachten konnte.

Menschen aus allen Schichten fahren heute in den Urlaub. Von Berlin aus geht es in die Dominikanische Republik, aus Oberschwaben fliegen rüstige Senioren für ein Wochenende nach Riga in Lettland. Für die einen meint Tourismus, dass sie eine Region, die vielen auch Heimat bedeutet, anpreisen müssen, für die anderen, dass sie bis dato unbekannte Gegenden kennenlernen und neue Heimatbilder etwa in Form von Souvenirs mit nach Hause bringen.

Der Bau der Eisenbahn im 19. Jahrhundert

Eine wesentliche Voraussetzung für die Mobilität von Arbeitssuchenden auf der einen und die Möglichkeiten für Reisende auf der anderen Seite war die entsprechende Infrastruktur. In dieser Hinsicht brachte der Bau der Eisenbahn im 19. Jahrhundert in Europa und auch in anderen Teilen der Welt große Fortschritte. Regionen in Süddeutschland wurden mit dem Verlegen der Schienen genauso erschlossen wie Städte und Gemeinden an Nord- und Ostsee oder im Rheinland. Abgelegene Landstriche wie das bayerische Dorf Ruhpolding, dessen Bewohner bis dato vor allem durch das Schlagen von Holz ein karges Auskommen fanden, sollten mit dem Bahnhof nicht nur selbst in ein Verkehrsnetz eingebunden werden. Mit der Eisenbahn waren auch die Orte in der Umgebung mit einem Mal in verhältnismäßig kurzer Zeit erreichbar. Dies galt ebenso für Bewegungen aus der entgegengesetzten Richtung. Menschen aus der Stadt konnten mit dem Zug

von nun an bequem ins Umland reisen. Für viele Bauernhöfe wurde aus der Not eine Tugend, als die ersten Feriengäste kamen und mitunter über Wochen blieben. Wer es sich leisten konnte, verließ vor allem im Sommer die Großstadt und bezog Quartier auf dem Land. Die Bäuerin richtete dafür die Zimmer her, stellte die Stube zur Verfügung und verköstigte die Städterinnen und Städter gegen gute Bezahlung. Die eigene Familie musste dafür auf einigen Quadratmetern zusammenrücken. Weniger vermögende Feriengäste begnügten sich beispielsweise mit Fahrten zu nahe gelegenen Seen. Dieses Phänomen war nicht nur in Bayern, Sachsen und Preußen und später im Deutschen Kaiserreich, sondern auch in anderen europäischen Nationen und Monarchien wie etwa in Frankreich oder in Österreich zu beobachten.
Unter denen, die manchmal über Monate außerhalb der Stadt weilten, waren zahlreiche Künstlerinnen und Künstler. Während die einen zur Untermiete oder in Ferienwohnungen lebten, bezogen andere auch eigene Anwesen, und manche blieben sogar für immer auf dem Land. Der Schriftsteller und Literaturnobelpreisträger Thomas Mann beispielsweise ließ sich zu Beginn des 20. Jahrhunderts ein Haus in Bad Tölz bauen, in dem die Familie glückliche Sommermonate verlebte. Im Verlauf des Ersten Weltkriegs verkaufte er die Villa und erwarb von dem Erlös Kriegsanleihen, die zu großen Verlusten führten. Nach mehreren Aufenthalten im Süden reisten die Manns auch in den Norden. Die Familie des »Zauberers« stammte schließlich aus Lübeck. 1929 ließen sich Thomas und seine Frau Katja ein Ferienhaus im baltischen Nida an der Kurischen Nehrung errichten, das sie bis zum Beginn des Zweiten Weltkriegs mit den jüngeren Kindern regelmäßig besuchten.
Die Künstlerinnen und Künstler genossen nicht nur eine erholsame Zeit auf dem Land, sondern beschäftigten sich auch mit den Lebenswelten vor Ort. Die Malerin Gabriele Münter und der Maler Wassily Kandinsky waren von der Region um Murnau

am Staffelsee derart angetan, dass sie dort dauerhaft wohnten. Der Kirchturm, den man schon vom Bahnhof aus sehen kann, und die Kühe auf der Weide waren die Motive, aus denen Kandinsky schließlich seine abstrakten Formen entwickeln und damit die moderne Kunst begründen sollte. Gabriele Münter hielt nicht nur die Landschaft fest, sondern übersetzte die Atmosphäre in leuchtende Farben. Vom Nachbarn in Murnau ließ sich das Paar in das Handwerk der Hinterglasmalerei einführen, und auch andere Kollegen reisten an und suchten die Nähe zur Natur. Das blaue Land, wie die Gegend auch genannt wird, bot dafür den entsprechenden Raum.

Die Künstlerschaft im Norden des Deutschen Kaiserreichs zog es ebenfalls hinaus, sie wohnten und arbeiteten unter anderem auf Usedom und auf Hiddensee. Neben Malern und bildenden Künstlern reisten auch Komponisten, Musiker oder Dichter in schöne Gegenden, um sich inspirieren zu lassen. Die Toskana oder der Lago Maggiore waren und sind ebenfalls beliebte Reiseziele. Einige kamen ursprünglich auch selbst vom Land und kehrten im Laufe ihres Lebens wieder dorthin zurück. Der belgische Künstler James Ensor etwa zog nach Jahren in Brüssel wieder in seinen Heimatort Ostende, wo er bis zu seinem Tod im Jahr 1949 blieb. Direkt und indirekt beeinflusst die Landschaft die Kunst, manchmal findet sie sich ganz konkret auf Gemälden wieder, manchmal beeinflusst sie die Stimmung, in der ein Bild, eine Symphonie oder ein Gedicht entstanden ist.

Ostsee

Ein beliebtes Sujet im 19. Jahrhundert waren Trachtengrafiken, die den ästhetischen Wert der Folklore mit einem ethnografischen Interesse an Land und Leuten verbanden und gerade in der Stadt überaus beliebt waren. Damit wurden aber auch Typen festgeschrieben, ein unbeschwerter Alltag wurde unterstellt, obwohl sich die dörflichen Lebenswelten im Umbruch befanden und die Menschen nicht den ganzen Tag in ihrem Sonntagsstaat posierten. Derartige Sammlungen gab es in vielen Regionen, im Nationalmuseum von Estland sind solche Bilder heute ebenso zu finden wie im Ethnografischen Museum von Kroatien. Mit der Weiterentwicklung der Drucktechnik konnten die Klischees im wahrsten Sinne des Wortes massenhaft hergestellt und vervielfältigt werden.

Die Ansichtskarte

Für die Verbreitung von Ideallandschaften war besonders die Erfindung der Ansichtskarte ein zentrales Moment. Im letzten Drittel des 19. Jahrhunderts war die Correspondenzkarte als Medium aufgekommen. Der Fotograf Alphons Adolph schuf 1877 im sächsischen Löbau die erste Bildpostkarte. Nach diesem

Startschuss breitete sich diese Form der Nachrichtenübermittlung weltweit aus. Auch die sozialen Netzwerke der Gegenwart funktionieren nach Adolphs Prinzip. Die Information besteht aus dem Namen der Absenderin oder des Absenders, dem Namen der Empfängerin oder des Empfängers, einem kurzen Text und einem Bild.
Der Gruß aus Portugal landet heute nicht mehr zwingend in Papierform im Briefkasten, sondern gelangt über den Zugang zu Twitter oder Facebook in den digitalen Posteingang. Gemeint und übermittelt wird letzten Endes aber doch das Gleiche. Familie und Freundeskreis können sich zu Hause über ein historisches Gebäude in Marokko, eine Seenlandschaft in Polen oder einen schneebedeckten Gipfel in Nepal freuen. Damit erweitert sich gleichzeitig das Spektrum dessen, was Heimat sein kann und, wie im 19. Jahrhundert, sein soll.

DER BEGRIFF »HEIMAT« ist im Deutschen untrennbar mit der Geschichte Deutschlands verbunden. Zu den anderen deutschsprachigen Nationen gibt es viele Verbindungen und Verweise, und doch ist die Biografie des Wortes nicht deckungsgleich. Oft wird behauptet, dass der deutsche Begriff »Heimat« geradezu einzigartig ist. Das gilt sicher für die Vielfalt seiner Bedeutungen innerhalb der deutschen Sprache. Vielleicht ist die deutsche Bezeichnung im Vergleich zu anderen Sprachen auch besonders präzise. Womöglich gibt es jedoch in der Mongolei oder im Süden von Ecuador einen Begriff, der noch genauer trifft, was mit »Heimat« alles gemeint sein kann. Und wenn es auch nicht unbedingt ein eigenes Wort gibt, das Gefühl des Dazugehörens, Angenommenseins oder Sichwohlfühlens ist doch überall auf der Welt bekannt. Jemand, der von »Home« spricht, wird damit ebenso seine Vorstellung von zu Hause ausdrücken. »Heimat« ist ein deutsches Wort mit einer ganz eigenen Biografie, die über einen langen Zeitraum entstanden ist und sich wie eine Kulturgeschichte der Regionen liest, die Deutschland heute ausmachen.

Zugehörigkeit

Die Verbindung von politischen Zielen und dem Heimatbegriff, die Hinwendung zum Nationalen hat ihren Ursprung ebenfalls in der Romantik. Heimat ist aber auch nicht per se deckungsgleich mit der Idee einer Nation. Heimat ist nicht Deutschland und auch nicht zwingend Australien, Indonesien oder die Schweiz. Selbstverständlich kann man Italien als seine Heimat oder als einen Sehnsuchtsort empfinden, aber Zugehörigkeit muss – und das wird oft falsch verstanden – wie das Gefühl, zu Hause zu sein, nichts mit Grenzen, Pässen und anderen Regelungen zu tun haben.

Und noch eine weitere Perspektive nimmt ihren Anfang im 19. Jahrhundert. Im Auftrag einzelner Herrscherhäuser wurden bereits im späten 18. Jahrhundert in Europa sogenannte Statistiken verfasst. Systematisch verzeichnet wurde, wie und wovon die Untertanen lebten, wie sie wohnten, wie ihre Familien zusammengesetzt waren, was sie arbeiteten, wie viel sie verdienten und so weiter. Diese Aufnahme von Informationen diente dem Regieren, noch heute verspricht Wissen vor allem Macht. Anfang des 19. Jahrhunderts begannen zunächst Lehrer und Theologen, ihre Umgebung zu untersuchen und Aufzeichnungen über regionale Eigenheiten anzufertigen. Von der Gestaltung der Trachten über den Ablauf von Bräuchen bis hin zu den Formen der Hausgiebel notierten diese Heimatforscher alles, was ihnen wichtig erschien. Im Zuge einer wachsenden Begeisterung für alles Regionale fanden sich im weiteren Verlauf des 19. Jahrhunderts viele Gleichgesinnte zusammen und riefen unzählige Vereine und Museen ins Leben. Eine große Welle setzte in den 1880er Jahren ein, gleichzeitig wurden Wörter wie »Heimatschutz«,

»Heimatkunst« oder auch »Heimatkunde« selbst Teil des allgemeinen Sprachgebrauchs. Auch hier war der Begriff »Heimat« in erster Linie an das Ländliche geknüpft.

Nachdem mit der Industrialisierung vieles in Bewegung geraten war und sogar zu verschwinden drohte, ging die Dokumentation von Lebenswelten bald in das Streben nach deren Erhalt über. Zu retten galt alles, was als »echte« Volkskunst und Volkskultur betrachtet wurde. Die Bewertung lag freilich im Auge der jeweiligen Betrachter. In der Nähe Stockholms eröffnete 1891 mit »Skansen« das erste Freilichtmuseum der Welt, dargeboten wurden und werden alte Hausformen und Trachten sowie vorindustrielle Handwerkstechniken und Lebensweisen. Vergleichbare Einrichtungen und Vereine entstanden in ganz Europa. Aus dem Interesse für Land und Leute begründeten auch die Architekten Gabriel von Seidl und Theodor Fischer im Jahr 1902 den Münchner »Verein für Volkskunst und Volkskunde«, den heutigen »Landesverein für Heimatpflege in Bayern«. Bis in die Gegenwart hinein ist die Institution in der Bau-, Musik- und Trachtenberatung tätig, engagiert sich für die Heimatpflege und den Denkmalschutz und gibt nach wie vor die Zeitschrift *Schönere Heimat* heraus.[7]

HEIDELBERG, STADT DER DICHTER UND DENKER

Anmutig reihen sich historische Bauwerke am Ufer des Neckars, die Silhouette von »Old Heidelberg« darf in keinem Album deutscher Landschaften fehlen. »Heidelberg ist schön«,[8] heißt es auf der offiziellen Internetseite der baden-württembergischen Stadt. Ungeheuer grün sei es am Lauf des Neckars und international, ist außerdem zu erfahren. Ein hoher Anteil der Bewohnerinnen und Bewohner hat einen akademischen Hintergrund. »Heidelberg gilt als eine der schönsten Städte Deutschlands. Das harmonische Ensemble von Schloss, Altstadt und Fluss inmitten der Berge inspirierte bereits die Dichter und Maler der Romantik und fasziniert auch heute Millionen von Besucherinnen und Besuchern aus aller Welt. Wer kommt, findet mehr als Romantik.«[9] In der Königsstraße, die der Länge nach durch die Stadt führt, treffen sich neben Studierenden vor allem Touristen, die dem »Mythos Heidelberg« nachspüren und die Kirchen und andere Bauten in der Innenstadt bewundern. Viele der unzähligen Gäste stammen aus den USA. Beim Frühstück in einer Pension erzählt eine ältere Dame, dass sie in der Nähe geboren ist, aber seit Jahrzehnten in Amerika lebt. Gemeinsam mit ihrem Mann beschloss sie auf der Rückreise von einer Safari im ostafrikanischen Tansania, einen kleinen Abstecher in ihre Heimat Heidelberg zu machen.

Das Wesen der Stadt wird von der Hochschule und dem akademischen Betrieb geprägt. Die älteste Universität Deutschlands hat in den vergangenen Jahrhunderten zahllose Denker und Geistesgrößen angezogen, in Heidelberg forschten und unterrichteten so bekannte Professoren wie Friedrich Hegel oder Karl Jaspers. Auf dem Philosophenweg am gegenüberliegenden Neckarufer wandelten Gelehrte und Intellektuelle oberhalb der Dächer der Stadt, hingen ihren Gedanken nach und debattierten mit Schülern und Kollegen über ihre Erfindungen und Ideen. Für den Zirkel um die Literaten Joseph von Eichendorff, Achim von Arnim und Clemens Brentano prägte Joseph Görres um 1800 die Rede von der »Heidelberger Romantik«. Im Austausch mit Johann Wolfgang von Goethe und den Brüdern Grimm bemühte sich der Freundeskreis um die Zusammenführung der deutschen Lande zu einer allumfassenden Nation. Ein gemeinsamer Geist sollte dieses Deutschland und seine Bevölkerung einen. Arnim und Brentano wurden vor allem durch ihr Liederbuch *Des Knaben Wunderhorn* bekannt. Die drei Bände mit Volks-, Kinder-, Handwerker- und Soldatenliedern erschienen zwischen 1806 und 1808.[10] Mit dieser Sammlung suchten die Dichter zu Beginn des 19. Jahrhunderts, den Geist der Nation zu beschwören und zu bestärken. Für Heinrich von Kleists *Berliner Abendblätter* verfassten Achim von Arnim und Clemens Brentano 1810 eine Besprechung von Caspar David Friedrichs bahnbrechendem Gemälde »Mönch am Meer«. Wie kein anderer sollte der gebürtige Greifswalder mit seinen Bildern für die Anfänge einer deutschen Romantik stehen. Angeregt durch *Des Knaben Wunderhorn* und die romantischen Überlegungen ihres Lehrers Friedrich Carl von Savigny, begannen auch die beiden Juristen Jacob und Wilhelm Grimm zu sammeln und legten im Jahr 1812 den ersten von zwei Bänden ihrer bis heute weltbekannten *Kinder- und Hausmärchen* vor. Die Brüder veröffentlichten außerdem eine Sammlung mit deutschen Heldensagen, während sich Jacob Grimm in späteren Jahrzehnten um die *Deutsche Grammatik* verdient machte.[11]

In der heutigen Hauptstraße

Mit der Verknüpfung romantischer Ideale und dem Streben nach einer deutschen Nation ging der Begriff »Heimat« erstmals auch eine enge Verbindung mit einer politischen Ideologie ein. Im weiteren Verlauf des 19. Jahrhunderts wird mit der Rede von der Heimat immer klarer aufgezeigt, was »das Eigene« vom »Fremden« abgrenzt und viel mehr noch, was es sein soll.[12]
Nicht nur ideengeschichtlich ist Heidelberg besonders interessant, die Stadt und die Landschaft rund um den Königsstuhl wurden auch vielfach besungen. In den Gedichten ist die romantische Stimmung am Neckar unmittelbar zu greifen. »Lange lieb' ich dich schon, möchte dich, mir zur Lust, / Mutter nennen, und dir schenken ein kunstlos Lied, / Du, der Vaterlandsstädte / Ländlichschönste, soviel ich sah«,[13] rühmte der Dichter Friedrich Hölderlin die Stadt schon um 1800 in seiner »Heidelberg-Ode«. In seinem Werk wird besonders deutlich, wie Heimat und Gefühl ineinander übergehen. Mit dem »Einzug in Heidelberg« von 1855 blickte der Literat Joseph von Eichendorff nach beinah fünfzig Jahren auf seine Studienzeit zurück. »Doch da sie jetzt um einen Fels sich wandten, / Tat's plötzlich einen wunderbaren Schein, / Kirchtürme, Fluren, Fels und Wipfel brannten, / Und weit in's farbentrunkne Land hinein / Schlang sich ein Feuerstrom mit Funkensprühen, / Als sollt' die Welt in Himmelsloh'n verglühen.«[14]
Nach einer fulminanten Schilderung all der Eindrücke, der Landschaft, der Stadt, ihrer Stimmung, Märchen und Sagen, die ihn als jungen Mann und noch darüber hinaus beschäftigt hatten, endet der Lobgesang mit den Zeilen: »Und jeden blickt's wie seine Heimat an, / Und keinem hat der Zauber noch gelogen, / Denn Heidelberg war's, wo sie eingezogen.«
In den 1920er Jahren spielte eine erfolgreiche Revue in der Stadt am Fluss. Das Singspiel stammte von dem Komponisten Friedrich Vesely oder Fred Raymond, wie er sich auch nannte. »Ich

»Ich hab mein Herz in Heidelberg verloren«

hab mein Herz in Heidelberg verloren«, lautete der eingängige Titel des Bühnenstücks, aus dem auch ein populärer Schlager hervorgegangen ist. »Ich hab mein Herz in Heidelberg verloren, / In einer lauen Sommernacht. / Ich war verliebt bis über beide Ohren / Und wie ein Röslein hat ihr Mund gelacht. / Und als wir Abschied nahmen vor den Toren / Beim letzten Kuß, da hab ich's klar erkannt: / Daß ich mein Herz in Heidelberg verloren. / Mein Herz, es schlägt am Neckarstrand.«[15] Ob nun ausschließlich die Liebe zu einer Frau oder doch die Stadt selbst gemeint ist, bleibt im Unklaren. Die Texte der Dichter und Komponisten wurden jedenfalls auch über die Grenzen von Heidelberg hinaus viel zitiert und beeinflussten damit romantische Heimatbilder im ganzen Land.

IN DEN 1980ER JAHREN hat sich in Heidelberg wieder etwas Besonderes entwickelt. Vor der Kulisse der Altstadt ist eine Szene entstanden, die auf den ersten Blick so gar nichts mit diesem historisch aufgeladenen Ort zu tun haben mag. Ausgerechnet die älteste deutsche Universitätsstadt wurde zur Heimat des deutschsprachigen Hip Hop. Breakdance, Graffiti, Rap und DJing sind die vier Grundbestandteile einer Subkultur, die in den 1970er Jahren in der New Yorker Bronx aufgekommen war. Beim Hip Hop handelt es sich um eine besondere Art der Inszenierung im öffentlichen Raum. Die Erfinder und Repräsentanten dieses neuen Stils stammten aus afro- oder hispanoamerikanischen Familien. Die Musik mit dem Sprechgesang, das Tanzen und Malen in den Straßen wurde nach und nach auch zu einem Sprachrohr ihrer Probleme und politischen Ideen.

In den 1980er Jahren gelangte das Wissen um diese Ausdrucksformen auch nach Deutschland und Europa. Die Nähe zur US-Armee, die in Heidelberg mehr als sechzig Jahre lang stationiert war, beförderte den Austausch ebenfalls. All die Elemente wurden nun auch im Badischen mit kreativer Hingabe erprobt. »Heidelberg ist das Herz von Hip Hop«,[16] meint der B-Boy und Tänzer Felix Felixine alias Baobab im Rückblick. Die Gruppe »Advanced Chemistry« um Frederik Hahn alias Torch, Kofi Yakpo alias Linguist und Toni Landomini alias Toni L. und einigen anderen versuchte sich als eine der ersten deutschen Bands im Sprechgesang und den anderen Bereichen des Genres. Rap mit englischen und bald auch deutschen Texten wurde zum Markenzeichen von »Advanced Chemistry«. Der kommerzielle Durchbruch mit dieser Art von Hip Hop gelang 1992 den »Fantastischen Vier« aus Stuttgart mit ihrem Partyhit »Die da«.

Die Musiker von »Advanced Chemistry« griffen dagegen schon früh kontroverse Themen auf. Ihre Platte »Fremd im eigenen Land« befasste sich Anfang der 1990er Jahre mit der Situation von »Menschen mit Migrationshintergrund« in Deutschland. Der Deutsch-Haitianer Frederik Hahn, der Deutsch-Ghanaer Kofi Yakpo und der Deutsch-Italiener Toni Landomini gingen dabei von ihren eigenen Erfahrungen aus. »Gehst Du mal später zurück in Deine Heimat?«, lassen »Advanced Chemistry« 1992 im Video zum Titeltrack »Fremd im eigenen Land« eine junge Frau fragen. »Wohin, nach Heidelberg, wo ich ein Heim hab?«, fragt Linguist zurück. Der Refrain lautet: »Nicht anerkannt, fremd im eigenen Land. Kein Ausländer und doch ein Fremder.«[17] In dem Track »Operation § 3« fordert die Band ihren Freundeskreis auf, gemeinsam aktiv zu werden und sich Ausgrenzung nicht länger gefallen zu lassen.

»Nicht anerkannt, fremd im eigenen Land. Kein Ausländer und doch ein Fremder.«

Anfang der 2000er Jahre kommentierte der Liedermacher Wolf Biermann die Debatte um eine deutsche Leitkultur und kritisierte den Kulturbegriff, der in den Diskussionen zum Vorschein kam, aufs schärfste. Als Beispiel für eine andere Sicht auf die Verhältnisse im Land nannte er den Deutsch-Haitianer aus Heidelberg: »Es gibt einen jungen deutschen Dichter, der sich als

Rapper etabliert hat und den ich so bewundere, wie ich die witzlosen Witzbolde und Comedy-Trottel der spießigen Spaßgesellschaft verachte. Er heißt Frederik Hahn und nennt sich Torch – also ein englisches Wort. Es kann Fackel heißen oder Taschenlampe. Egal, eine Leuchte in Deutschland, wenn er seinen Rap runterrattert, ist dieser Torch allemal. Warum? Weil er das auf den Punkt bringt, was in den Augen der Welt und in unserem eigenen Auge unsere Identität ausmacht.«[18]
Anlässlich von Frederik Hahns vierzigstem Geburtstag im Jahr 2011 organisierte der Heidelberger Klaus Mombrei eine Stadtführung auf den Spuren des Hip Hop. Überwiegend junge Leute waren gekommen, unter die Teilnehmer der Tour mischten sich aber auch der Vater von Toni L. und der Breakdancer Baobab.[19] Auf dem Weg lagen einige Stationen, die für die Biografien der wichtigsten Protagonisten und die Entwicklung des Hip Hop in Heidelberg wichtig gewesen sind. Vor den ehemaligen Wohnhäusern wurde der Alltag in den Familien Landomini und Hahn angesprochen. Vor allem über die deutsch-haitianischen Beziehungen war Musik ein zentrales Thema. Dann zog die Gruppe weiter. Einer der »Stieber Twins« führt heute einen Laden für Streetwear in der Altstadt. Die Stiebers waren vor allem in den 1990er Jahren als Hip Hopper aus Heidelberg bekannt. Die zweistündige Führung durch die Stadt endete am Bismarckplatz, auf dem sich in den 1980er Jahren die Breakdancer zum Tanzen getroffen haben.

ZU BEGINN DES 19. JAHRHUNDERTS haben Arnim und Brentano in der Hauptstraße an ihrem Sammelband *Des Knaben Wunderhorn* gearbeitet, um eine deutsche Nation zu beschwören. Die Realitäten haben sich inzwischen mehrfach verschoben, auf das Deutsche Kaiserreich und die Weimarer Republik folgte das Dritte Reich. Nach dem Untergang des Nationalsozialismus wurde 1949 die Bundesrepublik gegründet, im Osten entstand zeitgleich die Deutsche Demokratische Republik. 1989 fiel die Mauer, und Deutschland konnte seine Wiedervereinigung feiern. Die unterschiedlichen Staatsformen hingen jeweils von den Bedingungen der Zeit und von den weltpolitischen Verhältnissen ab, über die Jahrhunderte veränderte sich aber auch die Zusammensetzung der Bevölkerung. In allen deutschen Bundesländern leben heute Menschen, die selbst zugezogen sind oder durch ihre Eltern oder Großeltern über das verfügen, was man einen »Migrationshintergrund« nennt. Immer schon haben sich Menschen auch über Staatsgrenzen hinwegbewegt. Die Gesellschaft ist vielfältig, gerade die Rede vom »Migrationshintergrund« unterstreicht aber fortgesetzt die Idee, dass Migrantinnen und Migranten nicht wirklich dazugehören.

Heidelberg, Hauptstraße

Heidelberg birgt ganz verschiedene Heimatbilder. Von der romantischen Idee bis hin zur kulturellen Vielfalt ihrer Bewohnerinnen und Bewohner lässt sich am Beispiel der Stadt ein Bogen durch die Jahrhunderte spannen. Im Jahr 2013 gibt es in der Königsstraße auch ein libanesisches Restaurant mit dem Namen »Sahara«. Hip Hop symbolisiert den Wandel von Gesellschaften, und wer für Deutschland steht oder Deutschland repräsentiert, verändert sich, meint der Tänzer Felix Felixine anlässlich der Tour durch Heidelberg.[20]

Frederik Hahn suchte nicht nur den Kontakt zu den Begründern des Hip Hop in New York, sondern beschäftigte sich ebenso intensiv mit der literarischen Tradition Deutschlands und arbeitete unter anderem mit Texten von Hermann Hesse. Mit dem Lied »Wunderschön« verabschiedete sich Torch im Jahr 2008 von seiner Heimat, weil er beschlossen hatte, mit seiner Familie in die Schweiz zu ziehen. Ganz im Stil der Dichter und Denker sendet er einen letzten Gruß an die Stadt:

»Wenn der erste Sonnenstrahl auf die Dächer fällt
und im Neckartal sich schon der Tag erhellt,
bin ich wieder ein kleines Kind, das durch die Gassen rennt,
ein kleiner Ritter, ein Westernheld.
Meine Kindheit war wunderschön,
sie war unbeschwert wie ein Märchen, das nur mir gehört.
Ich geh hinaus und atme tief ein,
diese Stadt inspiriert einen.
Ich hab kein Abitur, aber Respekt für den Geist,
der irgendwo in dieser Stadt steckt.
Wer weiß, vielleicht ist dies der Grund, warum ich reime,
kein Wunder mit Lehrern wie Goethe, Keller, Heine,
Hilde Domin, Brentano oder Mark Twain.
Nein, ich hab nie 'ne schönere Stadt gesehen,
wie sie daliegt, zwischen den Bergen geschützt,
ein Mädchen im Gras, dessen Kleid sich lüpft,
und ein Mitternachtstraum,
ein Feuerwerk, ein Schäferstündchen unter 'nem Baum.
Ich vermisse diese Stadt,
behandelt sie gut wie eure Mutter und verletzt sie nicht vor lauter Wut,
denn sie ist wunderschön!«[21]

HEIMISCHE LANDSCHAFTEN – EIN BILDERBOGEN

Das Nachrichtenmagazin *Der Spiegel* machte sich im April 2012 auf die Suche nach Heimat im Deutschland der Gegenwart. Vermessen wurde nichts weniger als die Nation.[22] Der Autor Dirk Kurbjuweit skizzierte ein Stimmungsbild aus vielen verschiedenen Perspektiven. Für seine Reportage sprach er mit Leuten in der ganzen Republik, zeichnete ihre Biografien nach und fragte nach ihrem Heimatbegriff.[23] Um die Geschichte zu illustrieren und für die Menschen im ganzen Land ansprechend zu gestalten, war das Heft erstmals mit dreizehn verschiedenen Titelbildern erhältlich: elf für Deutschland, eines für Österreich und eines für die Schweiz. Stefan Kiefer, der verantwortliche Redakteur, und seine Kolleginnen und Kollegen suchten die Motive aus über 10 000 Fotografien aus. Den Leserinnen und Lesern des Magazins sollte ein »Bild aus der Region präsentiert werden, in der sie zu Hause sind«[24]. Das bayerische Cover zeigt ein altbekanntes Motiv: Trachtler in kurzen Lederhosen und Haferlschuhen. Die Männer sind von der Taille abwärts zu sehen, im Hintergrund ist eine Bühne aus hellem Holz mit Blumenkästen zu erkennen, ein Junge sitzt ihnen zu Füßen und ist als Einziger komplett abgebildet. Die Alpen muss man sich selbst dazudenken. Typische Kleidungsstücke symbolisieren das bayerische Klischee von Heimat besonders plakativ. Dass diese Trachten nur für einen bestimmten Teil des Freistaats stehen und mit dem Rest gar nicht so viel zu tun haben, spielt dabei keine Rolle. Die Lederhose gilt als Symbol für das gesamte Bundesland. Aufgenommen wurde das Bild, das sich zu einer Doppelseite auffalten lässt, im oberbayerischen Niederaschau.

Wadlstrümpfe

Bei näherem Hinschauen zeigen sich aber auch Unterschiede innerhalb der fast allzu einheitlichen Gruppe. Die Variation liegt im Detail, in diesem Fall in den gestrickten Wadlstrümpfen aus weißer und grüner Wolle. Jeder der Männer trägt ein anderes Muster. Ganz unterschiedlich wird dagegen die Hauptstadt zur Schau gestellt: Abgedruckt ist eine durch und durch urbane Szene. Ein Ausschnitt des Mauerparks vor der Silhouette von Wohnhäusern und dem Fernsehturm markiert Heimat für das Land Berlin. Folklore im Süden, Straßenzüge im Norden. Die meisten Bilder zeigen Gegenden und Gewässer, die Ruhr bei Hattingen in Nordrhein-Westfalen, die Hallig Nordstrandischmoor in Schleswig-Holstein, Ahlbeck auf Usedom in Mecklenburg-Vorpommern oder den Hallstätter See in Österreich. Auf den meisten Fotografien sind auch Menschen zu sehen, die sich, mal größer, mal kleiner, an diesen Orten aufhalten oder bewegen.

Wie schon im Fall von Berlin wird Heimat am Beispiel von Frankfurt a. M., Hamburg und Dresden mit einer Stadtlandschaft illustriert. Auswahl und Gestaltung der Bilder mit oder ohne Staffagefiguren erinnern an einen deutschen Kanon, wie er seit dem 19. Jahrhundert geprägt worden ist. Auf der Suche nach Heimat beschwört der *Spiegel* ideale Vorstellungen der Nation. Dem Berliner Häusermeer wird ein klassisches Panorama gegenübergestellt, Caspar David Friedrichs »Kreidefelsen auf Rügen« aus dem Jahr 1818.

Anfang Mai 2004 berichteten die Medien von einem sensationellen Fund. Ein bis dato unbekanntes Gemälde des Greifswalder Malers (1774–1840) aus dem Jahr 1825 war aufgetaucht und sollte der Öffentlichkeit Ende des Monats vom Auktionshaus Sotheby's vorgestellt werden. Das nur 35,3 mal 49,1 Zentimeter große Bild hatte sich lange Zeit nicht nur unerkannt, sondern auch stark verschmutzt und durch Risse schwer beschädigt im Besitz eines süddeutschen Sammlers befunden. Nach dessen

Tod war es anlässlich der Haushaltsauflösung unter der Bezeichnung »Deutsche romantische Schule, frühes 19. Jahrhundert« für 20 Euro Mindestgebot in München unter den Hammer gekommen. Dargestellt ist eine schroffe Berglandschaft im Frühjahr, deren braune Färbung unter dem abtauenden Schnee des Winters allmählich wieder hervorscheint. Beinah verloren wirken zwei Männer, die sich, offenbar um zu jagen, inmitten der unbehaglichen Szenerie befinden. Von einem Kenner entdeckt und für nur 80 Euro erworben, sollte es, nach gründlicher Reinigung und gelungener Restauration, nur wenige Monate später für rund 1,55 Millionen Euro erneut den Besitzer wechseln.[25]

Berlin, Mauerpark

Der von der Ostsee stammende Maler hat in der Zeit der frühen Romantik wie kein anderer das Bild deutscher Lande mit seinen Gemälden geprägt, weit bevor es zu einem Staatsvertrag kam. Friedrich porträtierte die Berge, den Brocken im Harz, den Watzmann bei Berchtesgaden und fing die Atmosphäre an der Küste ein. Eichenhaine zählen zu seinen heute weltbekannten Motiven.

Das Verhältnis von Mensch und Natur hat sich über die Jahrhunderte gewandelt. Auf der Grundlage einer Geisteshaltung, die von einer unüberbrückbaren Differenz zwischen Kultur und Natur ausgeht und zugleich die Hinwendung zur Natur fordert, konnte gegen Ende des 18. Jahrhunderts ein gänzlich neuer Blickwinkel entstehen: Der Mensch war nun in der Lage, Natur zu beobachten, Natur als Erholungsraum zu nutzen und »… in der Einsamkeit ein unverfälschtes, ungestörtes Naturerlebnis«[26] zu erfahren, wie es auch Caspar David Friedrich mit einer besonderen Vorliebe für die Gewalten, die stürmische, aufgewühlte See oder das Krachen der Eisschollen, tat.[27] Als »radikal leeres Bild«[28] bezeichnet der Kunsthistoriker Werner Busch das zentrale Werk in Friedrichs Schaffen. Der »Mönch am Meer« besteht nur aus den vier Elementen Mensch, Luft, Erde und Wasser. Ein Mann steht einsam am Ufer und blickt in die Ferne. Klarer könnte das Bild nicht aufgebaut sein, und doch ist es bis heute beinahe unmöglich, zu einer einheitlichen Lesart zu gelangen. Friedrichs Gemälde besticht durch seine unmittelbare Präsenz und wirkt zugleich eigenartig entrückt. Der Künstler brach für diese Art der Darstellung mit allen bis dato gültigen Sehgewohnheiten.

Achim von Arnim und Clemens Brentano sprachen in einem zeitgenössischen Artikel davon, dass es sich anfühlt, als wären die Augenlider weggeschnitten worden, betrachtet man das Bild. Nicht nur die Perspektive hängt von der Zeit und den Umständen ab, sondern auch der Inhalt. Deutlich wird auch, dass es sich bei Friedrichs Werken keinesfalls um Abbildungen handelt, sondern Gedanken und Gefühle einfließen, die er über die Motive transportiert. Friedrich selbst war oft mit dem Thema Tod konfrontiert, beschäftigt hat ihn außerdem das Verhältnis von Natur und Religion. Aber auch das romantische Streben nach einer deutschen Nation brachte der Künstler wiederholt zum Ausdruck.

Das Wasser

EIN SEHNSUCHTSORT par excellence ist das Wasser. Nicht nur Caspar David Friedrich hat dieses Element besonders berührt. Fließend, kaum greifbar, vermag es unaufhörlich Gedanken und Blicke auf sich zu ziehen. In Gestalt von Meeren, Flüssen und Seen bestimmen Gewässer nicht nur die Struktur von

Landschaften. Die charakteristische Erscheinung eines Auwalds oder die Veränderungen, die der Lauf eines Bachs über das Jahr mit sich bringt, prägen auch das Leben der Menschen, die sich in der Umgebung angesiedelt haben. Nicht nur Fischer orientieren sich an der Natur. Allein das Betrachten des Wassers, ganz ohne Aktivität, scheint vielen heilsam und beruhigt die Seele. Dabei ist das Wasser mit allerlei unterschiedlichen Qualitäten verbunden. Eine Fahrt zum See verspricht Erholung. Auch wenn Wege und Strandbäder hoffnungslos überfüllt sind, wenn es dann tatsächlich einmal so weit ist, wirkt allein die Möglichkeit, am Ufer zu liegen, schon verheißungsvoll. Der ideale Sehnsuchtsort in diesem Zusammenhang aber ist das Meer. Ob Nordsee oder Ostsee, ob Atlantik- oder Pazifikküste, das Wasser in seiner unendlichen Weite weckt Hoffnungen. Auf hoher See zu sein stellen sich die meisten Menschen eindrucksvoll vor. Kreuzfahrten haben hohe Zuwachsraten, von der Dominikanischen Republik aus geht es in die Karibik, in Oslo starten die Postschiffe der Hurtig-Routen. Gleichzeitig schwingt immer ein wenig Angst und Ehrfurcht mit, der Untergang der Titanic ist schließlich ein bekannter Erinnerungsort. Das Meer kann aber auch aufbegehren, ist unberechenbar, wenn es etwa in Form eines Tsunamis auf die Küste trifft und alles Leben mit sich reißt. Caspar David Friedrich hat die See zu allen Jahreszeiten beobachtet. Das Wasser kann auch Verheißung versprechen. Die Menschen, die mit einem Boot die Überfahrt von Afrika nach Europa wagen, ver-

Der Leuchtturm von Biarritz, Atlantik

binden mit dem Element die Sehnsucht nach einer vielversprechenden Zukunft. Nahezu jede Woche ist in den Medien aber von Ertrunkenen im Mittelmeer die Rede, deren Träume an den Außengrenzen der Europäischen Union zerschellt sind.

Der Wald

Eine deutsche Landschaft ist ebenso der Wald. Nicht nur in den Märchen der Brüder Grimm spielen Bäume eine wichtige Rolle. Hänsel und Gretel etwa verlaufen sich im Wald, Rotkäppchen streift auf ihrem verhängnisvollen Weg zu Großmutters Haus durchs Dickicht, in dem schon der Wolf auf sie lauert. »Im Wald, da sind die Räuber!«, heißt es in einem bekannten Volkslied. Und ebendieser deutsche Wald war in den 1980er Jahren plötzlich ganz massiv bedroht. Gifte und Abgase hatten die Umwelt derart verpestet, dass ein flächendeckendes Waldsterben zu befürchten war. In groß angelegten Kampagnen wurde nicht nur zur Rettung der Natur aufgerufen, auch ein fester Bestandteil im kollektiven Gedächtnis der deutschen Nation sollte bestehen bleiben. Am Übergang vom Niederrhein zum Mittelrhein beginnt das UNESCO-Weltkulturerbe mit seinen historischen Schauplätzen und sagenumwobenen Orten, das Bonn in Nordrhein-Westfalen mit dem Nachbarland Rheinland-Pfalz verbindet. Auch diese Gegend steht für die Geschichte Deutschlands. Die Landschaft birgt der Sage nach nicht nur die Loreley, die mit ihrer Schönheit und ihrem Sirenengesang die Männer verrückt macht und ihre Schiffe zum Kentern bringt. Auch die Burg, auf der Siegfried im Nibelungenlied in Drachenblut badet und bis auf eine winzige Stelle unverwundbar wird, liegt in dieser vielzitierten Landschaft. Der Brocken im Harz ist ebenfalls ein mystischer Ort. In der Walpurgisnacht tanzen die Hexen auf dem Blocksberg. Kein Geringerer als Dichterfürst Johann Wolfgang von Goethe hat diese Sage zu Beginn des 19. Jahrhunderts in seinem *Faust* beschworen. In *Deutschland. Ein Wintermärchen* beschreibt Heinrich Heine Mitte des 19. Jahrhunderts seine Reise von Paris nach Hamburg.

Entlang der Städte und Regionen fragt Heine mit Spott und Satire, warum immer alles so pathetisch aufgeladen sein muss. Die deutschen Lande hält er gegenüber Frankreich für allzu rückwärtsgewandt. Zu seiner Heimat fühlte er sich gleichzeitig hingezogen und von ihr abgestoßen.[29]
Im späten 19. Jahrhundert erzielten Heimatdichter wie Ludwig Ganghofer oder Ludwig Thoma im gesamten Deutschen Kaiserreich hohe Auflagen. Mit Millionen verkauften Büchern war Ganghofer ein bayerischer Beststellerautor. In seinen Stücken und Romanen schuf der Schriftsteller eine eigene Welt, die oft in den Bergen liegt, mit der Jagd zu tun hat und auf Harmonie abzielt. Ludwig Ganghofer wollte Menschen aus allen sozialen Milieus unterhalten. All diese Bildnisse und Erzählungen prägen bis heute nachhaltig unsere Vorstellungen von bestimmten Regionen.

Der Reigen setzt sich heute in anderen Medien fort. Besonders im Fernsehen wird sichtbar, wie wichtig Landschaften mit ihren kulturellen Eigenschaften nach wie vor als Bezugspunkte sind. Unter den Heimatbildern sticht das Bayerische heute ganz besonders hervor. Die Gegend mit den Alpen, weltbekannte Kleider wie Dirndl und Lederhosen, immer neue Interpretationen altbekannter Motive, die Band »LaBrassBanda« oder das *MUH-Magazin* lassen Bayern derzeit präsent und dabei angesagt wie nie zuvor erscheinen. Nicht die Landschaft der Uckermark oder das Wattenmeer stehen heute zuerst für die Nation, im In- und Ausland wird vor allem das Bayerische wahrgenommen. Mit seiner Präsenz und Sichtbarkeit passt dieser Landstrich offenbar in idealer Weise zu den Bildwelten der Spätmoderne.
Auch Serien wie »Dahoam is dahoam« sind in den letzten Jahren extrem erfolgreich. Die Seifenoper des Bayerischen Rundfunks spielt in dem fiktiven Dorf Lansing; »Da gehör ich hin, da will

»Da gehör ich hin, da will ich nicht mehr weg«

ich nicht mehr weg«, heißt es im Refrain der Titelmelodie.[30] Ob ich als Zuschauer aus Bayern bin oder einen familiären Bezug zu der Region habe, spielt dabei gar keine Rolle. TV-Programme sind überall auf der Welt zu empfangen. Südamerikanische Telenovelas, die von glücklichen und weniger glücklichen Momenten, von Beziehungen, von Konflikten und alltäglichen Situationen erzählen, bewegen seit Jahrzehnten auch Menschen in China oder in Afrika. Gleichzeitig fühlt sich das Publikum angesprochen, das mit der Ausgangssituation vertraut ist. Zu Beginn hatte »Dahoam is dahoam« viel Kritik geerntet, weil der Dialekt, den einzelne Schauspielerinnen und Schauspieler sprachen, doch nichts mit der Realität zu tun hatte.

Die Sprache beschäftigt auch andere Produktionen. »Pedantische Pfennigfuchser mit Provinzmuff – dieses Image klebte ewig an den Schwaben wie das Salz auf der Brezel. Doch es geht ein Ruck durchs Ländle. Der überwältigende Quotenerfolg der neuen SWR-Mundartserie ›Die Kirche bleibt im Dorf‹ zeigt, dass man sich fürs Schwäbeln ganz und gar nicht schämen muss. Früher von vielen arrogant-milde belächelt, ist es heute wie Balsam für die Dialekt-Seele, wenn den Schauspielern in der wortwitzigen TV-Serie ein ›Grüß Godd‹, ein ›Heilandzack‹ oder ›Heidanei‹ über die Lippen geht.«[31]

Die Kirche im Dorf

Über die Jahrhunderte sind Heimatbilder in Sagen und Legenden, auf Gemälden und Aquarellen, in Romanen, in Fernsehsendungen und anderen Formaten hergestellt und vermittelt worden. Diese Vorstellungen sind Teil unseres

Alltags. Es geht niemals nur um eine Landschaft, sondern immer auch um deren Repräsentation.
Dabei bleibt vor allem das Ländliche besonders plausibel. Lange Zeit wurde Stadt gar nicht mit Heimat in Verbindung gebracht. Urbane Qualitäten wie Dichte und Vielfalt scheinen von der Idee einer heilen Welt, von rauschenden Bächen und blühenden Landschaften denkbar weit entfernt. Auch wenn die meisten Menschen heute in Städten leben und dort zu Hause sind, hat Heimat idealerweise doch etwas mit ländlicher Idylle zu tun. Heimat lässt sich nicht in Realität und Fiktion aufspalten. Bilder und Erzählungen beeinflussen unsere Wahrnehmung und sind untrennbar mit unserem Leben verbunden. *Der Spiegel* hat mit seinen Landschaften ein Ideal des 19. Jahrhunderts beschworen. Die gezeigten Fotografien setzen das Empfinden von Heimat mit Orten in Deutschland gleich.

IDEOLOGIE UND IDEAL – VOM OBERSALZBERG NACH CAPRI

Schon in den 1920er Jahren waren Literatur und Lyrik voll von »Wurzelmetaphorik«[32], wie der Kulturwissenschaftler Konrad Köstlin feststellt. Ganz in diesem Sinne machte sich nur einige Zeit später der aufkommende Nationalsozialismus diese Ideen für seine Ideologie zunutze. In München scharte Adolf Hitler einen Kreis von vermögenden Unterstützerinnen und Unterstützern und Gleichgesinnten um sich und propagierte vor einer immer größeren Zuhörerschaft eine alles durchdringende Verknüpfung von Nationalismus und Rassenwahn. Mit der sogenannten

»Blut-und-Boden-Ideologie« verband die »Nationalsozialistische Deutsche Arbeiterpartei« (NSDAP) ihren Faschismus mit einem »Recht« auf Raum. Aus der Perspektive des Nationalsozialismus stand das Blut für die Zugehörigkeit zur deutschen oder »arischen Rasse«, und der Boden meinte den Lebensraum, den es einzunehmen, unter allen Umständen zu beherrschen und für die Landwirtschaft zu nutzen galt. Von einer Gesellschaft, die kulturelle Gemeinsamkeiten, aber auch viele Unterschiede kennt, war hier freilich nicht die Rede, im Zentrum stand »das Volk«, und das sollte in jeder Hinsicht vollkommen gleich und angeglichen sein. Das Bild des untadeligen deutschen Bauern passte in dieses Schema, Realitäten wie der kontinuierliche Rückgang dieses Berufsstands wurden ausgeblendet und irgendwann auch gar nicht mehr zugelassen.

Transportiert wurden derartige Vorstellungen über Themen, die auf den ersten Blick überhaupt nichts mit den menschenverachtenden Zielen des Nationalsozialismus zu tun zu haben schienen. Hermann Bausinger weist darauf hin, dass gerade über die »scheinbar gänzlich unpolitischen Gehalte [der Volkskultur] … militante nationalsozialistische Ideologien vermittelt«[33] wurden. Heimatliches wie Tracht, rustikale Möbel, Bräuche oder ein alpiner Baustil wurde zum Instrument einer Propaganda, die gleichzeitig alle Tendenzen nach Abgrenzung zu verhindern suchte und stattdessen einen vereinheitlichten bäuerlichen Stil etablieren wollte. Das Bayerische, das Hessische, das Rheinische spielten als solches keine Rolle mehr, diese lokalen Ausprägungen und kulturellen Eigenheiten sollten in einer vom Nationalsozialismus etablierten Idee von Region aufgehen.[34] Die Bestrebungen, rassistische und faschistische Ansichten über Folklore und andere liebreizende Heimatbilder zu vermitteln, gipfelten in der trügerischen Idylle des Obersalzbergs. Die touristische Erschließung der Gegend nahe Berchtesgaden hatte bereits im

19. Jahrhundert begonnen, bekannt waren die Pension »Moritz« und das Hotel »Zum Türken«. Betuchte Feriengäste ließen sich am Obersalzberg zur Sommerfrische nieder.

In den 1920er Jahren war auch Hitler mehrfach dort zu Besuch, ehe er 1933 einen eigenen Landsitz erwarb und zu seinem Berghof ausbauen ließ. Der Gebäudekomplex inmitten der schönen Landschaft diente sowohl dem Rückzug als auch der Inszenierung. Das gesamte Areal wurde bald zum »Führersperrgebiet« erklärt, und auch andere Größen der NSDAP ließen sich Ferienhäuser in der Nähe des Berghofs errichten. Gleichzeitig wurden die Bewohnerinnen und Bewohner der Gegend systematisch verdrängt. In den Berg hinein wurden Tunnel und Bunker getrieben, schließlich war von der »Alpenfestung« die Rede. 1945 wurden die Bauten durch alliierte Luftangriffe allesamt schwer zerstört und nach dem Ende des Krieges so gut wie komplett abgetragen, um keinen Anlaufpunkt für Ewiggestrige und Neonazis zu bieten. Die US-Armee nutzte das Gelände noch längere Zeit als Erholungsgebiet für Militärangehörige. Erst 1972 fiel der Obersalzberg an die Bundesrepublik.[35]

Das »Führersperrgebiet«

Heute ist von der Bausubstanz der Nationalsozialisten so gut wie gar nichts mehr zu sehen. Die letzten Reste der Grundmauern im Wald sind von Bäumen überwuchert. Die Natur holt sich ihre Idylle zurück. Eine Dauerausstellung in dem vor einigen Jahren errichteten Dokumentationszentrum Obersalzberg liefert inzwischen einen umfassenden Überblick zum Nationalsozialismus und dessen vernichtender Ideologie.

An einem strahlenden Sommertag offenbart sich am Obersalzberg aber auch außerhalb der Schau die ganze Perfidität des »Dritten Reichs«. Ein Diktator hatte sich mit seinem Gefolge eine Landschaft wie aus dem Bilderbuch als Heimat ausgesucht. Die strahlende Bergwelt sollte von den Schatten seiner Herrschaft ablenken und überzog die Verbrechen scheinbar wie Zuckerguss.

NACH DEM KRIEG ist das Thema Heimat gleichwohl populär geblieben, mehr denn je schien es in Zeiten des Umbruchs auch wichtiger, sich zu vergewissern, wer man war und wohin man gehörte. Der ideologische Überbau des Nationalsozialismus war schließlich komplett zusammengebrochen. Auf Jahre der Not und Zerstörung folgte die Zeit des Wiederaufbaus. Dazu gehörten in vieler Hinsicht nicht nur politische und persönliche Neuanfänge, sondern auch Verwaltungsaufgaben wie die Ordnung der Länder und Regierungsbezirke. Diese Umstrukturierungen erforderten aber ein Mindestmaß an regionaler Bezogenheit aufseiten der Bürgerinnen und Bürger, was die Verantwortlichen über persönliche Bindungen an die Heimat herzustellen versuchten. »Auch der Zustrom der ›Heimatvertriebenen‹ war bedeutsam für die Besinnung auf Heimat – der Heimatverlust dieser Umsiedler und Flüchtlinge unterstrich den Wert von Heimat.«[36] Nicht selten wurde diesen Menschen auch die kalte Schulter gezeigt, wenngleich die Eingliederung der Flüchtlinge und Vertriebenen in die Gesellschaft der Bundesrepublik insgesamt gelungen ist. Von der Aufarbeitung des Geschehenen oder einer Diskussion um die Schuld an den entsetzlichen Verbrechen sollte lange Zeit dennoch nicht die Rede sein.
Erst in den späten 1950er Jahren setzt nach und nach eine Auseinandersetzung der jüngsten Vergangenheit ein, der Vorwurf des Schweigens an die Väter ist aber noch in den Studierendenprotesten der späten 1960er Jahre zentral. Das Ende des politischen Systems und damit die Aufhebung von Strukturen, die bis 1945 sämtliche Lebensbereiche reglementiert haben, bedingen und ermöglichen zugleich die Suche nach einer zeitgemäßen Identität.

Die Bevölkerung orientiert sich dabei vor allem an den jeweiligen Besatzungsmächten, die Soldaten der US-Armee etwa bringen nicht nur Kaugummi, Nylons und den Rock 'n' Roll nach Deutschland, sondern auch den dazugehörigen Lebensstil. Unbeschwert ziehen sie um die Häuser, verabreden sich und feiern ausgelassen die ganze Nacht.

Der Heimatbegriff der Nachkriegsjahre wurde in Deutschland und in Österreich maßgeblich von der Unterhaltungsindustrie geprägt. Vor allem Schlager und Filme zeigten eine heile Welt. Nicht zu sehen waren zerbombte Häuser und Ruinen, nicht geklagt wurde über Tote, nicht nachgedacht über Sühne. Die Heiterkeit der Lieder und Geschichten passte zu den Sehnsüchten einer Generation, die sich mit den Möglichkeiten des Wirtschaftswunders am Konsum orientierte und seit den 1950er Jahren gleich massenhaft das Reisen für sich entdeckte. Als Kulisse dienten Capri und der Wörthersee. Heimatbilder und Sehnsuchtsorte wechselten sich als Hintergrund für allerlei unschuldige Romanzen ab. Wie kaum ein anderes Genre spiegelte der Heimatfilm den Zeitgeist wider und gelangte zu ungeheurer Popularität, da besonders »die Kinos, mit ihren Celluloid-Traumwelten … eine große Anziehungskraft auf die Menschen [ausübten], die ungern nur aus dem beruhigenden Dunkel der Kinosäle wieder ins Licht der Realität treten, sich nicht mit der Tristesse konfrontiert sehen wollen«.[37]

Einem allgemeinen Bedürfnis nach Zugehörigkeit und Sicherheit entsprechend präsentierte der Heimatfilm friedliche Hochglanzwelten. Meist fanden im Laufe der Handlung ein oder gleich mehrere Paare zusammen, nach einer angemessenen Zahl an Irrungen und Wirrungen folgte das Happy End. Auch das Schicksal der Flüchtlinge und Heimatvertriebenen sollte in diesem Genre eine Rolle spielen. »Grün ist die Heide« lautet der bekannteste Titel, der sich mit dem Thema in der Bundesrepublik beschäftigt hat, wenngleich die rasche Aufnahme des Vertriebenen Lüder Lüdersen in dem Klassiker von 1951 doch beinahe zu idyllisch anmutet.[38]

Die Trapp-Familie

Auf der Leinwand zu bestaunen war auch das Schicksal der österreichischen Trapp-Familie. Gleich in mehreren Teilen wurde alles aufgeboten, was den Heimatfilm ausmacht. Die Handlung spielt rund um Salzburg, der Baron Georg von Trapp kann sich als Witwer nicht allein um seine sieben Kinder kümmern und engagiert eine junge Frau als Unterstützung. Die Geschichte der Trapps ist im Kern tatsächlich eine wahre Geschichte. Musical und Film basieren auf den Lebenserinnerungen der Maria von Trapp. Der echte Baron war zunächst mit Agathe Whitehead verheiratet, die aber zu Beginn der 1920er Jahre plötzlich starb. »1925 kam Maria Augusta Kutschera als Hauslehrerin zur Familie – und blieb für immer. Maria, selbst eine Vollwaise, war ausgebildete Lehrerin und kurz zuvor als Novizin ins Kloster Nonnberg eingetreten. An dieser Stelle der Familiengeschichte setzt der Spielfilm an. Im Jahr 1927 heirateten Maria und Georg von Trapp, zwei gemeinsame Kinder kommen auf die Welt«,[39] informiert die Tourismuswerbung für das Land Salzburg. Gemeinsam mit ihrer Betreuerin begannen die Kinder, zu singen und zu musizieren. Als Kapitän hatte der Baron mit dem Ende der österreichischen Marine seine Aufgabe und damit auch seine Einkünfte verloren. Die Auftritte als Chor sollten die Familie aus ihrer finanziellen Notlage befreien.

In den 1950er Jahren wurde die Geschichte zunächst als Musical herausgebracht und lief erfolgreich am New Yorker Broadway.

Nachdem 1956 bereits ein deutschsprachiger Film herausgekommen war, wurde die Biografie der singenden Trapps Anfang der 1960er Jahre auch von einer amerikanischen Produktionsfirma als Story entdeckt: »The Sound of Music« lautet der Titel des Films, in dem Bilder, Landschaften und Charaktere noch ein wenig mehr überzeichnet sind als in der deutschsprachigen Version.[40] Die Kinderschar tritt vor der schönsten Bergkulisse auf. Die Szenen führen auf Almen und zum Wiesengrund, das Orchester setzt ein, sobald die Mädchen in ihren Dirndl und die Buben in ihren Lederhosen anfangen zu singen. In Salzburg wird heute nicht nur das Geburtshaus von Wolfgang Amadeus Mozart bestaunt, vor allem für Feriengäste aus den USA wird eine »The-Sound-of-Music-Tour« zu den Original-Drehorten angeboten.[41] Ein Publikumsmagnet ist bis heute die Kirche in Mondsee, in der Baron von Trapp und seine Maria schließlich geheiratet haben.

»Die Trapp-Familie in Amerika« heißt die Fortsetzung dieser Saga. Baron von Trapp nimmt ein Angebot in den USA an; engelsgleich singen seine junge Frau und die Kinder im Film und verzaubern die amerikanische Zuhörerschaft.[42]

Im wahren Leben emigrierte die Familie ebenfalls. »Nach dem Anschluss Salzburgs wurde Georg von Trapp aufgefordert, der deutschen Marine beizutreten. Doch er trat nicht bei, sondern emigrierte im selben Jahr mit der Familie in die USA und ließ sich in Stowe, Vermont, nieder. Dort kam im Jahr 1939 Sohn Johannes zur Welt. Die Familie unternahm auch in den USA weiterhin Konzertreisen und trat meist unter dem Namen ›Trapp Family Singers‹ auf. 1987 starb Maria im Alter von 82 Jahren.«[43]

Vielleicht hat die Geschichte gerade deshalb so gut funktioniert, weil eben nicht alles frei erfunden war, sondern fiktive und reale Inhalte in der aufregenden und dabei auch romantischen Biografie der Trapps fließend ineinander übergehen.

IN ZEITEN DES WIRTSCHAFTSWUNDERS war technischer Fortschritt der breiten Bevölkerung oftmals wichtiger als zurückschauendes Bewahren. Platten aus Eternit zierten bald landauf, landab das deutsche Eigenheim, die Gärten schmückten Koniferen. Ob Bauernhäuser oder historische Gebäude in der Stadt, der Modernisierung musste vieles weichen. Stadtautobahnen und Bürohochhäuser ersetzten binnen weniger Jahre ganze Stadtviertel, die über Jahrhunderte gewachsen waren. In den Dörfern wurde das neue Wohngebäude neben das alte, weniger komfortable Haus gesetzt, das fortan dem Verfall preisgegeben war. Man wollte Neues, und es sollte unbedingt auch danach aussehen.

Im Zuge des allgemeinen Erfolgs wurde auch der eigene Aufstieg um jeden Preis sichtbar gemacht. Als modern galt, was zum Zeitgeist passte. »Höher, schneller, weiter!«, lautete das Motto. Über Umweltschutz oder Autoabgase machten sich in den 1950er und 1960er Jahren noch die wenigsten ernsthaft Gedanken. Die Heimat sollte dem entsprechen, was angesagt war, ein kurzgeschnittener Rasen etwa bot Platz für die Hollywoodschaukel. Nutzpflanzen im eigenen Garten waren längst nicht mehr nötig, wer Hunger hatte, ging ins Restaurant oder kaufte etwas im gerade eröffneten Supermarkt um die Ecke. Das Heim diente in erster Linie der Freizeit und nicht der Arbeit.

Inmitten dieser Veränderungen wurde allerdings immer auch versucht, etwas zu bewahren, das man als »Sehnsuchtsort« bezeichnen könnte. Heimat wurde zusehends zu einem Konsumgut, konnte jederzeit erworben, ausgetauscht und im Bedarfsfall hergestellt werden. Hotelkomplexe aus den 1970er Jahren sind ein sprechendes Beispiel für den Versuch, modernen Komfort und heimische Gemütlichkeit miteinander zu verknüpfen. Riesige Bauten mit der neuesten Ausstattung sollten Touristen beispielsweise in die Berge locken, um dort das schöne Landleben zu genießen. Zwischen Betonplatten und abstrakten Glasfronten begrüßte der Wirt dann seine Gäste im Keller des Etablissements in einer holzvertäfelten Bar, die einer Skihütte nachempfunden war.

Mit den Jahren mehrte sich durch diesen Umgang mit der regionalen Identität nicht nur der Gewinn, sondern auch die Kritik. Heimat drohte zur Ware zu verkommen, die, inhalts- und wertlos geworden, an die Meistbietenden verkauft wird. In der »Piefke-Saga«, einem vierteiligen Film über deutsche Urlauber und das Leben in einem österreichischen Fremdenverkehrsort, werden die Menschen zu Darstellern ihres eigenen Lebens. Wie ferngesteuert, dient ihre Arbeit auf dem Bauernhof vor allem der Anschauung. Am Ende hebt jemand die Grasfläche zwischen den Bäumen am Waldrand an, und es zeigt sich, dass alles nur noch Fassade ist. Unter dem Grün der Berghänge liegt ein gigantischer Müllberg verborgen.[44]

AUF DER SUCHE NACH HEIMAT – UMWELTSCHUTZ UND ANTI-AKW

Die fortschreitende Bebauung und Überformung der Landschaft wurde seit den 1960er Jahren zunehmend als beunruhigend empfunden. Immer mehr Menschen fühlten sich, wie die Kulturanthropologin Ina-Maria Greverus in den 1970er Jahren notierte, in ihrem eigenen Territorium bedroht.[45] Nachdem in den 1950er und zu Beginn der 1960er Jahre die Idee der Modernisierung nahezu alle Lebensbereiche beherrschte, wurden Beschlüsse nicht mehr einfach so hingenommen, sondern immer stärker hinterfragt.

Damit begann auch die Suche nach alternativen Möglichkeiten, das eigene Leben zu gestalten. Die Proteste der Studierenden in den späten 1960er Jahren bildeten den Auftakt, seit den 1970ern war von den neuen sozialen Bewegungen die Rede. Themen waren die Ökologie, soziale Gleichheit oder die schulische Ausbildung von Kindern. Mit der Umwelt- und Anti-Atom-Bewegung setzte ein tiefgründiges Nachdenken über den eigenen Lebensraum und damit über die Heimat ein. Vieles »an Bildern, Bestrebungen und Überzeugungen« in diesem Zusammenhang stammte allerdings, wie der Kulturwissenschaftler Hermann Bausinger bemerkt, schon aus früheren Zeiten. »Aber die Strömung selbst scheint eine neue Qualität zu haben.«[46]

Weit weniger theoretisch als noch in den 1960ern gedacht, begannen sich in den darauffolgenden Jahrzehnten zahllose Bürgerinnen und Bürger aktiv in ihrer Umgebung zu engagieren. Oft hatten die Bündnisse einen konkreten Bezug zu lokalen Ereignissen und Problemen. Initiativen wendeten sich gegen den Ausbau von Stadtautobahnen oder den Abriss von historischen Gebäuden, gegen die Trockenlegung eines Sumpfgebiets und vieles andere. Spielerische Varianten des Demonstrierens wurden von den Studierenden übernommen, aber jetzt erfassten die Aktivitäten weite Kreise der Bevölkerung, und die »meisten Initiativen [wurden] von jüngeren Angehörigen der Mittelschichten mit hoher Bildungsqualifikation getragen«.[47] Der neue Aktionismus befasste sich »mit den negativen Folgen des industriellen Wachstums; nicht vorrangig materielle Interessen stehen im Zentrum, sondern das Engagement für eine umwelt- und sozialverträgliche Lebensweise. ›Lebensqualität‹ lautete (und lautet) daher der Schlüsselbegriff.«[48] Es ging um die Rolle der Frauen in der Gesellschaft und den Weltfrieden. Vor allem aber zielte der Einsatz auf die Bereiche Umwelt und Ökologie.

Ganz zentral wurde die Frage nach dem Ausbau und der Nutzung von Atomkraft diskutiert.[49] Als das erste deutsche AKW, das Atomkraftwerk Kahl, zu Beginn der 1960er Jahre in der bayerischen Gemeinde Karlstein ans Netz gegangen war, überwogen noch die Begeisterung am wirtschaftlichen Nutzen und das Streben nach hohen Renditen. Während die großen Gewerkschaften und alle Volksparteien in der Bundesrepublik für den Ausbau der Kernkraft stimmten und die Betreiberkonsortien wirtschaftlich an Einfluss gewannen, fühlten sich die Bürgerinnen und Bürger von diesen Technologien im Verlauf der 1970er Jahre zusehends verunsichert und bedroht.[50] Aufseiten der aktiven Bürgerschaft blieb es nicht bei Debatten, wie der Sozialwissenschaftler Dieter Rucht zusammenfasst, kam es in der Folge auch zu massiven Protesten wie zum Beispiel gegen den Bau eines Reaktors am Oberrhein. »Der Name Wyhl steht … für eine spektakuläre, monatelange Platzbesetzung, die durch eine Massenkundgebung am 23. Februar 1975 eingeleitet wird. Diese Aktion … schlägt Wellen … Nicht zuletzt bildete die Wyhler Bewegung den Auftakt für die bundesdeutsche Anti-AKW-Bewegung.«[51]
Während der Atomstrom im Gegensatz zur Energie aus Braunkohlekraftwerken als besonders sauber galt, führte vor allem der Atommüll und die Frage, was damit zu machen sei, zu heftigen Debatten. Umstritten und später auch umkämpft waren die möglichen Standorte für Endlager und Wiederaufbereitungsanlagen. Zu Sinnbildern für die Auseinandersetzungen sind besonders der niedersächsische Landkreis Lüchow-Dannenberg und die bayerische Gemeinde Wackersdorf geworden. Immer heftiger gerieten Demonstranten und Einsatzkräfte in den folgenden Jahren aneinander.[52]
Die Inhalte der einzelnen Initiativen begannen sich gleichzeitig in der Gesellschaft durchzusetzen. Die Ziele der Umweltaktivisten mündeten nicht zuletzt auch in der Gründung einer Partei.

»Die Grünen« fanden im Dezember 1980 erstmals zusammen. Ein Jahr später eröffnete ein Ableger der Umweltorganisation »Greenpeace« in der Bundesrepublik.[53] Auch innerhalb von DGB und SPD setzte nun ein Kurswechsel ein, ab 1984 wendeten sich die Genossinnen und Genossen immer stärker gegen den Einsatz und den Ausbau von Kernenergie.

Atompolitik wurde damit zum konträren Gegenstand parlamentarischer Diskussionen. Einen massiven Einschnitt bedeutete schließlich das Reaktorunglück von Tschernobyl im Jahr 1986. Entsprechende Beschlüsse wurden daraufhin ebenso beschleunigt vorangetrieben wie die Politisierung der Umweltverbände. Gleichzeitig machte der Ernstfall die Hilflosigkeit des staatlichen Krisenmanagements sichtbar.[54] Viele tausend Kilometer vom Unglücksort in der Ukraine entfernt, verbreitete sich auch in Deutschland eine Angst, die kaum greifbar, aber doch an ganz konkreten Fragen festzumachen war. Darf ich den Salat aus meinem Garten noch essen? Dürfen die Kinder draußen spielen? In Tschernobyl selbst wurden die Menschen aus der Kernzone evakuiert, viele durften nie mehr zurück nach Hause, mussten ihre Heimat von heute auf morgen zurücklassen.

In ihrem Band *Auf der Suche nach Heimat* hat Ina-Maria Greverus bereits in den 1970er Jahren angedeutet, wohin die Beschäftigung mit dem Thema Heimat in Zukunft gehen kann. Das Buch enthält eine Sammlung von Aufsätzen und Rundfunkbeiträgen, die in jenen Jahren entstanden sind. Ist Heimat »politische Vokabel oder politische Aufgabe«?, fragt sie gleich im ersten Kapitel.[55] Gemeint ist damit, dass man sich spätestens zu dieser Zeit nicht mehr auf unwirklichen Heimatbildern ausruhen kann, sondern aktiv daran arbeiten muss, damit die heimische Umgebung erhalten bleibt.

Der Historiker Manfred Görtemaker wertet die Bürgerbewegungen als eine Form von innerstaatlichem *Korrektiv*, nicht allein in den Parlamenten, sondern auch auf der Straße wurde nun diskutiert, wohin Entscheidungen führen sollten. Die Bürgerschaft fordert Teilhabe und ist dazu bereit, sich im Sinne des Allgemeinwohls einzumischen. Ina-Maria Greverus sieht in dem Protest für die Heimat gleichzeitig ernsthafte Versuche, »... Anonymität zu überwinden und sich in komplexen gesellschaftlichen Bezügen (und gegen sie!) Bereiche einer Heimat zu erringen, einer Heimat, die tatsächlich nichts ›Gestriges‹ meint, sondern in der auch die heutigen Menschen erkennbare Merkzeichen ihrer Gestaltungskompetenz setzen und die Nähe der Gegenseitigkeit im alltagsweltlichen Handeln erfahren können«.[56] Heimat erhält in dieser Phase nicht nur eine öffentliche, sondern auch eine sehr stark sozial geprägte Ausrichtung. Heimat ist nun tatsächlich das, was in der Welt um uns herum passiert.

Dieses Engagement ist in den folgenden Jahrzehnten wieder abgeflaut. Mit dem Marsch durch die Institutionen, den viele Mitglieder der verschiedenen Initiativen angetreten haben, sind ihre Ideen aber auch in den politischen Entscheidungsgremien angekommen. Dennoch ist es einer rot-grünen Bundesregierung nur zeitweise gelungen, den Umstieg auf erneuerbare Energien vorzubereiten. Nach dem Reaktorunglück in Fukushima war es ausgerechnet Angela Merkel, die Kanzlerin der CDU, die den Ausstieg aus der Atomenergie angesichts der Katastrophe endgültig besiegelt hat.

LEBENSWELTEN UND WELTREGIONEN

HERRNBRÄU
Istanbul

ANKOMMEN IN SPÄTMODERNEN ZEITEN

Wer bin ich? Wo lebe ich? Und was ist meine Heimat? Bis in die 1960er Jahre hinein waren die Lebenswege in der Bundesrepublik und der DDR in der Regel vorgezeichnet. Abweichungen von dem, was als Durchschnitt empfunden wurde, galten in dieser Zeit eher als Ausnahme. Mit dem Wirtschaftswunder sollte eine Normalität zurückkehren, die lange Jahre keine Fragen nach der jüngeren Vergangenheit zuließ.

Eindeutig waren gesellschaftliche Gruppen und soziale Schichten voneinander zu unterscheiden. Karl Müller zum Beispiel, ein

Arbeiter aus der Essener Zeche Zollverein, war Genosse und Gewerkschaftsmitglied. Bis zur Rente blieb er bei dem Arbeitgeber, der ihn schon als Jugendlichen eingestellt hatte. Der Vater, die Freunde, Brüder und Onkel waren auch dort beschäftigt. Kurt Berger, ein Angestellter aus der Personalabteilung von Krupp, war ebenfalls als junger Mann in die Firma gekommen, auch sein Vertrag endete mit seinem Arbeitsleben. Als Angehöriger der Mittelschicht wählte er wahrscheinlich eher konservative oder wirtschaftsliberale Vertreter in die Parlamente. Beide, der Kumpel Karl und der Personaler Kurt aus Essen, haben geheiratet und eine Familie gegründet. Der Arbeiter hat mit Frau und Kindern eine Werkswohnung in einem Viertel bezogen, wo auch ansonsten viele Kollegen ein vergleichbares Leben führten und regelmäßig die Wäsche schwarz wurde, die zum Trocknen auf der Wiese hinter den Häusern hing. Der Angestellte wird in ein Reihenhaus oder einen Bungalow gezogen sein, irgendwo in einer »besseren« Gegend. Die Kolleginnen und Kollegen, die in der gleichen Straße wohnten, werden auf die Marke seines Wagens geschaut haben, ein Thema war sicher auch der Italienurlaub, in den die Nachbarn im Sommer reisten. Die Frau des Arbeiters mag neben dem Haushalt noch in einer Fabrik tätig gewesen sein, die Frau des Angestellten aber blieb sicher zu Hause. Als Aushängeschild der bürgerlichen Familie stärkte sie die Wäsche, bügelte und putzte, das Heim hatte schließlich nach etwas auszusehen. Die Welt sollte gerade in den 1950er Jahren wieder in Ordnung und makellos sein.

Kurz gesagt, alles ging seinen geregelten Gang. Auszubrechen aus der Idylle der Vorstadt oder der Umgebung der Zeche war so gut wie unmöglich. Mit den gesellschaftlichen Umbrüchen Ende der 1960er und Anfang der 1970er Jahre sollten diese festgelegten Strukturen allerdings nachhaltig ins Wanken geraten. Wenngleich vieles beibehalten wurde, taten sich nun auch andere Mög-

lichkeiten auf, und mit den Jahrzehnten hat sich der Spielraum dessen, was machbar ist, immer weiter ausgedehnt. Dabei ist es gar nicht so wichtig, ob man sich ständig verändert. Allein diese Tatsache beeinflusst heute ganz wesentlich unseren Lebensstil.
In der späten Moderne scheint nun alles wählbar und wird damit immer schwieriger zu greifen. Ich kann mein Leben – zumindest theoretisch – wieder und wieder neu erfinden. Heimat kann unter diesen Voraussetzungen nicht das statische Konzept bleiben, der unverrückbare Sehnsuchtsort, von dem so lange ausgegangen wurde. Hinzu kommen nun andere Fragen: Wer will ich sein? Wie und wo will ich leben?
Die Konrad-Adenauer-Stiftung hat sich mit der Bedeutung von Heimat in der Gegenwart beschäftigt und unterschiedliche Antworten und Überlegungen von Persönlichkeiten aus Politik, Wissenschaft und Kunst zusammengetragen.[1] Über »Heimat im Zeitalter der Globalisierung« macht sich unter anderem der Philosoph Hartmut Rosa Gedanken. »Was es definitiv nicht mehr bedeutet, ist jenes miteinander ›Verwachsen‹ von Subjekt und Welt, das die Weltbeziehungen früherer Epochen prägte und das mit dem Begriff der Anverwandlung beschrieben werden kann.«[2] In seinem Text weist Rosa auf grundlegende Verschiebungen hin, die sich wiederum in unterschiedlichen Phänomenen ausdrücken können.
Der Philosoph hat sich in der Vergangenheit mit Themen wie der Beschleunigung unseres Lebens und damit einhergehenden Formen von Entfremdung beschäftigt, denen viele Menschen heute alltäglich ausgesetzt sind. »Es wird jedoch in der seit den digitalen und politischen Revolutionen von 1989 noch einmal spürbar beschleunigten Spätmoderne unhaltbar: Weil die soziale Welt sich nicht mehr im generationalen Wandlungstempo verändert, das es jeder Generation erlaubt, eine eigene, aber stabile ›Heimat‹ zu definieren, sondern inzwischen eine intragenerátio-

nale Veränderungsgeschwindigkeit erreicht hat, wird die Idee einer stabilen Heimat im Lichte der Alltagserfahrung immer implausibler. Wohnorte, Berufsstellen, Lebensabschnittspartner, religiöse und politische Überzeugungen, aber auch für die Lebensführung eher randständige Dinge wie die Tageszeitung, die Krankenversicherung und die Telefongesellschaft: sie alle sind nicht mehr auf die Dauer einer Lebenszeit hin angelegt, sondern sind kontingent geworden und haben in unserem Leben ungewisse, aber in jedem Fall beschränkte Geltungsdauer.«[3]

»Heimat im Zeitalter der Globalisierung«

Diese Umstände machen Heimat keinesfalls überflüssig, auch Rosa stellt fest, dass sich die Frage als solche ja nicht verliert, sondern allenfalls neu ausgehandelt und mit noch mehr möglichen Bedeutungen versehen wird. Verändert hat sich in den vergangenen Jahrzehnten vor allem unsere Wahrnehmung von Zeit. Wir hetzen von einem Termin zum anderen und sind doch schon wieder zu spät dran. Unser Alltag orientiert sich heute am Takt der Lebensabschnitte. Der Blick auf die Zeit im Wandel macht zugleich sichtbar, dass Heimat vor allem auch von dieser Kategorie abhängig ist. Jetzt bin ich hier zu Hause, in wenigen Jahren empfinde ich einen anderen Lebenszusammenhang als meine Heimat. Ich muss nicht mehr gebunden sein, meine Familie, mein Alltag, meine Aufgabe im Leben – alles wird irgendwie austauschbar. Dabei sind kulturelle Formen und Strukturen nicht verschwunden, in den letzten Jahren haben etwa Hochzeiten wieder vermehrt Konjunktur. Gleichzeitig wachsen aber auch die Scheidungsraten. Und Arbeitsverträge werden nur noch für wenige Monate oder Jahre geschlossen.

Zu Beginn des 21. Jahrhunderts haben sich die Bedingungen, unter denen wir leben, grundlegend verändert. Im Verhältnis zu früher, zu der Welt von vor zwanzig, dreißig Jahren, bestimmen heute digitale Medien den Alltag vieler Menschen. Durch die Globalisierung der Wirtschaft sind wir heute weltweit miteinan-

In der New Yorker U-Bahn

der vernetzt. Ohne Verzögerung, quasi in Echtzeit, erfährt man von Ereignissen rund um den Erdball. Die Frage ist heute nicht mehr, was man wissen kann, sondern welche Informationen es in die Nachrichtensendungen schaffen.
Beziehungen werden weltweit gepflegt, für das tägliche Telefonat zwischen Mutter und Sohn spielen Grenzen heute längst keine Rolle mehr. »Home is where your Wi-Fi connects automatically.« Ist zu Hause wirklich da, wo sich mein Computer oder mein Smartphone automatisch mit dem weltweiten Netz verbinden?
In der spätmodernen Zeit, in der wir leben, ist vieles möglich geworden. Menschen können und müssen heute mobil sein, die Suche nach Arbeit, Flucht und Vertreibung bewegen Millionen weltweit. Der überwiegende Teil der Weltbevölkerung bleibt gleichzeitig an einem Ort. Doch auch in den entlegensten Regionen gibt es inzwischen Medien, die von anderen Menschen, anderen Gegenden und anderen Lebensweisen berichten. Im direkten Vergleich wird aber auch das, wozu man sich selbst zugehörig fühlt, immer wichtiger. Alles ist erreichbar und wirft vielleicht auch deshalb so viele Fragen auf. Wenn ich überall hinkann, und das ist mit einem deutschen Pass tatsächlich kein Problem, habe ich gleichzeitig Angst, den Boden zu verlieren.

»Glaube. Liebe. Hoffnung« heißt ein Theaterstück aus dem Jahr 1932. Elisabeth, die Hauptfigur in Ödön von Horváths gleichnamigem Drama, hat am Ende nicht nur ihr Geld, sondern auch ihren Glauben, ihre Liebe und ihre Hoffnung verloren. Viele

Menschen vertrauen auf eine spirituelle Kraft, die ihnen Halt gibt. In den letzten Jahrzehnten aber sind in Deutschland zahlreiche Menschen von ihrer Religion abgerückt. Eine große Zahl kann die Ziele ihrer Kirche nicht mehr nachvollziehen. Skandale und ein lange angestauter Bedarf an Reformen belasten das Verhältnis zwischen den Gläubigen und Gemeinden. Was einem wichtig ist, muss nicht unbedingt mit einer Religion zusammenhängen. Für manche ist es auch die Begeisterung für ein bestimmtes Thema, das sie zumindest zeitweise beschäftigt. Viele Menschen verorten sich dennoch in ihrem Glauben, die Auseinandersetzung mit einer Religion, einer Sekte oder Gemeinschaft bietet ihnen die Sicherheit, die sie im Leben brauchen.
Auch Festivals und Diskussionen beschäftigen sich in den letzten Jahren mit der Vielfalt von Religionen. Fast niemand redet jedoch heute noch darüber, was Glauben für sie oder ihn bedeutet. Offen bleibt, wie sich Gemeinschaften gewandelt haben, nachdem die Religion an Bedeutung verloren hat. Welche Werte bestimmen heute unser Leben? Auch in Ideen und Geisteshaltungen lässt sich Heimat suchen und finden. Ob ich glaube und an was ich glaube, bleibt heute allerdings mir selbst überlassen. Aus Hinduismus und Buddhismus lassen sich Facetten übernehmen, eine Grundhaltung kommt aus dem Christentum, andere Eindrücke liefern der Islam oder die jüdische Religion.

Wer sind überhaupt die Deutschen zu Beginn des 21. Jahrhunderts? »Mein Herz hüpft«, lautet die Überschrift von Dirk Kurbjuweits Leitartikel im *Spiegel*. »Heimat ist mehr als schöne Landschaft und Filmkitsch. Heimat ist ein Hochofen, ein Dorf mit Schornsteinen, ein weißes Zimmer, ein Smartphone, ein patriotisches Gefühl, ein Chatroom, ein Mensch«,[4] zählt der Autor auf. Kurbjuweit kommt am Ende zu einem Befund, der sich Hermann Bausingers Einschätzung von der »inneren Einstellung«[5] nähert. Er betont vor allem das Gefühl, das immer wieder individuell mit dem Thema verbindet. Im Vordergrund steht also weniger die Ausdrucksform, es spielt keine Rolle, ob die Heimat hübsch oder hässlich, dezent oder schrill auftritt, wesentlich ist vor allem die Beziehung, die man zu Orten, zum Freundeskreis, der Familie oder einer Sache hat. Gemeinsamkeiten können sich über vergleichbare Perspektiven, Interessen oder Erfahrungen herstellen. Nach Heimat forschen heißt also in erster Linie nach den Bedeutungen suchen, die Menschen als Gruppen oder einzelnen Personen wichtig sind.

In der Beschäftigung mit dem Thema klingt in der späten Moderne immer auch die Vorstellung von Verlust an. Viele Menschen sind mit den Auswahlmöglichkeiten der heutigen Zeit überfordert. Mit Bewahren wird auf die reale oder geglaubte Bedrohung von Heimat reagiert, doch was bewahrt wird, hängt immer auch vom Zeitgeist ab.

»I love NY«

»I love NY« lautet einer der weltweit bekanntesten Slogans. In den späten 1970er Jahren startete die Stadt New York eine Kampagne, um für mehr Rücksicht zu werben. Der kurze, aber einprägsame »Claim« ist in der Schriftart »American Typewriter« – »Amerikanische Schreibmaschine« – verfasst. Das Wort »love« in dem charakteristischen Schriftzug aus schwarzen Buchstaben wird durch ein leuchtend rotes Herz ersetzt. Das Herzliche ergänzt den prägnanten Slogan und gibt dem Satz und damit auch dem Umgang mit der Stadt eine emotionale Komponente. Das Herz soll das Herz ansprechen, gemeint sind Bewohnerinnen und Bewohner, Besucherinnen und Besucher. Von New York als idealer Heimat träumen lässt sich freilich auch aus der Ferne. »I love NY« jedenfalls ist vielseitig einsetzbar. New York ist ein populärer Sehnsuchtsort, den man nicht nur bestaunen möchte, viele haben sich in dieser Stadt selbst neu erfunden und sind im »Big Apple« tatsächlich heimisch geworden.

Mitunter gewinnt man den Eindruck, dass in der Öffentlichkeit zwar vermehrt über Heimat geredet, dabei aber noch immer von einem sehr fest stehenden Begriff ausgegangen wird. Die vielen Bedeutungen, die der Begriff Heimat im Laufe der Zeit in sich aufgenommen hat, wirken nach, wenn davon gesprochen wird. Dabei ist das scheinbar Unveränderliche, das der Heimat anhaftet, eine Idee des 19. Jahrhunderts. So wie Traditionen irgendwann einmal eingeführt worden sind, so sind auch die Vorstellungen entstanden, die unser Bild von Heimat heute prägen. Das Außergewöhnliche an der Heimat ist aber gerade das Wandelbare. Wer Veränderungen ausschließt, schließt zugleich aus, dass sich Menschen immer wieder neue Heimaten aneignen können. Die Fähigkeit, sich wiederholt zu verorten und sich dabei auf veränderte Bedingungen und Situationen einzulassen, ist jedoch mindestens ebenso eng mit Heimat verbunden. Dabei fällt der Blick auch auf die Schattenseiten von Heimatliebe. Ein Verständnis, das schon am nächsten Gartenzaun haltmacht, kann heute nicht mehr zeitgemäß sein. Heimat als dauerhaft fixierter Ort ist in Anbetracht der Globalisierung ebenfalls nur schwer vorstellbar, wenngleich sich viele Menschen bei aller Mobilität auch weiterhin an einem Ausgangspunkt orientieren. Dabei erscheint es besonders wichtig, das aufzuzeigen, was Heimat heute alles sein kann. Heimat ist ein Prozess, Heimat ist ständig in Bewegung. Ein Mensch hat nicht nur eine Heimat, sondern kann – gleichzeitig oder im Laufe seines Lebens – eine, zwei, drei oder noch viel mehr Heimaten haben.

WOHIN ICH GEHÖRE – IDENTITÄT UND ZUGEHÖRIGKEIT

30. Juni 2013, Nachrichten auf CNN: US-Präsident Barack Obama befindet sich mit seiner Familie in Afrika, gerade hat er den südafrikanischen Freiheits- und Anti-Apartheids-Kämpfer Nelson Mandela im Krankenhaus besucht. Zuvor waren die Obamas in Irland, beide Töchter sind mitgekommen, weil die

Familie auch dort Vorfahren hat. Weiter geht die Reise nach Kenia.

Der Fall Snowden

Die nächste Meldung beschäftigt sich mit Edward Snowden, der ehemalige Mitarbeiter des US-Geheimdienstes NSA und sogenannte Whistleblower hat seine Heimat nach spektakulären Enthüllungen über die Spionage der britischen und US-amerikanischen Geheimdienste verlassen. Aktuell hält er sich am Moskauer Flughafen auf. Im Moment kann er auch gar nicht aus dem Gebäude. Die USA haben seinen Pass für ungültig erklärt und einen Haftbefehl erlassen. Ecuador bietet Asyl an, Russland verhält sich neutral und niemand weiß, was er plant.

In beiden Geschichten geht es um Mobilität, und beide Geschichten, sowohl die von den Obamas in Irland, in Südafrika und in Kenia als auch die des flüchtigen Exagenten Edward Snowden im Transitbereich des Moskauer Flughafens, befassen sich mit Zugehörigkeit, Verortung, Heimat und Identität. So unterschiedliche Ziele sie auch verfolgten, beschäftigte Snowden und die Obamas an diesem Tag doch die gleiche existenzielle Frage.

Noch immer kommt den konkreten Orten ganz besondere Bedeutung im Hinblick auf Heimat zu. Dieser Zusammenhang scheint auf die Anfänge des Begriffs zurückzugehen. Das Heimatrecht als Versorgungsanspruch an einem Ort, an dem man sein Leben verbracht hat, macht die geografische Dimension des Wortes aus, die auch in Zeiten des Internets und der digitalen Vernetzung eine wichtige Rolle für die Menschen spielt. Schließlich ist es ein Ort, an dem wir uns in der Regel befinden, und es sind Orte, zwischen denen wir uns bewegen. Auf dieser Ebene ist Heimat fassbarer, und letzten Endes wird alles Globale und damit irgendwie auch Abstrakte an einem konkreten Ort verhandelt.

Die Entwicklung einer Region hat gegenwärtig immer auch mit Entscheidungen in ganz anderen Teilen der Welt zu tun. Ein

Beispiel ist die Landwirtschaft, die längst zu einer globalen Angelegenheit geworden ist, obwohl sie im Lokalen, an einem bestimmten Ort stattfindet. Saatgut wird von multinationalen Konzernen genetisch manipuliert, die Abgase der großen Industrienationen wirken sich auf das Klima in vielen anderen Ländern aus, und an den Börsen wird mit Grundnahrungsmitteln wie Getreide spekuliert. Dadurch haben sich auch die Relationen des Denkens und Handelns verschoben. Die Welt ist mit der Globalisierung eng zusammengewachsen, aber keineswegs gleich geworden.

Im Zusammenhang mit Heimat ist besonders oft die Rede von regionaler Identität. Heimat und Region werden über weite Strecken zusammengedacht und sind doch nicht deckungsgleich. Das Regionale kann ein Bestandteil von Heimat sein, ein wichtiger Aspekt, aber eben nur einer von vielen. Der überwiegende Teil der Menschen, die heute auf der Erde leben, ist in der Stadt zu Hause. Dennoch bleibt die enge Verknüpfung zwischen Heimat und der ländlichen Region bestehen. Dabei kann auch eine Stadtlandschaft gemeint sein, eine Gegend mit Tankstellen und Einkaufscentern. Die meisten Regionen werden irgendwo dazwischen liegen, zwischen Idylle und Großstadt, im urbanisierten Raum der Vororte mit Autobahnauffahrt, Gartencenter und Waschstraße.

Umgekehrt reicht auch das Thema Identität weit über eine räumliche Verortung hinaus. Was macht unsere Identität aus? Das kann unsere Familie sein, unser Beruf, ein Projekt, eine Idee, an die man glaubt und die man trotz aller Widerstände umzusetzen versucht. An manchen Punkten überschneidet sich die Frage nach Heimat mit der Frage nach Identität. Der Sozialpsychologe Heiner Keupp spricht heute ganz allgemein von Patchwork-Identitäten. Das Wort »Identität« ist immer als Sammelbegriff zu verstehen. Keupp geht davon aus, dass sich die Identität eines Menschen aus vielen einzelnen Bestandteilen zusammensetzt. Zum einen gibt es Faktoren wie die soziale Herkunft oder die Ausbildung, die unser Wesen und unseren Lebensweg prägen. Zum anderen hängt unser Dasein immer auch von der Wahrnehmung in unserer Umgebung und dem Austausch mit dem Freundeskreis, der Verwandtschaft oder den Kolleginnen und Kollegen ab. Nicht ein Ort, ein Milieu, ein Job, eine Vorliebe oder etwas anderes machen die Identität eines Menschen aus, vielmehr besteht sie aus verschiedenen Bausteinen, die immer wieder überdacht und ausgehandelt werden müssen.[6] Dieses Konzept von Identität ist gleichzeitig breit genug angelegt, um verschiedene Heimaten in sich aufzunehmen.

»Identität« »Heimat« »Tradition«

Identität hält aber auch Hermann Bausinger nicht für ein modernes Äquivalent von Heimat, denn »im Ansatz sind die beiden Begriffe verschieden. Heimat zielt auf eine räumliche Relation; Heimat ist zwar nicht strikt begrenzbar, aber doch lokalisierbar im Raum. Identität dagegen ist eine Frage der inneren Struktur«.[7] Unsere Identität setzt sich aus verschiedenen Facetten zusammen. »Wer bin ich?« und »Wohin gehöre ich?« sind dennoch Fragen, die uns ganz wesentlich prägen. Orte und Regionen sind weiterhin wichtig, aber die Ausschließlichkeit, die immer wieder angenommen wird, gibt es nicht und hat es vielleicht auch nie gegeben. Identitäten definieren sich immer auch über Räume, und Räume bilden ihrerseits Identitäten. Dabei sind sie aber beweglich und können verändert werden.

Eine vergleichbare Kategorie ist »Tradition«. Wie Heimat meint Tradition etwas Zusammenhängendes, muss aber nichts Feststehendes sein. Traditionen können sich verändern, alte Traditionen werden mitunter vergessen, und neue Traditionen kommen hinzu. Wenn mein Vater und meine Mutter unterschiedliche kulturelle Perspektiven einnehmen, werden sie mir vielleicht auch verschiedene Traditionen vermitteln. Es besteht aber ebenso die Möglichkeit, dass sie sich dafür nicht interessieren und nach ganz anderen Sehnsuchtsorten streben. Wenn ich in Hamburg den Fernseher einschalte und etwas über das Leben in der Südsee erfahre, kann ich mich entschließen, die Traditionen der Bevölkerung dort in meine Welt aufzunehmen. Vielleicht haben die Menschen, die dort leben, ihre Traditionen gerade erst erfunden. Was mich allerdings nicht daran hindern würde, es ihnen dennoch gleichzutun.

Neben all den persönlichen und weniger persönlichen Bezugspunkten, die sich auf die Identität eines Menschen auswirken, sind regionale und lokale Versatzstücke längst Teil einer florierenden Verkaufsmaschinerie. Nicht nur in Deutschland, auch überall anders auf der Welt wollen Besucher schließlich einmal das erleben, was als typisch für eine Gegend gilt. Städte und Regionen befinden sich heute in einem Wettbewerb, der keine Grenzen kennt, Eigenheiten und besondere Merkmale haben vor diesem Hintergrund ebenfalls Hochkonjunktur. Nichts wäre schlimmer als Beliebigkeit oder Durchschnitt, wo bleibt da der Wiedererkennungswert? Hamburg etwa punktet als Hansestadt und vermarktet sein maritimes Flair, Brüssel ist die Stadt der Europäischen Union, der Spitze und der Schokolade, Wien ist Musikstadt und bekannt für Schnitzel und Marillenlikör. Der Kulturwissenschaftler Kaspar Maase betont jedoch ausdrücklich, dass Heimat in Verbindung mit Konsum nicht nur kulturpessimistisch bewertet und ausschließlich negativ kommentiert werden darf. Wenngleich manches für die Vermarktung wichtig ist, können diese Elemente aber ebenso für die Identität der Bewohnerinnen und Bewohner eine Rolle spielen, die sich selbst über die Eigenschaften einer Region definieren. Das Bedürfnis nach Teilhabe, das Aushandeln von Identitäten ist stattdessen ein wesentlicher Bestandteil der Moderne und gerade in Zeiten der Globalisierung weiterhin ein Thema, das alle Menschen betrifft.[8]

Maase schlägt vor, die Aufmerksamkeit auf den alltäglichen Umgang mit »Heimat und regionaler Identität« zu richten und zu schauen, was darunter verstanden wird. Mit Region muss dann auch nicht das Landleben gemeint sein, das als Bühnenbild für ein unbeschwertes Leben steht. Überall wird mit Lokalkolorit gespielt. Der Hamburger Fußballverein St. Pauli setzt sich selbst als Mannschaft eines linksalternativ und dabei traditionell hamburgischen Quartiers in Szene. Der Totenkopf auf der Fahne und den Trikots wurde in den 1990er Jahren von einem Anhänger des Teams übernommen. Ein entsprechender Adventskalender wird auch in der St.-Pauli-Ecke im Hamburger Flughafen angeboten. Die Ausstattung des Fanshops ist dem Kiez mitten in der Hansestadt nachempfunden, raue Oberflächen, die Straße spiegelt sich als Gestaltungselement. Neben einem Laden am Millerntor gibt es selbstverständlich auch ein Geschäft auf der Reeperbahn zwischen Sexshops und Bierlokalen im Oberbayern-Dekor. Vor allem diese eine Straße auf St. Pauli wird immer wieder besungen. »Ich weiß nicht, warum ich nicht so richtig happy bin, doch nach 'ner Weile kommt's mir wieder in den Sinn: Reeperbahn, ich komm an, du geile Meile, auf die ich kam. Reeperbahn, alles klar, du alte Gangsterbraut, jetzt bin ich wieder da«,[9] schmettern die beiden Lokalmatadoren Udo Lindenberg und Jan Delay aus tiefster Überzeugung im Duett.

Dabei muss der Bezug zu einer bestimmten Region längst nicht mehr zwingend mit persönlichen Beziehungen zusammenhängen. »Més que un Club!« – »Mehr als ein Club!« – lautet beispielsweise das Motto des FC Barcelona, der weltweit Anhänger hat. Barça wird bewundert für seine Strategie, die Spieler werden wie Heilige verehrt. Das Dreamteam der 1990er Jahre setzte sich zusammen aus Basken und Katalanen sowie Superstars aus dem Ausland. Betont wird die Eigenwilligkeit. Fanclubs gibt es rund um den Globus. Über 44 Millionen Menschen folgen dem FC Barcelona auf Facebook.

Heimat kann man auch an einem Ort empfinden, mit dem man selbst erst einmal gar nichts zu tun hat. »Am 27.2.2009 lande ich mit dem Flugzeug in Kapstadt. Ich bin wieder zurück auf meinem Lieblingskontinent. Alles kommt mir heimisch vor. Es sind die Kleinigkeiten, die anders sind und doch so gewohnt. Die Getränke wie Appletizier (ein besonderer Apfelsaft) oder Omare (ein Joghurtgetränk) und das Essen Billtong (Trockenfleisch) oder die Art, mit Holz zu grillen. Es wird ein Revival meiner Afrikareise 2004 werden. Ich möchte viele Menschen wiedertreffen, die mich damals ein Stück meines Weges begleitet haben. In Kapstadt treffe ich Patrick und Bery, mit ihnen bin ich damals durch das Okavango-Delta mit dem Boot gefahren. Sie holen mich vom Flughafen ab.«[10] Joachim von Loeben beschreibt auf der Plattform »Stadtmenschen.de«, wie er sich in seiner zweiten Heimat Südafrika fühlt. Obwohl er vorher erst ein Mal dort war, hatte er bei seiner zweiten Reise das Gefühl, nach Hause zu kommen.

GESELLSCHAFTEN IN BEWEGUNG: LOKALKOLORIT, VIELFALT UND GLOBALISIERUNG

In Tehrangeles leben rund 800 000 Iranerinnen und Iraner. Tehrangeles liegt aber nicht im Nahen Osten, sondern im Bundesstaat Kalifornien, USA. Der Stadtteil von Los Angeles ist die größte iranische Siedlung außerhalb des Staatsgebiets von Iran.

Der wichtigste Knotenpunkt des Viertels ist mittlerweile in »Persian Place« umbenannt worden. Die meisten Läden und Geschäfte sind in Englisch und in Farsi beschriftet.
In Tehrangeles gibt es nicht nur Restaurants und viele Teppichhändler, auch die persische Buchhandlung mit dem größten Sortiment der Welt findet sich im iranischen Teil von L. A. Viele Bewohner von Tehrangeles sind nach dem Sturz von Schah Reza Pahlavi und der Revolution aus Persien geflohen. Die oftmals sehr gut ausgebildeten Iraner konnten sich im »Land der unbegrenzten Möglichkeiten« etablieren und ein neues Leben fern von zu Hause beginnen. Ihre Kinder und Kindeskinder dagegen sind bereits in den USA geboren.[11] Wann endet ein vorübergehender Aufenthalt und wo beginnt Heimat? Kann ich mich nicht schon im ersten Augenblick irgendwo heimisch fühlen?
Was für die erste Generation im wahrsten Sinne des Wortes Neuland war, haben sich die Nachgeborenen längst zu eigen gemacht. Ein Leben in einem anderen Land oder einer anderen Kultur bedeutet gleichwohl nicht, dass die erste Heimat ausgelöscht oder verloren ist. Der Schriftsteller Max Frisch hat 1971 einen Fragebogen zum Thema Heimat erstellt. Frage 18 in seinem Katalog lautet: »Haben Sie eine zweite Heimat …?«, und Frage 19 setzt nach: »… und wenn ja: Können Sie sich eine dritte und vierte Heimat vorstellen oder bleibt es dann bei der ersten?«[12]
Wo ist zu Hause? Das lässt sich mitunter gar nicht so leicht beantworten. Besonders bei Ereignissen, die zu einer Konfrontation verschiedener Heimaten führen, werden Fragen aufgeworfen. »Zwischen Heimat und Herz«, titelte die *Welt am Sonntag* im Februar 2013 anlässlich des Champions-League-Spiels zwischen Schalke 04 und Galatasaray, Gelsenkirchen vs. Istanbul.[13] Rund 18 000 Menschen mit türkischem Hintergrund leben heute in der Stadt in Deutschland. Gelsenkirchen ist ihre Heimat. Vor

Gleis 11 am Münchner Hauptbahnhof, zentraler Ankunftsort für Gastarbeiter

der Begegnung aber sind viele zwiegespalten. Istanbul, das Türkische, steht für die Kindheit, für die Eltern, für einen Teil der eigenen Identität. Deutschland, der Pott, Schalke 04, ist ebenfalls Teil der Identität.

Gesellschaften sind immer in Bewegung. Auch die Zusammensetzung der deutschen Bevölkerung hat sich längst gewandelt. Kulturelle Vielfalt zeichnet die Gesellschaft aus. 1955 hat die Bundesrepublik ein erstes Anwerbeabkommen mit Italien geschlossen. Ein Großteil der Gastarbeiter hatte die Idee, irgendwann in die alte Heimat zurückzukehren. Im Laufe von Jahren und Jahrzehnten sind die Menschen aus Griechenland, Italien, der Türkei und dem früheren Jugoslawien aber auch in Deutschland heimisch geworden. Mit der Zeit haben sie nicht nur eine neue Heimat gewonnen, auch die alte Heimat hat sich verändert. Der Lebenstraum vom eigenen Haus im Dorf der Eltern und Großeltern wurde ersetzt durch ein Heim in Stuttgart, München, Hamburg oder Köln. Für die Kinder und Enkel spielt die Herkunft der Eltern noch eine Rolle, aber sie sind in Deutschland geboren und aufgewachsen. Daher besitzen die meisten auch einen deutschen Pass.

Die Rede von den migrantischen Mitbürgerinnen und Mitbürgern, die sich in eine Mehrheitsgesellschaft »integrieren«, also einordnen sollen, hat mit der Realität nichts zu tun. Dass es in erster Linie darum geht, dass Menschen in einer Stadt oder einer Region oder auch in einem Land zusammenleben, egal was ihre Identität ausmacht, und dass es sich dabei um eine gesamtgesellschaftliche Aufgabe handelt, kommt gar nicht erst zur Sprache. Wenn sich Probleme in der Gesellschaft auftun, haben die in erster Linie mit sozialen Unterschieden zu tun. Darin wird auch die große Herausforderung der Zukunft liegen: Der Graben zwischen Arm und Reich wird immer größer werden, es muss jedoch im Interesse der Menschen und einer Zukunft in Frieden liegen, alle an Ressourcen wie Wasser oder Informationen teilhaben zu lassen.

Beziehungen wirken aber auch in die umgekehrte Richtung über Grenzen hinweg. Die Entwicklung der kroatischen Gesellschaft und der ökonomische Aufschwung des Landes spiegelten sich beispielsweise zu Beginn des 21. Jahrhunderts in Gestalt der Turboarchitektur, einer spezifischen Variante des Wohnungsbaus. Dabei spielen auch die Gelder von Kroaten, die nicht im Land leben, eine zentrale Rolle. Regelmäßige Überweisungen aus Deutschland und aus Österreich liefern das Kapital für den Bau der Häuser. Einerseits geht es bei diesen Projekten um finanzielle Erträge, mehrere Wohnungen in Kroatien bringen ein gutes Einkommen. Andererseits steht die Verbindung zur alten Heimat im Vordergrund der Bemühungen. Gerade die Generation der Gastarbeiter, die bereits in den 1960er Jahren aus Kroatien weggegangen waren, hielt lange Zeit an der Idee fest, irgendwann in der Heimat eine eigene Immobilie zu besitzen.

Die Kulturwissenschaftlerinnen Kathrin Lehnert und Barbara Lemberger sprechen sich dafür aus, Mobilität und damit Migration nicht als Gegenpol zur Sesshaftigkeit zu betrachten, sondern vielmehr zu fragen, wie sich Menschen im Alltag bewegen und verorten.[14] Wo fühlen sich Menschen zugehörig, deren Eltern ihr Herkunftsland vor dreißig Jahren verlassen haben? Lassen sich dazu überhaupt pauschale Aussagen treffen? Empfindet nicht jeder anders, wo seine Heimat ist? Was hat eine Grenze mit dem Gefühl von Heimat zu tun? Selbstverständlich kann das Aufwachsen zwischen unterschiedlichen Lebenswelten auch zu Schwierigkeiten führen, aber das gilt immer noch überall.

Schließlich ist nicht nur die Frage nach der Heimat zu klären, diskutiert werden muss außerdem, welche Facette der eigenen Identität sich zu den anderen Merkmalen verhält, die einen Menschen ausmachen.

Ein Ingenieur aus Barcelona lebt seit Jahren in München. Er hat einen entsprechenden Pass und die sprachlichen Fähigkeiten, sich in Europa frei zu bewegen. Für ihn ist Spanien eine Heimat, eine weitere Heimat liegt in Italien, eine dritte in Deutschland. Beate Binder vom Institut für Europäische Ethnologie an der Humboldt-Universität Berlin führt in ihren Überlegungen ebenfalls die Realitäten an, die unser Leben heute ausmachen. Sie thematisiert unter anderem eine Ausstellung, die das Haus der Kulturen der Welt 2002 gezeigt hat, »›Heimat‹ Berlin?« lautete der Titel. »Doch geht es auch hier nicht um die Konservierung einer reinen Heimat, deren der Heimatdiskurs grundsätzlich verdächtigt wird, sondern vielmehr mit einem durch die Präsenz von Migrantinnen und Migranten veränderten Deutschland.«[15]

Beate Binder kritisiert die Berliner Schau jedoch auch dahin gehend, dass Heimat zwar durchaus als Prozess verstanden wird, aber noch immer mit einem einzelnen Ort in Verbindung zu stehen scheint. Im Zusammenhang mit dem Thema »Migration« spricht die Kulturwissenschaftlerin auch »den bedauernden Unterton« an, der allzu oft mitschwingt, wenn von Menschen gesprochen wird, die mit mehreren Heimaten leben. Das Bedauern bezieht sich dann offenkundig auf einen Ort der Zugehörigkeit, den diese Menschen nicht zu haben scheinen. Die Bereicherung, die ein Leben zwischen verschiedenen Orten, mit unterschiedlichen Sprachen und einer vielfachen Auswahl an kulturellen Techniken mit sich bringen kann, wird damit noch nicht einmal in Betracht gezogen. Die Kulturwissenschaftlerin fordert deshalb dazu auf, sich vielmehr mit den unterschiedlichen Formen der

Beheimatung zu befassen. Wie regeln Menschen im Alltag ihr Leben? Welche Rolle spielen Erfahrungen, die sie an der einen oder anderen Stelle, in einem Herkunftsland, im Rahmen einer Arbeit, im Austausch mit anderen gemacht haben? Wie schaffen sich Menschen immer wieder neue Heimaten?

IM OKTOBER 2013 sitzt eine Runde junger Leute in einem Café, wahrscheinlich sind es Studenten, und unterhält sich angeregt. Auf dem Tisch liegen Reiseführer auf Deutsch und auf Englisch, die Ziele sind Belize, Mexiko Stadt und Yucatán. Alle blicken auf eine aufgeklappte Karte. Mit den Fingern sind sie schon hundertmal die Orte und Wege abgefahren, die im Moment noch Tausende von Kilometern entfernt liegen. Das Gespräch dreht sich um die schönsten Strände, um tropische Früchte, die besten Fischrestaurants, um die günstigsten Fortbewegungsmittel und den Zustand der Landstraßen. Den Aussagen der anwesenden Personen ist zu entnehmen, dass einer von ihnen aus Mexiko kommt. Während er ein Bier trinkt, versucht er die vielen Fragen des Pärchens zu beantworten, das seinen Urlaub in Mexiko verbringen will. Wie es um den Drogenhandel im Land steht, will eine andere Freundin wissen. Das sei schon ein Problem, antwortet der Freund aus Mexiko, aber eher im Norden, an der Grenze zu den USA. Welche Speisen sollten sie unbedingt probieren? Am besten alle, sagt der Freund. Und wie ist es mit dem Trinkwasser? Das könne man nicht genau sagen, meistens gäbe es keine Schwierigkeiten. Aber von fahrenden Händlern sollte man besser nichts kaufen. Europäer vertrügen die Bakterien nicht. Auch ihm gehe es so, sagt der mexikanische Freund, jetzt, da er schon mehr als ein Jahr nicht mehr dort gewesen sei. Aber es sei ohnehin alles touristisch erschlossen. Was ihn zum Experten und Berater für die anderen macht? Mexiko ist ganz offensichtlich eine seiner Heimaten.

»French Bread«
in San Francisco

Vielleicht hat man dem Begriff »Heimat« im Deutschen auch deshalb lange Zeit so viel Geltung beigemessen, weil die Bundesrepublik und die DDR im Mittelpunkt der eigenen Betrachtung standen. Die Bedeutung der Nation hat in den letzten Jahren sichtlich abgenommen. Das Konzept einer Identität, die sich ausschließlich einem Land, einer Gesellschaft und einer Kultur verbunden sieht, greift nicht mehr. Gerade in der Gegenwart sind regionale und lokale Besonderheiten gefragter denn jemals zuvor. Durch die zahllosen Verbindungen rund um den Globus wird jedoch nicht alles vereinheitlicht, wie Kritiker befürchtet haben. Sicherlich hat Coca-Cola inzwischen noch das hinterste Hinterland erreicht, dennoch haben regionale Eigenheiten keineswegs an Bedeutung verloren. Bei näherem Hinsehen treten Unterschiede und spezifische Merkmale sogar noch deutlicher hervor.

Dabei geht es nun nicht darum, zu beschwichtigen oder Ängste nicht ernst zu nehmen. »Regionalität ist … kein kostbares Heilmittel für die Krankheit der Moderne«, erklärt Kaspar Maase, »sondern – wie ihr angebliches Gegenteil, die Globalisierung – grundlegendes und eigenständig prägendes Element jeglicher Identität.«[16] Manch einer mag gerade in wirtschaftlich schwierigen Zeiten die Nähe zur Heimat suchen, das Zeigen regionaler Eigenheiten lässt aber auch in Kontakt mit anderen treten, die sich dafür interessieren und sich einer Gruppe anschließen wollen. Das Stichwort der Stunde lautet »Glokalisierung« oder *glocalization*. Die unzähligen Beziehungen, die Organisationen, Unternehmen, Staaten, Gemeinschaften und einzelne Personen heute rund um den Globus pflegen, lassen sich immer auch lokalisieren. Die Globalisierung schwebt nicht über den Dingen, sondern wird jeweils vor Ort umgesetzt.

»Glokalisierung«

Schon weit vorher sind sich Menschen aus unterschiedlichen kulturellen Zusammenhängen begegnet, haben ihr Wissen ausgetauscht und kulturelle Formen voneinander übernommen. Kultur ist heute längst nicht mehr an einen bestimmten Ort gebunden. Es kann sein, dass jemanden am Tegernsee ein sehr bayerisches Gefühl überkommt. Die Häuser sind mehrheitlich im regionalen Stil gebaut, und viele Menschen sprechen Dialekt. Überragt wird die Szenerie am See von einem Kloster und der dazugehörigen Brauerei. Beste bayerische Lebensart, möchte man meinen, vor allem im Bräustüberl geht alles auf, was man sich zuvor versprochen hat. Da empfiehlt der Tischnachbar aus Hessen die Haxe, Bedienung Edeltraut ist aus der Gegend, trinkt aber kein Bier. Am besten scheinen sich die Gäste aus Nordrhein-Westfalen auszukennen, die dreiköpfige Familie kommt schon seit Jahrzehnten hierhin. Selbstverständlich gibt es vor Ort auch ein chinesisches Lokal. All diese Facetten tun der Sache keinen Abbruch, sondern bestärken noch das bayerische Gefühl.
»Black Lux. Ein Heimatfest aus schwarzen Perspektiven« veranstaltete das Berliner Ballhaus Naunynstraße im September 2013. Das Theater befasst sich mit dem Zusammenleben von Menschen aus unterschiedlichen Gesellschaften, Kulturen, Heimaten und Identitäten. Gerade in großen Städten finden sich heute viele kulturelle Elemente, die sich gegenseitig befruchten. Dadurch entstehen neue, hybride Ausdrucksformen von Kultur. Elemente, die eigentlich für ganz unterschiedliche Regionen typisch

Afrikanischer Stoff

sind oder zumindest aus unterschiedlichen Kontexten stammen, verschmelzen zu neu zusammengesetzten Formen. Oft drückt sich dieser Umstand in verschiedenen Sichtweisen aus, die zu einem neuen Blickwinkel führen, oder in Gedanken, die sich jemand über seine Identität macht.

Manchmal werden derartige Verknüpfungen aber auch besonders sichtbar. Verschiedene Heimaten können sich miteinander verbinden. Dies zeigen besonders eindrücklich die Dirndl aus afrikanischen Stoffen, die zwei Schwestern aus Kamerun, die seit Jahrzehnten in Deutschland leben, in der Münchner Türkenstraße entwerfen, nähen und verkaufen. Aus verschiedenen Facetten ihrer Identität setzen sich die Kleidungsstücke der Trachtenschneiderinnen von »Noh Nee« zusammen. Unter der Überschrift »Dirndl à l'Africaine: African Prints, Bavarian Silhouettes« berichtete neben vielen anderen auch das nigerianische Magazin *Style House Files* im Juni 2011 über die zwei Designerinnen aus München.[17] Die Schwestern Marie Darouiche und Rahmee Wetterich erzählen mit den bunten Dirndl ihr Leben.

ALBERTO'S
RINTING
HELLENIC AMERICAN
GREEK IMPORTS
RECORDS • GIFTS
TAPES • FOODS
Ph. (415) 826-0494
FAX (415) 826-9697
2363 BEST PRICES
PRINTING
永興餅店
COCKTAIL
NO DOUBLE PARKING
ANY TIME
COMMERCIAL
VEHICLES
INCLUDED

ODYSSEE: HEIMAT – VON MENSCHEN UND GRENZEN

»Grönland, McCormick Fjord, 26. 4. 2007. Ein Pilot entdeckt einen erfrierenden Mann im Eis, rettet ihm das Leben. Es ist Hamidur Rahman aus Bangladesch, auf dem Weg in sein gelobtes Land Kanada – illegal, schlecht ausgerüstet und zu Fuß. Aus Deutschland war er vor der drohenden Abschiebung geflüchtet. Rahman flieht nicht zum ersten Mal: Verstrickt in soziale und politische Schwierigkeiten, verließ er als Teenager sein Dorf in

Richtung Malaysia, später landete er mit Frau und Sohn in Deutschland, immer auf der Suche nach einem besseren Leben.«[18]

Die Regisseurin Sophia Steph hat der wahren Geschichte von Hamidur Rahman mit ihrem Stück »A small, small World« ein Denkmal gesetzt. Die Vorlage bot eine Reportage über den Leidensweg des Bangladeshi im Magazin der *Süddeutschen Zeitung*. Mit tragisch-komischen Momenten erzählt sie den Leidensweg eines Mannes, der auf der ganzen Welt ein Zuhause sucht und nicht findet. Immer wieder hat er Grenzen überschritten, den Versuch unternommen, irgendwo anzukommen, und ist doch zurückgewiesen worden. Immer wieder wird eine neue Flagge gehisst, immer wieder eine neue Hymne abgespielt. Die Welt ist klein und doch unendlich groß. Niemand will den Flüchtling bei sich haben. Am Ende nimmt sich Hamidur aus Verzweiflung über seine Lage selbst das Leben. Zu sehen war die Produktion unter anderem im Rahmen des Festivals »Odyssee: Heimat«, das 2010 vom Stadttheater Bremerhaven veranstaltet wurde.

In Bremerhaven befindet sich auch das »Deutsche Auswandererhaus«, ein Museum, das sich mit dem Aufbruch der Deutschen in die USA befasst. Amerika galt und gilt vielen als Sehnsuchtsort. Über das »Diversity Immigrant Visa Program« erhalten jährlich 50 000 Menschen einen dauerhaften Aufenthaltstitel in den USA. Bekannt ist dieses Verfahren vor allem unter der Bezeichnung »Green-Card-Lotterie«. Der Zugang in das gelobte Land wird unter den Bewerbern ausgelost.

Bereits im 19. Jahrhundert wanderten Menschen aus allen Teilen der Welt nach Amerika aus. Der Engpass, den sämtliche Migrantinnen und Migranten zu durchlaufen hatten, war die Station vor New York. Gegenüber der Freiheitsstatue wurde diese Insel für viele zum Schicksalsort. Schienen die Bewerberinnen oder Bewerber zu schwach oder krank, konnten sie auch zurück-

Das Deutsche Auswandererhaus in Bremerhaven

geschickt werden. Der Weg führte dann niemals weiter als bis nach Ellis Island.

Die deutschen Auswanderer, die in Amerika auf ein neues Zuhause und eine bessere Zukunft hofften, reisten über Bremerhaven aus. Das »Deutsche Auswandererhaus« erinnert an die Schicksale von Hunderttausenden, die sich über die Nordsee auf zu einer Fahrt ins Ungewisse machten.

Heute verlaufen diese Bewegungen in eine andere Richtung. Die kürzeste Verbindung zwischen Afrika und Europa ist das Mittelmeer. Wo die einen Badeurlaub machen, versuchen andere, an Land zu kommen, um sich eine neue Existenz aufzubauen. Das Wasser wird vielen zum Verhängnis. Die Europäische Union sichert ihre Außengrenzen wie eine Festung, unerbittlich wird ein Zugang mit dem Abriegeln des Kontinents verweigert.

Gibt es ein Recht auf Heimat?

Gibt es ein Recht auf Heimat? Ende Juni 2013 räumte die Polizei ein Camp von Flüchtlingen, die es dennoch nach Deutschland geschafft haben, in der Münchner Innenstadt. Ein vergleichbares Protestlager in Berlin blieb weiter bestehen. Die Menschen waren aus Verzweiflung über ihre Situation, ihren unklaren Status und die fehlenden Möglichkeiten, sich in Bayern heimisch zu fühlen, in den Hungerstreik getreten und hatten zuletzt auch die Aufnahme von Flüssigkeit verweigert. Einige waren in einem lebensbedrohlichen Zustand.[19] Die Flüchtlinge, die nichts zu verlieren haben und sogar bereit sind, für ihre Anerkennung zu sterben, werfen damit auch ein Licht auf die Schattenseiten des mitunter allzu lieblichen Heimatbegriffs.

»Niemand verlässt gerne seine Heimat, da bin ich mir sicher! Die Leute gehen echt erst, wenn ihnen gar nichts anderes übrig bleibt!«, meint ein junger Mann im Gespräch.

IM BLICKPUNKT DER WELTÖFFENTLICHKEIT jährte sich Anfang Mai 2005 das Ende des Zweiten Weltkriegs zum sechzigsten Mal. Mit zahlreichen Gedenkveranstaltungen und Empfängen wurde des Jahrestags der Kapitulation gedacht. In diesem Zusammenhang war immer wieder von biografischen Brüchen die Rede. Die Medien berichteten auch über das Thema Heimatverlust. »Deutschlandradio Kultur« schilderte die Erlebnisse von Flüchtlingen und Vertriebenen, während der ORF unter dem Titel »Heimat, fremde Heimat« eine Vielzahl von Zeitzeugengesprächen brachte und die *Süddeutsche Zeitung* in ihrer täglichen Serie »Die letzten 50 Tage« die dritte und vierte Generation von Vertriebenen zu Wort kommen ließ.[20]

In den 1940er Jahren waren Flucht und Vertreibung zentrale Themen in Europa. Die Menschen mussten alles zurücklassen, ins Ungewisse aufbrechen und sich ein neues Leben in der Bundesrepublik aufbauen. Neutraubling bei Regensburg etwa ist eine Stadt, die nach 1945 als Siedlung für Vertriebene auf einem ehemaligen Flugplatz gegründet worden ist und für viele zu einer zweiten Heimat wurde. Das Verlassen der alten Heimat erfolgt in den wenigsten Fällen freiwillig. Haus oder Wohnung, Einrichtungsgegenstände und Erinnerungen sind

Die Freiheitsstatue: für viele das Wahrzeichen der neuen Heimat

vielfach zerstört. Oft ist das eigene Leben oder das der Familie bedroht.

Dabei führen nicht nur Kriege zu einem Verlassen der Heimat, auch eine katastrophale ökonomische Situation kann Menschen dazu bringen, ihr Glück an einem anderen Ort zu suchen. Andere sind gezwungen zu gehen oder dürfen zum Beispiel aus politischen Gründen nicht zurückkehren. Die südafrikanische Sängerin Miriam Makeba musste fast drei Jahrzehnte im Exil verbringen. Nachdem sie ein Jahr auf Welttournee gewesen war, verweigerte ihr das Apartheidsregime die Einreise in ihr Heimatland. »Mama Afrika« blieb in Europa und hatte all die Jahre eine ungeheure Sehnsucht nach ihrem Zuhause. Weder an der Beerdigung ihrer Eltern noch an den Trauerfeiern für ihre Geschwister konnte sie teilnehmen. Erst als der schwarze Freiheitskämpfer Nelson Mandela aus dem Gefängnis entlassen wurde, war auch Miriam Makebas Weg nach Südafrika wieder frei. Mandela forderte die Sängerin auf, nach Hause zurückzukehren. Als ihr Zuhause begriff Miriam Makeba aber nicht nur ihren Heimatort, sondern auch die Musik und die Ideen, die sie im Laufe ihres Lebens entwickelt hat.[21]

ÜBER DAS ESSEN lassen sich wunderbare, manchmal tragische, dabei aber auch schöne und sehr persönliche Geschichten erzählen. In ihrem Dokumentarfilm »Oma und Bella« begleitet die deutsch-kanadische Regisseurin Alexa Karolinski zwei über achtzigjährige jüdische Damen, die die Schoah überlebt haben und seit Jahrzehnten in Berlin wohnen. Nach dem Tod ihrer Ehemänner sind Oma und Bella, so die Kosenamen der beiden langjährigen Freundinnen, in eine gemeinsame Wohnung gezogen. Alexa Karolinski zeigt den Alltag der beiden Frauen. Immer wieder spielt das Erlebte eine Rolle. Die Schatten der Vergangenheit und die damit verbundenen Erfahrungen kommen in den unterschiedlichsten Situationen zurück.

Als junge Frauen haben sie die Gefangenschaft im Konzentrationslager überlebt. Oma und Bella kochen leidenschaftlich gern, die Gerichte verweisen auf ihre polnische Heimat Stettin. Es gibt eingelegten Hering und Kartoffeln, Kohl mit Hackfleisch und andere Sachen. In einem Biergarten trinken die beiden Damen Berliner Weiße mit Schuss, auch ein Bild dafür, dass Berlin in vielen Jahren zu ihrer Heimat geworden ist.[22]

Der deutsch-armenische Regisseur Karnik Gregorian hat sich ebenfalls über das Essen mit der Geschichte seiner Familie auseinandergesetzt. »Die Gerichte meines Vaters« lautet der Titel seines Films, in dem es um die armenische, die türkische, aber auch um die schwäbische Heimat der Eltern und Geschwister geht.[23] Im Mittelpunkt steht die Biografie des Familienoberhaupts, die der Regisseur am Beispiel von fünf Gerichten nachvollzieht. Kevork Gregorian trug bei seiner Geburt zu Beginn der 1930er Jahre, das genaue Datum ist nicht bekannt, den Nachnamen Keschischian. Mit seinen Tanten und Onkeln, Eltern und Ge-

New York City, Denkmal »The Immigrants«

schwistern wuchs er in dem kleinen Dorf Zimbek in der Osttürkei auf, die Familie war armenisch und pflegte diese Identität auch in ihrer neuen Heimat. Im Alter von sechs Jahren musste Kevork Keschischian miterleben, wie Zimbek von der türkischen Armee überfallen wurde und seine Mutter, zwei seiner Geschwister und andere Verwandte ums Leben kamen.
In der Türkei wurde aus den Keschischians die Familie Yildiz. Als Gastarbeiter kam Kevork Yildiz in den 1960er Jahren nach Giengen in Baden-Württemberg, wo er bei der Firma Bosch beschäftigt war. Seine deutsch-türkisch-armenische Familie nahm dort den Namen Gregorian an. Ein weiterer Schicksalsschlag war die Krebsdiagnose seiner Ehefrau. Über den Tod ihrer Mutter tröstete er seine drei Kinder mit Speisen wie Spätzle und Köfte hinweg, im Kochtopf verbanden sich alte und neue Lebenswelten zu einer besonderen Heimat.[24]

DER PHILOSOPH RÜDIGER SAFRANSKI denkt ebenfalls über das Thema Heimat in der Gegenwart nach. Zunächst erinnert er sich, was die Vertreibung aus Ostpreußen für seine Familie geheißen hat. Ihm selbst war diese Region niemals Heimat. Geboren und aufgewachsen ist er in Baden-Württemberg. Und doch lag das Ideal der alten Heimat immer auch über der neuen Lebenswelt im Westen der Bundesrepublik. Mit der Globalisierung verändert sich die Welt, die man erfahren kann, der Ort, an dem man sich befindet, bleibt jedoch ebenso bedeutsam. »Man braucht«, so Safranski, »die Verankerung in einer jeweiligen lokalen Gemeinschaft, die zwar wechseln kann, aber nicht allzu häufig. Wir können global kommunizieren und reisen, wir können aber nicht im Globalen wohnen. Wohnen können wir nur hier oder dort, aber nicht überall zugleich.«[25]

»Wir können global kommunizieren und reisen, wir können aber nicht im Globalen wohnen. Wohnen können wir nur hier oder dort, aber nicht überall zugleich.«

Nach Stationen in Frankfurt a. M. und in Berlin ist er nun im Alter wieder in seine Heimat Baden-Württemberg gezogen. Dort veranstaltet er seit einiger Zeit auch ein Literaturfestival und bringt so illustre Gäste wie Cees Nooteboom oder Herta Müller in die ansonsten eher beschauliche Gemeinde Badenweiler mit ihren rund 4000 Einwohnern. »Heikle Heimat« lautete das Thema der Literaturveranstaltung im zweiten Jahr. Auch die politische Besetzung des Begriffs im 20. Jahrhundert war ihm wichtig zu erwähnen. Das macht für Safranski das Heikle an der Heimat aus. Dennoch liegt ihm daran, über Heimat nachzudenken und mit der Frage danach auch in der heutigen Zeit umzugehen. Schließlich ist Heimat immer positiv besetzt. Von seinem Wohnort im Südschwarzwald sagt er selbst: »Offenbar zieht es mich in die Heimatregion zurück.«[26]

HEIMATGEFÜHLE UND SEHNSUCHTSORTE

HERZENSANGELEGENHEITEN: FREUNDSCHAFTEN UND FAMILIENBANDE

»Weil du Heimat und Zuhause bist, weil bei dir mein Bauchweh aufhört«,[1] singt der Stuttgarter Philipp Poisel in seinem Lied »Halt mich«. Der Sänger und Songschreiber beschwört auf diese Weise seine große Liebe zu einer Frau. Für die meisten Menschen sind Beziehungen – zu einer Partnerin oder einem Partner, zu Mitgliedern der Familie, zum Freundeskreis, den Kollegen oder der Nachbarschaft – ein zentraler Bestandteil ihres Lebens. Soziale Kontakte bauen in der Regel auf grundlegenden Gemeinsamkeiten auf, man ist miteinander verwandt, man befindet sich in der gleichen Situation, arbeitet in der gleichen Firma, die Kinder gehen in den gleichen Kindergarten, man wohnt im gleichen Haus.

Beziehungen können aber auch von Erfahrungen ausgehen, die man zusammen gemacht hat. So gratulieren sich ehemalige Schulkameradinnen noch nach Jahren zum Geburtstag und schicken sich regelmäßig Päckchen, auch wenn sie im Alltag nur wenig miteinander zu tun haben. Oder man hält Kontakt zu Freundinnen und Freunden, die man während des Studiums oder in der Ausbildung kennengelernt hat, obwohl sie längst nach Neuseeland ausgewandert sind und mittlerweile ein ganz anderes Leben führen.

Ein weiteres Beispiel ist eine alte Dame, die an jedem Familienfest ihrer Nachbarn teilnimmt. Nach Jahrzehnten des gemeinsamen Feierns vermissen sie auch all die anderen Verwandten und Bekannten, wenn sie einmal nicht kommt.

Auch Vorlieben und Interessen können Menschen zusammenbringen. Während sich die einen über Fotografie austauschen, hören andere die gleiche Musik, arbeiten an der Verwirklichung einer Idee oder haben dasselbe Problem. Wenige Menschen kommen ganz ohne ein solches Netzwerk aus. Die Einbindung in die Gesellschaft, in Gruppen oder Gemeinschaften und überhaupt die Beziehung zu anderen Menschen trägt wesentlich dazu bei, dass man sich wohl, sicher und geborgen fühlt. Eine Ausnahme sind vielleicht religiöse Einsiedler, aber auch hier gibt es einen Kontakt, die spirituelle Nähe zu ihrem Gott. Heimat ist mit dieser so wesentlichen Komponente immer auch ein soziales Thema.

DIE ERSTE HEIMAT – und das heißt manchmal die einzige Heimat – ist mit der eigenen Kindheit verbunden. Die Orte des

Aufwachsens, der Plattenbau ebenso wie das kleine Haus mit den grünen Fensterläden, der Tabakgeruch in Großvaters Wohnzimmer, der Spielplatz, das nahe gelegene Freibad im Sommer, das Einkaufscenter, das man jeden Mittwoch mit der Mutter und den Geschwistern besucht hat, die Rhabarberpflanzen im Garten, die Regentage in den Ferien, all diese Eindrücke bleiben ein Leben lang in Erinnerung.
Dabei muss die Heimat nicht in einem klassischen Sinne schön gewesen sein. Auch der Beton der Turnhalle, die Nachbarskinder, vor denen man weglaufen musste, oder der langweilige Mathematikunterricht in der Grundschule sind Bestandteile dieser Erfahrungswelt. Die Heimat der Kindheit ist eine Mischung aus Eindrücken, Empfindungen und Bildern, meistens geht es um einzelne Motive und fragmentarische Sequenzen, weniger um zusammenhängende Bezüge. Diese Heimat gleicht einem Album mit vielen Abbildungen und Versatzstücken, die puzzleartig auftauchen, wenn man an eine bestimmte Zeit zurückdenkt.

San Francisco

Die erste Heimat liegt für viele Menschen in der Vergangenheit und ist in der Erinnerung oft vollkommener, als sie in Wirklichkeit war. Andererseits muss ein Hinterhof auch gar nichts Spezielles an sich haben. Es reicht aus, dass es sich um den Hinterhof der Kindheit oder einfach um den eigenen Hinterhof handelt, um den Ort als Heimat wahrzunehmen. Das Gleiche gilt für den alten Kioskbesitzer, der immer geschimpft hat, wenn man die Mickymaushefte nur gelesen, aber nicht gekauft hat. Auch er verkörpert auf seine Weise ein Stück Heimat. Wichtig sind in erster Linie die Beziehungen, die man zu den Dingen und zu den Menschen aufbaut, und die Erfahrungen, die man in dieser oder jener Umgebung mit diesen oder jenen Leuten macht. Das verrostete Eisentor an Nachbars Garten kann Heimat repräsentieren, auch wenn man es in seinem ganzen Leben nie berührt oder gar durchschritten hat.

Offensichtlich prägen sich die Verbindungen zu Menschen, Objekten und Orten in Zusammenhang mit der ersten Heimat besonders tief ein. Es geht dann nicht einfach um Räume, Begegnungen oder beliebige Sachen, es geht um gemeinsame Geschichten, die für das eigene Bild von Heimat stehen. In Anbetracht all der Emotionen, mit denen etwa alte Spielsachen, das erste Matchboxauto oder die innig geliebte Babypuppe aufgeladen sind, handelt es sich eben nicht nur um gebrauchte Gegenstände, sondern immer auch um Herzensangelegenheiten.

Die Eltern und Geschwister sind der engste Kreis, in dem man sich heimisch fühlen kann. Zu Hause muss man – im besten Fall – erst einmal keine Fragen stellen, sich nicht rechtfertigen, sich nicht erklären und wird so aufgenommen, wie man ist. Natürlich gibt es auch zwischen Müttern und Vätern, Töchtern und Söhnen, Schwestern und Brüdern kleinere und größere Probleme. Und manchmal kommt es zu Streitereien, die sich auch nach Jahrzehnten nicht mehr beheben oder ausbügeln lassen.

Vielleicht werden derartige Auseinandersetzungen aber auch deshalb so erbittert geführt, weil es sich um die eigene Familie handelt und sich die direkte Nähe in eine ausgeprägte Distanz umgekehrt hat.

Nicht zu wissen, wer die eigenen Eltern sind, kann ebenfalls eine Schwierigkeit bedeuten. Manche Menschen verspüren, auch wenn sie bereits nach ihrer Geburt oder als Kleinkinder adoptiert worden sind und ihr Leben lang mit einer Familie verbracht haben, oft ein Gefühl der Heimatlosigkeit. Sie empfinden mitunter anders als die Adoptiveltern und fragen sich: »Warum bin ich eigentlich so, wie ich bin? Warum rege ich mich immer so über die Arbeit auf? Wieso reagiere ich in dieser oder jener Situation besonders emotional? Von wem habe ich die Eigenheit, am frühen Morgen noch nicht arbeiten zu wollen?« Oft verlaufen Treffen mit den eigentlichen Eltern, Angehörigen oder der Mutter – wenn sie überhaupt möglich werden – nicht gerade problemlos ab. Die Situation ist angespannt, niemand möchte etwas Falsches sagen, das Gegenüber ist vielleicht nicht so begeistert, wie sich die Tochter oder der Sohn das vorgestellt oder immer gewünscht hat. Trotzdem sagen viele der Betroffenen, dass es gut war, endlich diesen Teil von sich kennengelernt zu haben. Vielleicht ist dieses Wissen auch deshalb wichtig, weil man sich erst dann wirklich an einem Ort zu Hause fühlen und Geborgenheit empfinden kann, weil man weiß, wer man selbst ist.

Irgendwann muss man das Elternhaus jedoch verlassen, um – in einem anderen Viertel, einer anderen Stadt, einem anderen Land oder sogar auf einem anderen Kontinent – auf eigenen Beinen zu stehen. Der überwiegende Teil der Weltbevölkerung bleibt allerdings in der gleichen Umgebung. Auch in Zeiten von Migrationsbewegungen und einer allgemein zunehmenden Mobilität im Zuge der Globalisierung verlassen die meisten Menschen in der Regel nicht die Region, in der sie geboren oder irgendwann heimisch geworden sind. Sie kennen jedes Haus und jede Straße, für sie ist ihr Zuhause ihre Heimat geblieben.

Manchmal endet die Kindheit auch deshalb abrupt, weil sich Eltern trennen oder etwas anderes passiert. Eine Krankheit kann das ungetrübte Bild der Heimat ebenfalls ins Wanken bringen. Kriege und Konflikte führen zu großem Leid und im schlimmsten Fall zu unzähligen Toten, dabei können sie auch die Heimat von vielen Menschen unwiederbringlich zerstören oder den Weg nach Hause für immer abschneiden. Auf einmal ist dann nichts mehr, wie es einmal war. Die erste Heimat wird so zu einem fernen Sehnsuchtsort, der sich zwar erträumen, aber niemals mehr erreichen lässt.

Zu einer anderen Kategorie zählen die Menschen, die ihre Heimat aus den verschiedensten Ursachen – aus familiären, politischen oder ökonomischen Gründen – einmal im Leben wechseln und anschließend für immer in diesem neuen Umfeld bleiben. Das Aneignen einer neuen Heimat, das Finden von Freundinnen und Freunden und überhaupt das Herstellen eines Bezugs zu der noch ungewohnten Umgebung sind aber erst einmal ungeheuer anstrengend.

Obwohl es im Job nicht immer rundläuft, kann auch die Arbeit zu einer Heimat werden. Wenn der Kollege fortwährend gegen das eigene Projekt wettert oder die Konkurrentin trotz aller Bemühungen und den besseren Qualifikationen die Stelle bekommt, auf die man so lange hingearbeitet hat, fühlt man sich selbst hilflos. Diese Qualitäten sind aber für das Gefühl, irgendwo heimisch oder zugehörig zu sein, ganz wesentlich. Zu zwischenmenschlichen Beziehungen gehören nicht nur positive Erfahrungen. Ausgrenzen kann jedoch auch in Mobbing übergehen, der schlimmsten Form, um jemanden aus seinem Umfeld zu verdrängen oder die eigene Position durchzusetzen. Wenn die Kollegen aber zusammenhalten und gemeinsam ein Projekt stemmen, wirkt sich das auf das Wohlbefinden der ganzen Gruppe aus.

EINE GROSSE FEIER ZUM SECHZIGSTEN! Seit Wochen liefen die Vorbereitungen, der Ort und das Essen wurden ausgesucht und die Einladungen verschickt. Nun ist der Tag gekommen, und das Fest kann beginnen. Eltern, Geschwister, Partnerinnen und Partner, Schwägerinnen und Schwager, Kinder, Nichten und Neffen, Enkel, Freundinnen und Freunde, Bekannte und Verwandte – alle sind gekommen, um zu gratulieren. Die Jubilarin wendet sich mit einer kleinen Rede an die Gäste, bedankt sich für ihre Geschenke und das Erscheinen und betont vor allem, wie wichtig ihr die Anwesenden in ihrem Leben sind.

Die Familie hat bei den meisten Menschen einen besonders hohen Stellenwert. Auch Heiraten ist heute wie gesagt wieder en vogue, nachdem lange Zeit nicht unbedingt klar war, wie sich die Ehe als ideale Form der Beziehung halten lässt. Natürlich drängt sich da die

Frage auf, ob nicht die Liebe wichtiger ist als eine dauerhafte Ordnung des eigenen Lebens. Das Schließen einer Ehe hat ja vor allem eine soziale Funktion. Eine Hochzeitsfeier macht deutlich, wo man im Leben steht und für was man sich in Zukunft entschieden hat. Das Fest wird oft gemeinsam mit den Freundinnen und Freunden, der Familie und den Kollegen begangen und ist eine schöne Gelegenheit, sich wiederzusehen oder sich kennenzulernen. Gleichzeitig verändern sich aber auch die Vorstellungen davon, wie eine Familie auszusehen hat. Die Variante Mutter, Vater, Kind 1, Kind 2 ist dabei längst nicht mehr das einzige Modell des Zusammenlebens. Schwule oder lesbische Paare mit Kindern sind in Deutschland vielleicht noch selten. Seit Längerem in die Gesellschaft eingeführt ist jedoch die sogenannte Patchworkfamilie. Die Mutter hat zum Beispiel bereits ein Kind aus einer früheren Beziehung, der Vater ebenfalls. Gemeinsam haben Partnerin und Partner noch zwei weitere Kinder, das heißt, es gibt auch Halb- und Stiefgeschwister. Damit haben die beiden Großen jeweils ein Zuhause mehr als die Kleinen und sind doch eine Gemeinschaft. Heimat ist dann vielleicht das gemütliche Bett bei Papa und die Gutenachtgeschichte bei Mama, auch wenn sich diese Situation nie an einem Ort ergibt.

Wieder andere Menschen legen auf all diese Formen von Familie keinen übermäßigen Wert. Stattdessen ist die langjährige Wohngemeinschaft ihr Zuhause und der Freundeskreis das soziale Umfeld, in dem sie sich wohlfühlen. Die vielbeschworene Anonymität der Großstadt führt manchmal dazu, dass die Menschen, obwohl sie jahrelang neben- oder übereinander wohnen, gar nichts voneinander wissen. Oft wird der Aspekt angeführt, wenn es um die unwirtlichen Lebensbedingungen in einer Stadt geht. Wenngleich sich diese Annahme nicht verallgemeinern lässt, gibt es natürlich Menschen, die gerade im städtischen Getriebe keinen Anschluss finden oder jeglichen Kontakt auch ge-

gen ihren Willen verloren haben. Bei den Todesanzeigen in der Zeitung gibt es zum Beispiel eine Rubrik, in der diejenigen verzeichnet sind, die niemand kennt. »Falls Sie den Namen schon einmal gehört haben oder etwas über die Person wissen, melden Sie sich bitte«, heißt es dazu. Unter den Genannten sind meistens alte Leute, aber auch junge Menschen, die offenbar kaum soziale Beziehungen hatten. Dabei gibt es gerade in der Stadt sehr gut funktionierende Nachbarschaften. In Hamburg-Wilhelmsburg grillen die Anwohner gemeinsam im Hof, in Köln schauen sie zusammen Fußball. Auch neue Wohnkonzepte, oft genossenschaftliche Modelle, setzen sich bewusst mit der Frage nach Gemeinschaft auseinander. In Mehrgenerationenhäusern leben heute Menschen jeden Alters zusammen. Was früher oft selbstverständlich und auch nicht immer unproblematisch war, wird jetzt absichtlich herbeigeführt. Die Lebensgemeinschaft muss sich gar nicht auf verwandtschaftliche Grade beziehen. Die Älteren im Haus begegnen Familien mit Kindern. Zugrunde liegt die freie Entscheidung, Rücksicht aufeinander zu nehmen und sich gegenseitig zu respektieren. Pauschale Aussagen und Bewertungen lassen sich in der Regel ohnehin nicht treffen. Während manche Menschen mit dem einen Modell leben, ziehen andere einen alternativen Entwurf vor.

DER FILMEMACHER EDGAR REITZ hat »Heimat« im wahrsten Sinne des Wortes zum Inhalt seines Lebens gemacht. In mehreren Spielfilmen und Dokumentationen erzählt er die Geschichte einer Familie, die wie er selbst und seine eigene Verwandtschaft aus dem Hunsrück stammt. Das Epos besteht im Kern aus dreißig Episoden in drei Teilen, die zwischen 1982 und 2004 entstanden sind. Insgesamt dauert das Mammutwerk mehr als 52 Stunden. Über Heimat, und das wird an diesem monumentalen Projekt besonders deutlich, lässt sich jahrzehntelang nachdenken und vor allem eine ganze Menge erzählen. Die Doku »Geschichten aus den Hunsrückdörfern« von 1980 bildete für Edgar Reitz den Einstieg in das Thema und steht als Spurensuche in der Region am Anfang der Reihe.

Edgar Reitz: »Heimat«

1984 ist mit »Heimat – Eine deutsche Chronik« der erste Teil der Trilogie erschienen. Darin geht es vor allem um die Jahre von 1919 bis 1945, die letzten Episoden spielen aber auch in den 1950er, 1960er und sogar 1980er Jahren. Es geht um die Kriege und die Zeit der Besatzung, der Film vollzieht am Beispiel des Rheinlands auch die Entwicklung der Bundesrepublik nach. Im darauf folgenden Teil von 1992, »Die zweite Heimat – Chronik einer Jugend«, geht es vor allem um einen jungen Mann aus der Familie, um die sich die Geschichte dreht. Das Hermännchen, wie ihn Reitz im Film nennt, will sein Heimatdorf im Hunsrück verlassen, nachdem er in Simmern das Abitur bestanden hat.

Hermann Simon, so sein ganzer Name, beschließt, nach München zu gehen, um dort Musik zu studieren. Mit der Bahn reist er in den Süden und nimmt staunend wahr, was sich in der großen Stadt alles tut. Der junge Student wird an der Hochschule angenommen und sucht sich ein Zimmer. Hermann bemüht sich anzukommen, macht Bekanntschaften und verliebt sich in Clarissa, eine Cellistin.

Reitz erzählt von seiner neuen Heimat, von schönen Erlebnissen, aber auch von Ängsten und Sorgen. Der Regisseur ist selbst aus dem Hunsrück nach München gekommen, es ist auch seine Geschichte, um die es hier geht. Hermann Simon bewegt sich in der Künstlerszene der Stadt, er besucht legendäre Faschingsfeste und erfährt von geplanten Filmprojekten. Immer wieder ergeben sich neue Beziehungen, der Freundeskreis spielt eine große Rolle. Die Frau, die er schließlich heiraten wird, kommt selbst aus dem Hunsrück, der alten Heimat.

Gleichzeitig erleben Hermann und die anderen die gesellschaftlichen und politischen Entwicklungen der 1960er Jahre. Von den Schwabinger Krawallen 1962 bis zur Hoch-Zeit der Studentenbewegung 1967/68 reichen die Ereignisse, die auch den Alltag im Film beeinflussen. Der junge Mann, der 1960 aus dem Rheinland nach Bayern gekommen ist, sei es nun der Regisseur Edgar Reitz oder seine Figur Hermann Simon, macht sich München im Laufe der Zeit immer mehr zu eigen. Als er am Ende des zweiten Teils nach zehn Jahren zu Hause ankommt und durch das Dorf Schabbach läuft, trifft er einen alten Bekannten. Der meint sofort, dass sich das Hermännchen eigentlich überhaupt nicht verändert hat.[2]

Ein weiterer Spielfilm in der Reihe beschäftigt sich mit dem Fall der Mauer und dem wiedervereinten Deutschland. »Heimat – Chronik einer Zeitenwende« von 2004 spinnt die Familiensaga weiter. Mit dem vierten und bisher letzten Teil, der 2013 herausgekommen ist, geht Edgar Reitz wieder in die Vergangenheit zurück. »Heimat – Chronik einer Sehnsucht« setzt in der Mitte des 19. Jahrhunderts ein. Im Blickpunkt stehen die Bewohner des fiktiven Hunsrückdorfes Schabbach, das auch in den anderen Filmen und Episoden, die in den letzten dreißig Jahren entstanden sind, der Dreh- und Angelpunkt aller Geschichten ist.

Die Menschen sind arm und sehnen sich nach einem Stück Land, einem Ort, an dem sie keine Sorgen haben und einfach glücklich sein können. Während die einen weggehen wollen, kehrt ein anderer zurück und kommt doch nicht wirklich zu Hause an. Wieder dreht sich alles um die Familie, wieder geht es um die gesellschaftlichen Rahmenbedingungen und historischen Ereignisse, die auch das Leben im Hunsrück prägen, und wieder geht es um die Suche nach Heimat.[3]

Der Film ist vielleicht auch als Parabel auf die Gegenwart zu verstehen, am Beispiel der Protagonisten aus dem Rheinland macht Reitz deutlich, was noch heute Millionen von Menschen veranlasst, sich auf den Weg zu machen und irgendwo eine bessere Heimat zu finden. So betrachtet ist der Film, der in der Zeit am weitesten zurückgeht, auch der Film, der am meisten mit der Gegenwart zu tun hat.

LIEBLINGSSACHEN UND SELBERMACHEN

»How to make an American Quilt« – »Ein amerikanischer Quilt« – ist ein Spielfilm aus den 1990er Jahren. Ein amerikanischer Quilt ist auch eine Stoffdecke aus vielen verschiedenen Einzelteilen. Die Frauen und Freundinnen einer Familie fertigen ein solches Stück in dem gleichnamigen Film an. Während sie die Decke gemeinsam mit den unterschiedlichsten Motiven für die Jüngste aus ihrem Kreis besticken, reden sie über die Vergangenheit und erinnern sich an schöne und traurige Momente ihrer Beziehungen. Der Quilt ist für Finn bestimmt, die gerade ihren Collegeabschluss gemacht hat und Sam heiraten will. Die Großmutter, ihre Schwester, deren Freundinnen und die Mutter arbeiten und erzählen. Das Thema des Quilts lautet: »Wo die Liebe wohnt.«[4]

Ein kleiner Eiffelturm an ihrem Schlüsselbund erinnert Julia, eine Studentin aus Hamburg, jeden Tag mehrmals an ihren Sehnsuchtsort: Paris. Die junge Frau liest sämtliche Romane, die zu der Stadt erscheinen, verfolgt alle Neuigkeiten in Zeitschriften und im Internet. Zu Hause ist sie auch im Norden, aber in der französischen Metropole würde sie sich sofort wohlfühlen.

»Wo die Liebe wohnt« – Der Bezug zu den Dingen

Auch Bücher können Ausdruck von Heimat sein. Wie kaum ein anderes Medium bringen sie Ideelles und Materielles zusammen. Mit Büchern kann man sich umgeben, sie aufstellen, sortieren, sich in ihrer Gegenwart zu Hause fühlen, sich an andere Sehnsuchtsorte lesen, träumen, begeben. Mit ihren Titeln wecken sie Erinnerungen und eröffnen Möglichkeiten des Verstehens und Verstandenwerdens. Die Lieblingsautorin oder der Lieblingsautor weiß die Dinge zu beschreiben, wie man selbst empfindet, auch wenn man dem schreibenden Gegenüber niemals persönlich begegnet ist. Gleiches kann für Musik, Malerei und andere Kunstgattungen gelten. Ein Lied transportiert ein Gefühl wie kaum eine andere Form. Heimat kann auch der intensive Geruch des Waschmittels sein, das zu Hause bei den Eltern noch immer verwendet wird und an die eigene Kindheit erinnert. Ein zentrales Moment ist in jedem Fall, dass der Einzelne oder auch eine Gruppe einen Bezug zu den Dingen hat.

»Ganz klar mein Bett!«, sagt eine Freundin auf die Frage nach ihrer Heimat. Der britische Anthropologe Daniel Miller hat sich ebenfalls über das Mobiliar mit dem Wohnen auseinandergesetzt. In einer Londoner Straße hat er ganz unterschiedliche Bewohner besucht und sich mit ihren Einrichtungsgegenständen und ihren Vorstellungen von zu Hause auseinandergesetzt. Der

Titel der ersten Geschichte lautet »Empty« – »Leer«. Der Bewohner des Apartments ist ein alter Mann, der im Grunde nichts besitzt. In seinem Leben spielt vor allem eines eine große Rolle: die britische Krone. Die Paraden der Queen und die Ereignisse rund um das Königshaus sind für ihn ungeheuer wichtig, er fühlt sich gewissermaßen als Teil der Familie. Dieser Bezug ist ein zentraler Orientierungspunkt für George und verschafft ihm, der quasi nichts hat, so etwas wie Heimat.[5]

Möbel sind elementare Ausstattungsstücke in unserem Zuhause. Die Dinge erzählen Geschichten, bergen Erinnerungen oder sollen zur Schau stellen, was sie auf den zweiten Blick aber doch nicht tun. Möbel sind meistens nicht nur funktionale Gebrauchsgegenstände, sondern stehen auch für die Zusammenhänge, in denen sich die bewegen, denen die Dinge gehören.

Für manche ist das Bücherregal ein zentraler Gegenstand, dabei geht es meistens nicht darum, einige wenige Bände unterzubringen, sondern Tausende von Büchern aufzubewahren. Die anderen Möbel, Stühle, das Sofa, ein Schreibtisch werden dann nach diesem Mittelpunkt im Raum gruppiert. Das heißt, die Frage nach den Büchern hat mit dem Leben zu tun, ihre Anwesenheit im Raum ist für den Besitzer geradezu existenziell.

Ein übervolles Stofflager

Ein übervolles Bücherregal dominiert beispielsweise das Wohnzimmer eines jungen Wissenschaftlers, ihm würde in seinem Zuhause etwas fehlen, könnte er sich seiner Sammlung an Aufsätzen und Texten nicht fortwährend vergewissern. Für andere ist dagegen die Schrankwand wichtiger, in der nicht nur Familienfotos und die guten Gläser der Großmutter aufbewahrt werden, sondern auch der Fernseher seinen Platz findet. Regale spielen dann gar keine Rolle, stattdessen lädt die große Couchlandschaft zum Sitzen ein. Oft kommen Freundinnen und Freunde, um gemeinsam DVDs zu schauen oder über die bevorstehende Hochzeit von Bekannten zu plaudern.

»Full«, »Voll«, heißt die zweite Geschichte in Daniel Millers Band. Heimat entsteht nicht in erster Linie durch die Möbel und Gegenstände im Raum, sondern durch das Leben, das Menschen inmitten dieser Dinge führen. Die Beziehung zu den Sachen bildet den Kern und lässt beim Anblick des alten Kanapees ein Gefühl von Heimat aufkommen, auch wenn man zum hundertsten Mal im Internet oder im Möbelhaus nach einem neuen Sofa schaut.

Do-it-yourself

BESONDERS VIEL BEZUG versprechen die Dinge, wenn man sie selbst macht. In den letzten Jahren ist eine richtige Do-it-yourself-Welle aufgekommen. Kissenbezüge für das schöne Heim werden seither eigenhändig genäht, auch wenn sie dann ein wenig schiefer und ungenauer verarbeitet sind als die aus dem Geschäft. Außerdem kann man Nähkurse machen, das gemeinsame Lernen und Nachdenken wird damit Teil der Selbermachen-Erfahrung. Das Stichwort der Stunde lautet Kreativität, und wer heute nicht kreativ ist, hat verloren. Das gilt für den Alltag des Managements in DAX-Unternehmen und für das Marketing von Städten ebenso wie für die angemessene Freizeitbetätigung am Mittwochabend. Da wird gebastelt und geklebt, gehäkelt und gestrickt. Einzigartig soll das Ergebnis sein, irgendwie auch niedlich und gemütlich, lieblich und dabei natürlich auch dem Zeitgeist entsprechen. Komplizierte Dinge wie Gardinen näht in der Regel niemand, dafür aber Stoffbeutel mit Eulen oder Schals mit Rehen. Die Heimatbegeisterung der vergangenen Jahre hat viel mit dieser Idee des Selbermachens und damit vielleicht auch Sich-selbst-Findens, auf jeden Fall aber mit einem Sich-mit-sich-selbst-Beschäftigen zu tun.

In dieser Art der Handarbeit werden verschiedene Entwicklungen sichtbar, die unser Leben in den vergangenen Jahren prägen. Wir können unsere besonderen Eigenheiten zur Schau stellen. Ein Prozess, der sich in den letzten beiden Jahrzehnten verstärkt beobachten lässt, ist die Individualisierung. Damit kann Vereinsamung, doch auch Vereinzelung gemeint sein, es geht aber ebenso um unser Streben, als Einzelne wahrgenommen zu werden und weiterzukommen.

Angesichts der Probleme, die eine Gesellschaft nur gemeinschaftlich bewältigen kann, wirft diese Ich-Bezogenheit aber auch viele Fragen auf. Die meisten Menschen wollen jedoch gar nicht nur individuell sein, sondern gleichzeitig auch anerkannt und geliebt werden, Teil einer Gruppe sein. Über das Internet, zum Beispiel über Plattformen wie Dawanda, lassen sich die selbst gestalteten Objekte präsentieren. Womöglich wird sogar ein Geschäft daraus, wenn die Idee gut genug ist oder die Verbindungen stimmen. Auch dieser Faktor kann für die Selbstverwirklichung wichtig sein, in Zeiten wirtschaftlicher Krisen und wachsenden Leistungsdrucks kann ein solches Modell tatsächlich eine berufliche Perspektive bieten.

Eng mit der Do-it-yourself-Welle verbunden, ist die Zeitschrift *Landlust.* Das Magazin ist eine echte Erfolgsgeschichte. Keine Prominews und keine Modetipps, und doch hat es das Heft in den Auslagen ganz nach oben geschafft. Im Hintergrund hat auch kein internationaler Konzern an dem Rezept für dieses Magazin gestrickt. Und trotzdem ist die Zeitschrift seit Oktober 2009 führend im Lifestyle-, Garten- und Einrichtungsbereich. Ins Leben gerufen hat die *Landlust* der Deutsche Landwirtschaftsverlag mit Sitz im westfälischen Münster. Seit 2005 ist das Blatt auf dem Markt.

Was aber hat die *Landlust* den Leserinnen und Lesern nun so Besonderes anzubieten? Die Inhalte beschäftigen sich mit bestimmten Regionen und Orten, alte Berufe und handwerkliche Tätigkeiten werden vorgestellt, ein Thema sind Obst- und Gemüsesorten oder auch Blumen, die der Jahreszeit entsprechen. Mal wird ein Klostergarten vorgestellt, ein anderes Mal eine Dekorationstechnik mit Materialien aus der Natur. Zusätzlich wird allerlei volkskundliches Wissen aufgeboten, von den Märchen und Sagen der Brüder Grimm ist ebenso die Rede wie von Bräuchen und Traditionen.

Die Zeitschrift befasst sich mit einem Kosmos, der sich nicht um alltägliche Probleme dreht, sondern vor allem danach fragt, wie man sich das Leben schöner machen kann. Die Gestaltung des Eigenheims steht hier im Vordergrund, ästhetisch ansprechend aufbereitet geht es um Gräser und Kürbisse, um Engel aus Holzscheiten oder Knöpfe aus Horn. Eine gute alte Zeit wird hier ebenso beschworen wie die Fähigkeit, das eigene Leben angenehm zu gestalten, und das kommt an. Rund 850 000 Exemplare der *Landlust* gehen alle zwei Monate über den Ladentisch. Die Nähe zur unmittelbaren Umgebung wird spürbar in einer Phase der Unsicherheit, und doch sind Krisen, Konflikte und andere Katastrophen nicht die alleinigen Auslöser für die Heimatbegeisterung der letzten Zeit. Der Rückzug in schwierigen Phasen ist zugleich ein bekanntes Phänomen. Das eigene Heim wird dann zur Bas-

tion und gilt mehr denn je als der Platz, der Sicherheit und Schutz verspricht. In diesem Sinne ist die *Landlust* ein Sehnsuchtsort, eine ideale Welt, in der die einzige Schwierigkeit darin besteht, den richtigen Spaten zu besitzen, alles andere kann in die Hand genommen werden, schließlich ist es ja eingehend erklärt. Diese Vorstellung von Heimat knüpft nicht nur an die Vergangenheit an, sondern steht auch für die spätmoderne Gesellschaft, in der wir heute leben. Der Wunsch, kreativ tätig zu sein und dafür auch bewundert zu werden, wird mit der *Landlust* gleich massenhaft bedient.

Seit einiger Zeit nicht zu übersehen sind Heimatbilder im Folklorestil, mit bunten Farben, in wiedererkennbaren Formen und schrillen Tönen. Ob auf Servietten oder Sofakissen, liebreizende Heimatbilder lassen sich heute fast in jeder Form erwerben. Von

der Luxusboutique bis hin zum Drogeriemarkt führen Geschäfte heute Produkte im Heimatstil. In den dritten Programmen werden zur besten Sendezeit Frauen vorgestellt, die einen Hof oder ein Weingut besitzen. Das populäre »Landfrauenkochen« gibt es nicht nur als TV-Format, angeboten werden auch Kochbücher und Catering-Services, zu denen sich die »Landfrauen« einer Region zusammenschließen. Auch der »Urlaub auf dem Bauernhof« kann hohe Zuwachsraten verbuchen. Die Idee des Selbermachens verbindet sich hier in idealer Weise mit lange bekannten Vorstellungen von ländlicher Idylle.

Diese starken Bilder bestimmen die Wahrnehmung von Heimat in der Öffentlichkeit. Das Kochen auf der Wiese mit Hühnern und Kühen spricht Sehnsüchte an, die bedient werden wollen. Im Bild ist nicht das Getreidesilo oder der moderne Mähdrescher zu sehen, sondern die selbst gebastelte Tischdekoration der guten Hausfrau, die sich mit ihren Kochkünsten misst. In der Regel managt sie aber auch noch den Hof. Wir sehen, was wir gern sehen wollen. Die Herausforderung besteht nun darin, die Realität der Landfrauen nicht als die einzige Realität anzunehmen. Menschen zeichnen sich durch unterschiedliche Identitäten aus und verfügen doch über viele Gemeinsamkeiten. Die Verknüpfung von Heimat, Region und Landleben markiert eine starke Position auf dem Gebiet der Zugehörigkeit und Verortung, schließt die vielen anderen Positionen, die es gibt, aber keinesfalls aus.

Die Farb- und Formensprache, mit der gerade in den letzten Jahren von und über Heimat gesprochen wird, steht nicht für Bewahren und Zurückblicken, selbst wenn das mitunter auch gemeint ist. Heimat ist eine Idee, die zugleich reaktionär und hip sein kann, in dieser enormen Bandbreite liegt wohl auch die inhaltliche Vielfalt des Begriffs.

Heimat ist längst Teil der Popkultur

Heimat ist längst Teil der Popkultur. »Heimat« nennt sich auch eine Werbeagentur in Berlin. »Heimat« heißt eine Diskothek in Karlsruhe. Ein Laden namens »Heimat« verkauft in Köln angesagte Kleidung und versteht sich dabei als ganz besondere Form von Heimat. Auf der Homepage wird das Konzept erklärt: »Heimat – Ein wirklicher Ort, kein nebenbei gewählter Name, sondern ein mutiger, ja fast schon vermessener Anspruch. Er sagt: Dort, wo ich meine Kleidung finde, ist nicht einfach ein Klamottenladen, sondern etwas Wertvolles, ein persönlicher Raum. Seit Juli 2002 existiert nun in einer Seitenstraße der Kölner Innenstadt dieser Ort, gestaltet von Andreas Hoyer und Andy Scherpereel. Die ausgewählte und dort präsentierte Mode darf mehr als nur notwendige Hülle sein.«[6] Das Geschäft in der Kölner City ist zugleich Galerie. Heimat ist in diesem Zusammenhang eine Schnittstelle von Kunst und Mode. »Eigentlich ist es simpel: Wer mag, findet ein gut sitzendes Kleidungsstück oder gar eine neue Seite an sich. Eine schöne Idee von Heimat, durchaus bequem und verwöhnt, aber offen für das Interesse am Selbst und der Welt«,[7] meint Betreiber Oliver Tepel.

HEIMATKRIMIS. DAS BÖSE UNTER DER SONNE

»Die Krähen in der Luft haben sich nicht mitgedreht. Die sind in richtigen Wolken aus dem Flakturm in den Himmel gestiegen, da hat der Brenner gar nicht wegschauen können. Der Flakturm war denen ihr Zuhause, sowie die Magdalena-Wohnung dem Brenner sein Zuhause war. Und geschrien haben die Krähen, da hat sich der Brenner einen Moment lang eingebildet, er hört menschliche Hilfeschreie.«[8]

Der Brenner, das ist der getriebene und dabei immer ein wenig neben sich stehende Ermittler des österreichischen Schriftstellers Wolf Haas. Der Autor zahlreicher Kriminalromane weiß mit Heimatbezügen meisterhaft zu jonglieren. Hintersinnig lässt er nicht nur die Krähen in einem ehemaligen Flugabwehrturm wohnen, der seit dem Zweiten Weltkrieg mitten in Wien steht und nicht ohne größere Zerstörungen in der Umgebung abgerissen werden kann, weil er aus massivem Stahlbeton ist.

Der österreichische Staat und seine Geschichte, die Landschaften, die Städte, regionale Besonderheiten, die Mentalitäten der Menschen, der Einfluss der katholischen Kirche, das alles dient Haas als Material für seine abgrundtiefen Episoden, die mitunter wie teilnehmende Beobachtungen erscheinen. Lediglich die Perspektive hat sich ein wenig verschoben, im Fokus steht das Verbrechen. Aber es geht um mehr, in der Erzählung reihen sich Situationen aneinander, die so auch gewesen sein können, und eine präzise Beschreibung folgt auf die nächste.

Heimatkrimis boomen

Unfassbar böse wirkt zum Beispiel ein Skigebiet, wenn anstatt ausgelassener Feriengäste stundenlang ein US-amerikanisches Touristenehepaar tot im Sessellift auf und ab fährt. Mehr als gestört scheint die Idylle, wenn in Salzburg gleich massenhaft Tote im Priesterseminar auftauchen und den Besuchern der Festspielstadt von einer Anhöhe Blut auf den Janker tropft.

»Du musst wissen«, lässt Haas in dem Roman *Wie die Tiere* Brenner, der in diesem Fall unter anderem auf der Spur eines Hundemörders ist, sagen, »in den Alpen schicken sie dich noch mit 40 Grad Fieber den Berg hinauf. Und oben badest du ein bisschen im Gletscherwasser, das ist gesund. Ich muss ganz ehrlich sagen, das Herzlose hat auch seine Reize, aber es ist nicht günstig, wenn du auf die Frühpension schielst.«[9]

Heimatkrimis boomen. In den letzten Jahren erlebte die Kriminalliteratur einen ungeheuren Aufschwung. Kaum eine Stadt, eine Region, die heute nicht ihre eigene Ermittlerin, ihren Kommissar, einen Serienmörder oder zumindest Verbindungen zur Mafia hat. Mitunter abenteuerliche Konstruktionen führen von der Eifel nach Sizilien, befassen sich mit verwahrlosten Kindern in Schleswig-Holstein, schauerlichen Familiengeheimnissen im Schwarzwald und anderen Räuberpistolen im Heimatgewand. Ob gut geschrieben oder mühsam zusammengestückelt, immer haben die Krimis einen direkten Bezug zu einer ganz bestimmten Gegend. Die Bücher spielen schon äußerlich mit den Heimatbildern, die dann in den Texten möglichst effektvoll konterkariert werden. Hirschgeweihe, Kirchtürme und karierte Tischdecken deuten unter der Überschrift »Mord im Grünen« oder anderswo darauf hin, dass diese Idylle auf den nächsten 300 Seiten schwer auf die Probe gestellt wird.

Zu den Stars der deutschsprachigen Branche zählen die beiden Schwaben Volker Klüpfl und Andreas Kobr mit ihren Allgäu-Krimis. Der Lehrer und der Journalist haben ihre Berufe längst an den Nagel gehängt, konzentrieren sich ganz auf das Schreiben und touren mit aufwändig inszenierten Lesungen aus ihren Kassenschlagern durch die Republik. Ihr Kommissar Kluftinger zieht meist das Gemütliche vor, isst für sein Leben gern Zwetschgendatschi und Käsespätzle und löst ganz nebenbei spektakuläre Fälle.

Die Sagenwelt der Region dient im zweiten Band *Erntedank* als Motiv für eine besonders grausame Tat. Kluftingers »Knie knackten, als er rechts von dem Toten in die Hocke ging. Mordopfer waren nichts allzu Ungewöhnliches für ihn, aber auch nicht tägliches Brot für einen Kriminaler im in dieser Hinsicht wirklich recht ruhigen Allgäu. Der Anblick einer Leiche brachte ihn jedenfalls immer aufs Neue aus der Ruhe.«[10]

Auf dem Ermordeten wurde außerdem ein toter Vogel drapiert, eine Krähe. In *Erntedank* muss sich der Kommissar aus dem Schwäbischen erst einmal mit den Traditionen seiner Heimat vertraut machen, um die Botschaften entschlüsseln und den Täter schließlich überführen zu können.

»Tatort«

»Polizeiruf«

Der Krimiklassiker im deutschsprachigen Raum ist der »Tatort« am Sonntagabend. Das TV-Format wurde Ende der 1960er Jahre in der Bundesrepublik entwickelt, und auch in der DDR gab es mit dem »Polizeiruf 110« ein entsprechendes Pendant. Inzwischen hat der »Tatort« längst auch in den neuen Bundesländern Einzug gehalten, und der »Polizeiruf« wird umgekehrt auch in den alten Bundesländern produziert.

»Tatort« und »Polizeiruf« entsprechen in ihrer Anlage der föderalen Struktur der Bundesrepublik Deutschland, alle Sendeanstalten der ARD steuern einen oder gleich mehrere Schauplätze bei. Darüber hinaus arbeiten Fernsehkommissarinnen und -kommissare auch in Österreich und der Schweiz, so etwa Moritz Eisner aus Wien. Die einzelnen Filme leben von ihrer Spannung, einem übergeordneten gesellschaftlichen Thema wie Betriebsspionage, Kindesmissbrauch oder Ehebruch, ein wesentlicher Bestandteil der Inszenierung ist aber immer auch das entsprechende Lokalkolorit. Die Zurschaustellung des jeweiligen Ortes, einer Stadt oder Region, geschieht manchmal laut und schrill oder hält sich mitunter auch subtil im Hintergrund. Mal folgt ein schneller Schnitt dem ruhelosen Leben in der Großstadt, mal muss die Ermittlerin mit ihrem Kollegen in ein entlegenes Dorf, weil nur da der Fall gelöst werden kann. Sei es der Porsche des Kommissars aus Stuttgart, der Dialekt der Münchner Franz Leitmayr und Ivo Batic, die Figur des übermotivierten Rechtsmediziners Professor Boerne der Universität Münster oder die Straßenschluchten der Stadt Frankfurt, der Bezug zu einer Gegend und ihren Eigenschaften darf in dieser Sendereihe nicht fehlen. Gelungen sind die Filme meistens dann, wenn das Spezifische über die Atmosphäre, durch feine Spitzen zu spüren ist und nicht unbedingt mit Gebrüll daherkommt. Die Zuschauerinnen und Zuschauer vor den Fernsehern am Sonntagabend können sich dann zu Hause fühlen und zugleich ein wenig gruseln. Die vielen Toten und ungezählten Opfer von Verbrechen, die im Fernsehen sterben und leiden, lassen sich aus dem Wohnzimmer heraus beobachten und beschwören gleichzeitig die eigene Sicherheit. Am Montag in der Arbeit wird dann über den gut oder schlecht gemachten Krimi und über seine besonderen Momente diskutiert.

Nicht nur im deutschsprachigen Raum beschäftigen sich vor allem Krimiserien mit einer Stadt oder einem Landstrich. Das Genre eignet sich in geradezu idealer Weise, um die Orte rund um das Geschehen in Szene zu setzen. Der britische Chief Inspector Barnaby ermittelt überwiegend auf dem Land. Meist sind so viele Verdächtige in die Fälle verstrickt, die in der fiktiven Grafschaft Midsomer spielen, dass sich das Geflecht tatsächlich nur noch mit Hilfe von Barnaby und seinem Partner DI Jones entschlüsseln lässt. Dabei lebt eine gute Geschichte vor allem davon, dass die Umgebung und die handelnden Personen dicht und präzise beschrieben sind. Das gilt für Henning Mankells weltbekannten Kommissar Wallander und seine schwedische Heimat Ystad ebenso wie für Pepe Carvalhos Streifzüge durch Barcelona.[11] Der spanische Schriftsteller Manuel Vázquez Montalbán macht seine Figur zu einem genauen Beobachter, Missstände und Probleme werden während oder entlang des zu lösenden Kriminalfalls thematisiert. Dabei muss das, was als Heimat entworfen wird, gar nicht zwingend an einem Ort stattfinden.

Sichtbar wird an den Krimis auch, dass Ereignisse heute oftmals in globale Entwicklungen eingebunden sind oder zumindest in Prozesse, die von verschiedenen Orten gleichzeitig ausgehen. Fred Vargas etwa schickt den Kommissar Adamsberg von Paris aus in die Welt und lässt ihn auch in die eigene Heimat eintauchen. *Bei Einbruch der Nacht* ist einer seiner unheimlichsten Fälle. Es geht um die Rückkehr der Wölfe im französischen Mercantour, die Angst der Menschen vor den Tieren und mehrere Morde, die Adamsberg in dieser beinah magischen Geschichte aufzuklären hat.[12]

Einen ungeheuer vielschichtigen Eindruck seiner Stadt vermittelt Jean-Claude Izzo, der fast ausschließlich über Marseille schreibt. Während er seinen Kommissar durch die alten Viertel der Hafenstadt streifen lässt, philosophiert Izzo über das Leben. Sein Held trinkt Pastis, kocht mit Leidenschaft, liebt die Frauen und spart auch die Abgründe von Marseille nicht aus. Wie keinem anderen gelingt es dem französischen Autor in seinen Romanen, die Gefühle der Stadt sichtbar zu machen. »Wenn man durch das Panier-Viertel schlendert, spürt man, wie das Herz von Marseille schlägt. Ein Herz, das alle Sprachen der Welt, die Sprachen des Exils spricht. Es ist sicher kein Zufall, dass Pierre Puget, Architekt und verkannter Maler, das schönste Gebäude dieser Stadt gebaut hat: die Charité (die alte Charité, wie die Marseiller sagen). Aus Liebe zu seinem Geburtsviertel.«[13] Aus Liebe zu seiner Heimat, möchte man hinzufügen, denn auch Izzo ist in Marseille geboren und gestorben.

Die Heimat, das Viertel, die Gegend

Die Verbindung zur Heimat, das Viertel, die Gegend, in denen die Ermittlerinnen und Ermittler unterwegs sind, ist für Leser überall auf der Welt nachvollziehbar. Diese Beschreibungen von scheinbar alltäglichen Ereignissen führen freilich auch zu Debatten, weil sie sich mitunter über die Realität vor Ort legen, manche Probleme zu sehr gewichten und andere Schwierigkeiten ausblenden.

Eine Weiterführung dieser Geschichten sind Verfilmungen, die den Bezug zu den Lebenswelten der Zuschauer mit ihren Bildern und Gesichtern noch einprägsamer machen. In den Verfilmungen der erfolgreichen Kriminalromane von Wolf Haas spielt Österreichs bekanntester Kabarettist Josef Hader den Brenner, als wäre er schon immer Brenner gewesen. Manchmal ist es der Dialekt, manchmal ein vertrauter Gegenstand, eine bekannte Biersorte, die dem Schrecklichen einen anheimelnden Anstrich geben.

Dabei muss die Szenerie gar nicht immer angenehm sein, um möglichst schockierend durchbrochen zu werden. *Clockers* lautet der Titel eines US-amerikanischen Romans, der das Leben in einer Nachbarschaft in New Jersey beschreibt.[14] Auch dieses Buch ist eine Auseinandersetzung mit Heimat, einer brutalen Wirklichkeit, die viel mit Hierarchien und kriminellen Machenschaften zu tun hat. Das Buch lieferte die ursprüngliche Vorlage zu der Serie »The Wire«, die – in den USA hochgelobt – den Niedergang der Stadt Baltimore aus der Sicht von Drogenhändlern zeigt.[15]

Meistens verschiebt sich die Perspektive auf das scheinbar Vertraute, wenn man der Wahrnehmung eines Serienmörders folgt oder seine ehemalige Schule kurz vor einem verheerenden Bombenanschlag wiedererkennt. Die präzise Wiedergabe von Räumen, Situationen und Stimmungen ist ein Stilmittel des Kriminalromans, das gleichzeitig den Bezug zu einer bestimmten Region herstellen lässt. Beinah dokumentarisch wirken die Szenen, in die das Böse erbarmungslos hereinbricht.

Sich zu fürchten ist offenkundig eine Facette des Sich-selbst-Versicherns, nach dem Ende des Buchs oder des Films ist die Gefahr gebannt, und die Ordnung kann in der Regel wiederhergestellt werden. Mit Stieg Larssons Trilogie etwa ist man gerädert und zugleich geläutert, das Gute hat gesiegt.[16] Die Leserin und der Leser, die tagelang nicht richtig geschlafen haben, weil sie die drei Bände hintereinander durcharbeiten mussten, haben aber auch gelernt, dass man mitunter Abstriche machen muss und Selbstjustiz in manchen Situationen unabdingbar ist. Bei den herausragenden Texten von Wolf Haas oder Jean-Claude Izzo ist die Welt auch am Ende nicht in Ordnung. Das Zuklappen des Buches hat dann keinen kathartischen Effekt, sondern leitet unmittelbar in den Alltag über.

DER GESCHMACK VON ZU HAUSE: ESSEN UND TRINKEN

»Ich fühle mich gleich mehr zu Hause, wenn es irgendwo Vollkornbrot gibt«, erzählt eine Freundin. »Egal, wo ich auf der Welt bin, wenn sie Vollkornbrot haben, ist das für mich ein Stück Heimat.« Die Autorin Barbara Steinbauer-Grötsch hat ein Buch mit dem Titel *Ein Topf Heimat* verfasst. Den Umschlag ziert ein Kochtopf, den ein kleines grünes Flugzeug umkreist. In dem Band verspricht sie »Überlebensrezepte aus Globalistan«,[17] so der Untertitel des Buchs. Die Rezepte sammelt Barbara Steinbauer-Grötsch auf vielen Reisen durch die ganze Welt oder bei

sich zu Hause in den Niederlanden. Dort lebt die gebürtige Fränkin seit Jahren und geht beruflich dem Kochen und dem Schreiben nach. In ihrem Blog veröffentlicht sie Geschichten und Gerichte. »Ob ein Topf Heimat oder Eintopfheimat – zu Hause ist da, wo man sich um einen Tisch versammelt!«,[18] stellt sie fest. Über Barbara Steinbauer-Grötsch selbst ist zu erfahren, dass sie gern mit Gemüse, Pasta, Geflügel und Fisch kocht, am allerliebsten aber Hühnchen Phenang aus Thailand isst. Sie nimmt immer wieder neue Fährten auf, widmet sich einer Küche mit allen Facetten und will »den Geschmack eines Landes entdecken«.[19]
Auf ihrer Internetseite kommen regelmäßig neue Rezepte hinzu. Neben der Zubereitung ist auch einiges über den Zusammenhang zu erfahren, dem diese Speisen entstammen. So beschäftigt sich die Autorin zum Beispiel mit der »indischen keuken«, der indischen Küche, die ein integraler Bestandteil des niederländischen Essens ist. Einen Zusammenhang mit Indien oder den kulinarischen Schätzen des Kontinents gibt es allerdings nicht in dem Sinne, wie das der Begriff »indische Küche« zunächst glauben lässt. »Als ›indisch‹ wird in den Niederlanden jene Mischung aus europäischen und asiatischen Einflüssen bezeichnet, die in der Kolonialzeit in Niederländisch-Ostindien, dem heutigen Indonesien, entstanden ist und die bis heute in der Kultur fortlebt … Immer wieder wird sie mit der indonesischen Küche gleichgesetzt, was aber so nicht stimmt. Denn in der ›indischen keuken‹ verbinden sich traditionelle niederländische Gerichte, Zutaten und Zubereitungsweisen mit den Küchentraditionen der Ostindischen Inseln zu einer ganz eigenständigen Geschmacksrichtung.«[20] Vor diesem Hintergrund präsentiert Barbara Steinbauer-Grötsch in ihrem Blog das Gericht Oerap Oerap, das in erster Linie aus grünen Bohnen, Mungobohnensprossen, Gurke und Spitzkohl besteht und mit Tamarin-

den-Pulver und Sambal Oelek gewürzt wird. Bei all den Entdeckungen und Erfahrungen, die sie rund um den Globus macht, bleibt der »Kindheitsgeschmack« der Autorin jedoch der Kartoffelsalat aus ihrer fränkischen Heimat.

Was, wenn nicht Essen und Trinken, weckt Erinnerungen an Menschen, Orte und Landschaften? Das kann die Torte sein, die es in der Familie immer nur an Geburtstagen gab, oder die Currywurst, die man als Kind im Freibad essen durfte. Mit dem Bild einer Region verbunden ist aber auch der Honig, den ein Händler inmitten blühender Orangenbäume auf dem Ätna in Sizilien aus dem Kofferraum seines Wagens verkauft, oder die erste Pizza in Italien. Ebenso kann ein Geruch an ganz bestimmte Situationen erinnern, die Leberwurst auf dem Brot des Banknachbarn war lange Jahre ebenso mit dem Schulalltag verbunden wie das eigene Käsebrot. Das Suppenfleisch, das man immer gehasst hat, steht genauso für Heimat wie die Weihnachtsgans Auguste, die nahezu den kompletten ersten Weihnachtsfeiertag im Backofen verbringen musste, ehe sie verspeist werden konnte.

Die Gans ist in unserer Familie allerdings ein klassischer Fall von »Invention of Tradition«, also der Einführung einer Tradition. Diesen Prozess hat der Historiker Eric Hobsbawm in den 1990er Jahren beschrieben, irgendwoher müssen schließlich auch all die alten und weniger alten Traditionen stammen, mit denen sich Menschen, sei es in Gesellschaften oder Gemeinschaften, doch so gern beschäftigen.[21]

Auch die Zubereitung spielt eine wichtige Rolle. Seit Jahren erinnert die eigenartige Mischung, die uns ein Nachbar als Bowle des Hauses verkaufen will, obwohl man doch längst keine Bowle mehr trinkt, an die Familienfeiern der Kindheit. Das gilt auch für den Fruchtcocktail aus der Dose, der weder durch Qualität noch durch Geschmack besticht, aber lange ein beliebtes Dessert war und es in manchen Kantinen auch heute noch ist. Natürlich gibt es zahllose andere Rezepte, nach denen man Ananas und Trauben, Pfirsiche und Birnen frisch und vor allem ohne Zucker herstellen kann. Oft ist es aber gar nicht das Gericht oder das Getränk selbst, sondern eine bestimmte Note, eine Art des Würzens, die nur die Großmutter väterlicherseits so hinbekommen hat, »Mir schmecken das Börek und diese anderen Gerichte in den türkischen Lokalen meistens nicht«, sagt ein Freund über das Angebot, das es in der Nähe seines Büros gibt. »Ich kenne das ja von zu Hause, da war das immer viel besser.« Kartoffelsalat, denke ich, ist im Restaurant meistens auch furchtbar schlecht. Von Spätzle gar nicht erst zu reden. Und selten, dass es irgendwo Knödel gibt, die es mit Mutters Standard aufnehmen können. Jahrzehntelanges Training durch die Sozialisation in der Familie oder dem Umfeld prägt nicht nur den Geschmack und beeinflusst den Umgang mit Lebensmitteln im Allgemeinen, sondern hat manche Dinge mit der Zeit auch ganz und gar unmöglich gemacht. Wer nie gelernt hat, auf den Zucker- und den Fettgehalt zu achten, wird sich damit sein Leben lang schwertun.

Dies gilt nicht nur für das Essen, sondern auch für die Bestandteile, aus denen sich Speisen und Getränke zusammensetzen. Die Qualität der Lebensmittel spielt in Deutschland eine weitaus geringere Rolle als etwa in den Nachbarländern Frankreich und Italien. Preiswert soll es in erster Linie sein, Geschmack und Herstellung scheinen da hintanstehen zu müssen. Um 1900 war es noch etwas Außergewöhnliches, in einem Kolonialwarenladen oder in einem Delikatessengeschäft eine exotische Frucht zu erwerben. Der Weg, den die Ananas oder die Mango zurückgelegt hatten, verlieh diesem Obst eine aufregende Geschichte, eine Aura des Besonderen, deren Wert man hoch zu schätzen wusste. Heute geht es vor allem um die Kosten, alles ist überall erhältlich, und die einzige Frage, die alle gleichermaßen beschäftigt, ist

die Frage, wo man irgendetwas noch billiger kaufen kann. Nicht der Reiz, einen Geschmack kennenzulernen, der noch unbekannt ist, steht im Vordergrund, sondern der Reiz des Schnäppchenkaufs.
Dabei sind aber auch gegenläufige Entwicklungen zu beobachten. Längst mehr als ein Trend sind die zahlreichen Bioprodukte, die es seit einigen Jahren beinah überall zu kaufen gibt. Gesunde und ökologisch verträglich hergestellte Nahrung ist in der letzten Zeit ein großes Thema, vor allem in Städten finden die Waren reißenden Absatz. Debattiert wird inzwischen längst darüber, ob nun überhaupt bio drin ist, wenn doch bio draufsteht. Sind ökologisch gezogene Kartoffeln aus Ägypten jetzt wirklich besser als herkömmliche Kartoffeln aus dem nahen Umland? Transportwege oder Pestizide? Was ist schlimmer für die Umwelt? Und was ist schlimmer für uns? »Gutes aus der Heimat« ist eine Rubrik, die sich in den letzten Jahren ebenfalls durchgesetzt hat. Die Produkte müssen nicht unbedingt nach biologischen Grundsätzen behandelt worden sein. Die Bezeichnung steht in

der Regel für transparente Anbaumethoden und die Herkunft aus der Region.
Auf dem Feldberg im Schwarzwald ist das Deutsche Schinkenmuseum untergebracht. Unter dem Stichwort »Schinkenprofil« ist auf der Internetseite der Institution zu lesen, dass der Schinken gerade auch im Hinblick auf regionale Bezogenheit und bewusste Ernährung ganz besondere Qualitäten zu bieten hat.[22]
»Heimatliebe« nennt sich eine Produktlinie im Supermarkt, während ein anderer Anbieter auf »traditionelle Genüsse« setzt. Lebensmittel aus der Region, so scheint es, können gar nicht schlecht und müssen damit per se gut für die Kunden sein. Auf den Verpackungen sind gern Familien abgebildet, die sich um den Gemüseanbau oder die Aufzucht der Hühner in der Umgebung kümmern und alles dafür tun, dass der Kunde die entsprechende Qualität erhält. Eine Vielzahl neuer Mastbetriebe in der Region machen den achtlosen Konsum – trotz Heimatbezug – gleichzeitig nicht besser.

AUCH DEN VERLUST DER HEIMAT kann der Umgang mit Speisen und Getränken dokumentieren. In ihrem *Kochbuch der Donauschwaben* präsentierte Magda Waigand zu Beginn der 1960er Jahre erstmals »eine Sammlung alter, selbst erprobter donauschwäbischer Rezepte«, die ihr von der Mutter und der Großmutter überliefert worden waren. »Andererseits«, fügt die Autorin hinzu, »habe ich in mehr als drei Jahrzehnten Rezepte von Verwandten und Bekannten gesammelt und das Buch damit ergänzt.«[23] Die Idee zur Veröffentlichung sei ihr gekommen, weil »mehr oder weniger alle Landsleute ihre Rezepte zum Teil in der Heimat vergessen oder während der Flucht verloren haben«, erklärt sie im Vorwort. Sie selbst gehörte zu der großen Gruppe von Flüchtlingen und Vertriebenen, die in den 1940er und 1950er Jahren eine neue Heimat finden mussten. Damit gewannen schöne Erinnerungen an Bedeutung. Die Heimat, die man gezwungenermaßen zurücklassen musste, wurde zu einem unerreichbaren Sehnsuchtsort. Gerade mit bekannten Speisen und Getränken war es möglich, die alte Heimat für einen Moment heraufzubeschwören.

»Donauschwäbisches Brauchtum soll und darf uns in der Fremde nicht verloren gehen, und dazu gehört auch unsere Küche; und deswegen möchte ich unseren Hausfrauen viele Speisen in das Gedächtnis zurückrufen, die oft in der Heimat auf dem Tische standen, und die sie vielleicht im Laufe der letzten schweren Jahre vergessen haben. Darum soll das Kochbuch der Donauschwaben in keinem Haushalt fehlen; es möge allen recht viel Freude bereiten.«

Das erste Gericht in Magda Waigands Sammlung ist eine Rinderkraftbrühe:

Gewöhnliche Rindfleischsuppe I

Zu 1 Kilo Rindfleisch nehme man 3 Liter Wasser. Die Knochen und das Fleisch rasch abwaschen. Zuerst gibt man die Knochen in das kalte Wasser, und wenn das Wasser zu sieden beginnt, gebe man erst das gut geklopfte Fleisch hinein. Den Fleischschaum schöpfe man nicht ab, da er sich allmählich beim langsamen Kochen auf den Boden setzt, und die Suppe viel kräftiger wird. Wenn sich der Schaum verkocht hat, gibt man Salz und Grünzeug hinein, nach Geschmack Gelbe Rüben, Petersilie, Zwiebel, Sellerie, Kohlrüben, eventuell Karfiolstengel, Erbsenschoten, Spargelschalen und rote Paradeis. Nun lässt man die Zutaten langsam kochen, damit die Suppe klar wird. Wenn das Fleisch weich ist, zieht man den Topf beiseite, schöpft nach einer Weile das Fett ab, seiht etwas von der Suppe in einen kleineren Topf zum Einkochen der Suppenmehlspeisen. Das Fleisch mit dem Rest der Suppe deckt man zu und stellt es bis zum Anrichten warm. Auf diese Art kann von jedem anderen Fleisch, sowie Geflügel und Wild, Suppe gekocht werden.[24]

Wie man sieht, lässt die Zusammenstellung der einzelnen Rezepte auf den ersten Blick wenig Spezifisches erkennen. Unter den Speisen, die die donauschwäbische Küche ausmachen, finden sich noch mehr Rezepte, die auch aus anderen Regionen bekannt sind. Suppen wie die Rinderbrühe werden ebenso in anderen Kochbüchern beschrieben. Aber was steht mehr für das Gefühl, zu Hause zu sein und sich geborgen zu fühlen, als eine Schüssel mit heißer Suppe?

Das einzelne Essen allein ist also keine Besonderheit. In der Zusammenschau aber und mit Begriffen wie »Paradeis(er)« wird deutlich, welchen Kosmos die Rezepte abbilden. In das Kochbuch ist das Wissen über Regionen und ihre Produkte ebenso eingeflossen wie das Wissen um deren Zubereitung. Diese Gegenden liegen heute in Tschechien, in der Slowakei, in Rumänien, in Ungarn und in Polen. Der Horizont, den die Sammlung aufmacht, erinnert nicht zuletzt an die k.-u.-k.-Monarchie. Es geht am Exempel des Essens natürlich immer um die alte Heimat, die man zurücklassen musste und um die man manchmal sein Leben lang trauert.

Das Wissen um eine ganz bestimmte Art des Kochens oder Backens kann aber auch einen Neuanfang ermöglichen. Marlene Wetzel-Hackspacher gelangte 1946 als Heimatvertriebene nach Bayerisch-Schwaben. In dem kleinen Ort Zöschingen nahe Dillingen an der Donau lebten die Schwiegereltern, ihr Ehemann war im Zweiten Weltkrieg gefallen. Nur mit ihrer kleinen Tochter Marlies und einem Waffeleisen verließ die junge Frau ihre schlesische Heimat und kam nach einer tagelangen Reise bei den Verwandten im Süden an. Zunächst aber schien niemandem der

Sinn nach Karlsbader Oblaten mit Nüssen und Zucker zu stehen, und viele hatten einfach kein Geld. Nach und nach gelang es ihr dennoch, ein eigenes Geschäft mit Süßwaren aufzubauen.[25] Marlene Wetzel-Hackspacher hat nicht nur eine neue Heimat gefunden, sondern sich dort mit dem Wissen von zu Hause eine neue Existenz aufgebaut – fern von der alten Heimat.

Das Bundesland Baden-Württemberg wirbt heute sogar mit einem herzhaften Essen. Maultaschen kommen aus dem Schwäbischen, wo die Teigtaschen den Namen »Herrgottsb'scheißerle« tragen. Der Kulturwissenschaftler Konrad Köstlin, selbst gebürtiger Schwabe, hat sich mit dieser typischen Speise aus seiner Heimat befasst.[26] Nahe dem Kloster Maulbronn, so die Legende, fand ein Laienbruder ein Stück Fleisch. Noch war jedoch Fastenzeit, und deshalb galt für die Mönche, dass sie so etwas eigentlich nicht essen durften. Bruder Jakob wollte das Fleisch aber auch nicht verderben lassen, hackte es klein und vermengte es mit Gemüse. Um den Inhalt weniger offensichtlich zu machen, »verpackte« er die Masse schließlich in kleinen Teigtaschen. Diese Spezialität aus dem Kloster erhielt später den Namen »Maultasche«.[27]

Der Kulturwissenschaftler bezeichnet Maultaschen als »modernes Soul Food«, als Nahrung für die Seele. Der Begriff »Soul Food« bezeichnete ursprünglich die Küche der schwarzen Amerikaner in den Südstaaten der USA und stammt aus der Zeit der Sklaverei. Die Speisen und Getränke sind meist sehr nahrhaft und werden aus preiswerten Zutaten zubereitet.

Der deutsche Koch und Hip-Hop-DJ Sven Christ hat die Entwicklung des »Soul Food« aufgezeichnet und neben dem Buch auch eine Sammlung mit passenden Musikstücken rund ums Essen und Trinken herausgebracht. Viele Gerichte sind fett, süß und deftig. Eine typische Speise ist zum Beispiel das Banana Bread, ein Kuchen, der aus den Früchten gemacht wird, die schon ein wenig braun geworden sind. Auch Eintöpfe mit Huhn oder Schweinefüßen gehören traditionell zur Soul-Food-Küche. Als Nahrung für die Seele lässt sich aber auch der Schweinebraten mit Knödeln bezeichnen, der gerade in Bayern und in Österreich oft und gern gegessen wird.

Triple-Turkey-Sandwich, New York

Mitunter ist sogar von einem Nationalgericht die Rede. Ugali etwa ist ein Maisbrei, den im afrikanischen Tansania alle kennen und der zu verschiedenen Gerichten als Beilage serviert wird. Aber auch in Kenia, in Uganda und in anderen Ländern ist Ugali beliebt. Viele Menschen auf der Welt ernähren sich überwiegend von Reis. Nicht nur in Indien, sondern auch in ganz Asien ist Reis ein wesentlicher Bestandteil der Küche. In Europa spielen Kartoffeln eine wichtige Rolle, in den tropischen Ländern der Erde ist dagegen Yams, eine knollenartige Wurzel, weit verbreitet.

Für Deutschland mit seinen vielen unterschiedlichen Regionen ist es unmöglich, ein Nationalgericht zu bestimmen. Es gibt eine Reihe typischer Speisen, aber die bayerische Schweinshaxe hat nichts mit der Küste zu tun, und der Matjessalat mag nicht zum Alpenraum passen. Auch der Döner spielt eine wichtige Rolle und ist für die Deutschen erfunden worden. Vielleicht könnte man sich auf Kohlrouladen einigen. »Deutschland, Land der Kohlrouladen«, klingt aber auch ein wenig schräg.

Auf der Ländermeile zum Tag der Deutschen Einheit am 3. Oktober 2012 in München konnte man dagegen den Eindruck gewinnen, dass sich die gesamte Bevölkerung der Bundesrepublik ausschließlich von Wurst, Wein und Bier ernährt. Kein Bundesland und keine Stadt, die sich nicht mit solchen Waren zur Schau gestellt haben. Die Spreewälder boten immerhin noch eine regionale Besonderheit in der Dose auf, die Essiggurke to go.

Auch von anderer Seite ist schon vor Jahren ernsthaft Bewegung in die Kohl-und-Wurst-Debatte geraten. Die Zeithistorikerin Maren Möhring hat sich mit der Geschichte türkischer und italienischer Restaurants und Imbisse in der Bundesrepublik befasst.[28] Der gesellschaftliche und ökonomische Wandel, der sich seit dem 19. Jahrhundert vollzogen hat, wird nicht zuletzt am Wandel von Ausdrucksformen wie dem Essen und Trinken sichtbar. Über Speisen und Getränke kann man die Besonderheiten einer Region kennenlernen, gleichzeitig sind viele dieser Eigenheiten längst im Alltag von Menschen zu Hause, die mit dieser Gegend vielleicht überhaupt nichts zu tun haben. Kulturelle Unterschiede haben sich heute vielfach aus ihrem Entstehungszusammenhang gelöst. Zum Abendessen in Amsterdam gibt es eine Portion Spaghetti im griechischen Lokal an der Ecke, dazu Maracujasaft und später noch ein Stück Mandel-Orangen-Kuchen nach einem israelischen Rezept. Von der Peking-Ente über das Wiener Schnitzel und die Münchner Weißwurst bis hin zum Szegediner Gulasch gibt es allerlei Regionalgerichte, die eine Heimat haben, für eine kulturelle Identität stehen und dennoch an vielen Orten der Welt zu haben sind.

Auch die Zutaten werden längst rund um den Globus bewegt. Eine Heringssemmel auf dem Hamburger Fischmarkt muss nicht nur jeder Tourist einmal gegessen haben, das große Angebot an Fischen und Meeresfrüchten hat natürlich mit der geografischen Lage der Stadt an der Elbe und nahe der Nordsee zu tun. Dass die Krabben mitunter auch von Husum in Schleswig-Holstein nach Polen oder gar nach Marokko zum Pulen geschickt und danach erst einmal wieder reimportiert werden, sei hier nur am Rande er-

wähnt. Auch das frische Angebot am Strand im belgischen Ostende kommt eher aus der Tiefkühltruhe als aus dem Meer in der Umgebung.

Nicht nur diese Erscheinungen zeigen, welchen Einfluss die Globalisierung der Wirtschaft heute auf den Konsum von Lebensmitteln hat. Auch wenn inzwischen alles möglich ist und man sich weltweit vom Fast Food der gleichen Kette ernähren kann, spielen Dinge, die historisch mit einer Stadt oder einem Landstrich verbunden sind, auch weiterhin eine wichtige Rolle. Ein argentinisches Rindersteak etwa steht für Qualität und lässt sich auch nicht so einfach ersetzen. Dabei sind es nicht immer die Lebensmittel selbst, manchmal ist es auch eine spezifische Art des Würzens oder die Zusammenstellung der Zutaten, die das Angebot einer Gegend besonders machen. Gleichzeitig hat sich mit der Globalisierung auch das Wissen um unterschiedliche Speisen, Getränke und ihre Zubereitung verbreitet.

In *Obacht 17*, dem Newsletter des Bayerischen Landesvereins für Heimatpflege, beschäftigt sich der Politikwissenschaftler Wolfgang Pledl – ausgehend von Maren Möhrings Band *Fremdes Essen* – mit der Bedeutung von Nahrungsmitteln und ihrer Aussagekraft für die Vielfalt von Kultur: »Wer das kürzlich erschienene und in vielerlei Hinsicht überaus empfehlenswerte Werk … aufmerksam studiert hat, weiß, dass die erste Pizza der Bundesrepublik in dem 1952 in Würzburg eröffneten ›Sabbie di Capri‹ erhältlich war und der Siegeszug des Döner Kebab in Deutschland nicht durch die Restaurantgastronomie eingeleitet wurde, sondern von türkischen Imbissen in Berlin, in denen das vom Bratenkegel abgeschnittene Fleisch nicht mehr mit Reis und Gemüse auf einem Teller, sondern zum Mitnehmen in einer Teigtasche serviert wurde.«[29]

Auf der Grundlage denkt Pledl über neue Formen der Fusion-Küche nach: »Zeigt sich bereits an diesen beiden Beispielen sehr schön, wie innovativ Migranten waren, wenn es darum ging, den Speiseplan der Einheimischen mit fremdem Essen zu erweitern, so kamen der Iraner Hamed Ghahremani, 25, und der Türke Deniz Sevengül, 24, nun auf die Idee, gleichsam als Pendant zur Döner-Box bayerisches Fast Food herzustellen und entsprechend zu vertreiben: Mitte April machten die beiden Muslime im Münchner Glockenbachviertel das bayerische Bistro ›Bazis Schlemmerkucherl‹ auf, wo man sogar am Wochenende bis fünf Uhr in der Früh nicht nur Weißwürste, Obazd'n und Leberkäsesemmeln bekommt, sondern wo es künftig auch Schweinsbraten zum Mitnehmen geben soll. Denn, so Hamed Ghahremani gegenüber der *Süddeutschen Zeitung:* ›Es gibt doch für asiatisches Essen die To-go-Boxen. Und eben die Döner-Boxen. Wir wollen Blaukraut, Fleisch, Miniknödel und Bratensoße in Boxen verkaufen. Bayerisch to go. Die Miniknödel sollen so groß sein, dass man sie gleich mit einer Pommes-Gabel rausstechen kann.‹« Diese Variante zeigt, wie vielschichtig und facettenreich die Diskussion um das Essen sein kann, auch wenn sich über den Geschmack der Heimat bekanntlich nicht streiten lässt.

NOSTALGIE – HEIMWEH UND ABSCHIEDNEHMEN

Ein erster großer Einschnitt in der Biografie erfolgt häufig mit dem Beginn einer Ausbildung oder eines Studiums. Um nach dem Ende der Schulzeit zur Universität gehen und diesen oder jenen Beruf erlernen zu können, ist es vielfach notwendig, das Elternhaus und damit die Heimat der Kindheit zu verlassen. Dieser Einschnitt bedeutet oft eine erste eigene Wohnung oder ein Zimmer in einer größeren Stadt, an einem anderen Ort, zumindest aber weg von zu Hause.

Wenn das Studium oder die Ausbildung dann beginnen, drängen eigentlich viel wichtigere Fragen. Wo ist der nächste Supermarkt, warum habe ich kein Geld mehr auf dem Konto, und wie macht man eigentlich eine Tomatensoße, die nicht nur nach Verpackungsmaterial schmeckt? Da kommt einiges zusammen, man will ausgehen, frei sein und sich doch irgendwo geborgen fühlen. Der Schutzraum, in dem vorher alles selbstverständlich erschien, ist auf einen Schlag nicht mehr da. Gleichzeitig nimmt man Abschied von der Kindheit und der Jugend, als man sich noch um so gut wie gar nichts kümmern musste.

Im neuen Lebensabschnitt heißt es nach Orientierung suchen, und dazu gibt es ganz unterschiedliche Strategien. Die einen sind gleich mit dem Freundeskreis umgezogen oder können weiterhin auf ihre Netzwerke zurückgreifen, manch einen zieht es auch jeden Freitag zurück ins Hotel Mama. Gestärkt mit Liebe und gebügelten Jeans, den Resten des Sonntagsbratens und fünf Tuben Zahnpasta, startet es sich gleich viel besser in die nächste Woche.

Andere fühlen sich in der neuen Umgebung allein und verloren, ein Umfeld mit Bezugspunkten muss erst einmal gefunden werden. Wo ist hier der nächste Bücherladen? Und wer hört mir zu, wenn ich nicht mehr weiterweiß? Schwierige Zeiten, besonders wenn man sich insgesamt unsicher ist, wohin man eigentlich möchte.

So unterschiedlich die Menschen sind, so leicht oder schwer fällt es ihnen, irgendwo heimisch zu werden. Meistens richtet man sich dann nach und nach doch irgendwie ein. Die Gewissheit aber, die unhinterfragt über den Dingen lag, ist einfach verschwunden. Auch wenn man die Eltern besuchen kann und mit den Geschwistern e-mailt und telefoniert, muss man sich selbst finden, um zu wissen, wohin man gehört. Und dieser Prozess kann schmerzhaft sein, schließlich geht es auch darum, etwas loszulassen, was einem vorher so sicher erschien. Und Sicherheit, sagt die Kulturanthropologin Ina-Maria Greverus, ist ein wesentlicher Bestandteil unserer Vorstellung von Heimat. Wir wollen Satisfaktion, zufrieden gestellt sein, und brauchen Selbstverständlichkeit, um uns wohlzufühlen und ein Zuhause einrichten zu können.[30]

»ARBEIT, HEIMAT, OPEL« ist der Titel einer Dokumentation, für die junge Lehrlinge über mehrere Jahre bei ihrer Ausbildung im gleichnamigen Bochumer Werk begleitet wurden. Ein Job bei dem Autobauer galt im Pott lange Zeit als Verheißung, eine solche Stellung eröffnete Träume von einem guten Leben.[31] Das war besonders wichtig, nachdem der Kohleabbau immer weiter zurückgefahren worden war. Und nun das.

»Die Auszubildenden von Opel in Bochum stehen vor dem Aus: Wie der Dreiklang ›Arbeit Heimat Opel‹ zerbricht und die Hoffnung auf eine sichere Zukunft zerschlagen wird«,[32] schreibt die *Frankfurter Allgemeine Zeitung* im Dezember 2012 über den Inhalt des Films.

»›Was uns besonders gereizt hat‹, so die Filmemacherin Ulrike Franke, ›war, wie sie ausgebildet wurden für eine Zukunft, die nicht existent ist. Dadurch haben wir sie kennengelernt und wollten gucken, was das für Jugendliche sind. Wie sehen sie aus? Wie gehen sie damit um, mit diesen Ängsten und dieser absolut unsicheren Situation?‹ Franke und [ihr Partner Michael] Loeken erzählen in ihrem Film von einer Ausbildung mit ungewisser Zukunft. Vor Hiobsbotschaften blieben die Jugendlichen die ganze Zeit über nicht bewahrt. Trotzdem: Opelaner zu sein, das hat im Ruhrgebiet noch immer etwas mit Stolz zu tun«,[33] heißt es auf der Internetseite des Senders 3sat über die Bedeutung des Filmprojekts.

Ihm ist es egal, was die anderen über seine Stadt sagen, meint einer der porträtierten Jugendlichen im Dokumentarfilm, schließlich ist es sein Zuhause. Und da spielt es doch gar keine Rolle, ob es dort schön ist. Schließlich geht es um seine Heimat.

Ein Pressefoto, das etwa zur gleichen Zeit anlässlich des bevorstehenden Endes von Opel kursierte, zeigt eine Gruppe Kumpel in voller Montur. Mit Grubenlampen und einem Plakat halten sie Mahnwache, auf dem Schild ist zu lesen: »Erst stirbt die Zeche, dann die Stadt. Wir bleiben Bochum.«[34] Der Name ist gelbschwarz geschrieben, das Opel-Logo prangt an der Stelle des »o«. Viele große Unternehmen der alten Bundesrepublik mussten in den letzten Jahren für immer ihre Pforten schließen. Ob die Mitarbeiterinnen und Mitarbeiter von Quelle in Fürth oder die oft zitierten Schlecker-Frauen im gesamten Bundesgebiet, mit dem Verlust ihrer Arbeit war nicht nur das Gehalt, sondern auch ein Stück Identität weggebrochen. Trotz aller Schwierigkeiten ist Schlecker ein Konzern gewesen, dessen Existenz vielerorts Teil des Alltags war. Und dieses Selbstverständnis galt auch für die Tausenden Angestellten der Firma. Ein Ende schien undenkbar. Quelle oder Opel sind nicht einfach Unternehmen, sie waren und sind untrennbar mit einer Stadt verbunden. Einen vergleichbaren Stellenwert hatten die Ford-Werke in Detroit, das nach dem Niedergang der Autoindustrie inzwischen Insolvenz angemeldet hat. Auch die Filialen des Ulmer Patriarchen Anton Schlecker waren mit dem Dorf oder dem Stadtviertel in ihrer Umgebung verbunden. Was schließlich zum Niedergang geführt hat, ist müßig zu diskutieren: das falsche Konzept zur falschen Zeit, Managementfehler und vieles andere. »For you. Vor Ort«, dieser Slogan war der letzte Versuch, die Drogeriemärkte und mit ihnen die Mitarbeiterinnen und Mitarbeiter vor der Katastrophe zu retten. Schlecker ist heute Geschichte, die Bundesregierung lehnte eine Übergangsgesellschaft ab, und noch immer ist der Großteil der Belegschaft auf Arbeitssuche. Manche haben den Schritt gewagt und ein eigenes Geschäft eröffnet, schließlich fehlt die Institution auch den Menschen in der Umgebung.

AUS ABENTEUERLUST, aber vielleicht auch, um ihren Sorgen zu entgehen, streben immer mehr Menschen nach neuen Sehnsuchtsorten in anderen Ländern. Im Fernsehen befassen sich in den letzten Jahren gleich mehrere Sendungen mit dem Phänomen Auswanderung. Viele Deutsche setzen ihre Hoffnung auf eine Zukunft in einem anderen Land. Ihr Glück wollen sie in Australien, in Kanada oder in Spanien machen. In der Serie sind die meisten Auswanderer davon überzeugt, dass es überhaupt kein Problem ist, wegzugehen und ein neues Leben anzufangen. Meist beginnt die Reise aber doch mit einem tränenreichen Abschied, denn die Nachbarschaft, die Familie und der Freundeskreis sind in der Regel nicht darüber entzückt, dass Kinder und Enkel, Freundinnen und Freunde nun auf einmal mehrere tausend Kilometer entfernt leben.

Manchen gelingt es, ihren Traum in den USA oder in Thailand zu leben, andere kehren mittellos zurück. Ein Faktor, der oft eine Rolle spielt, ist das Heimweh, das viele unterschätzt haben. Schon im 17. Jahrhundert wurde diese Art der Traurigkeit als Schweizer Krankheit erstmals benannt, vor allem bei Angehörigen der Armee, die in weit von zu Hause entfernten Gegenden stationiert waren, wurde Heimweh diagnostiziert. Gemeint ist damit eine große Sehnsucht nach allem, was einem vertraut erscheint. Über mein Zuhause muss ich nicht lange nachdenken, ich spüre, wenn ich da bin. Eine Trennung wird oft als schmerzhaft wahrgenommen. In der Schweiz durfte daher ein bestimmtes Lied nicht gespielt werden, damit die Soldaten nicht vor lauter Kummer desertieren, um endlich heimzukommen.

Eine weitere Sehnsucht in diesem Zusammenhang ist die Nostalgie. Wie beim Heimweh geht es um ein wehmütiges Gefühl, das oft mit einem Verlust zu tun hat. Einige Jahre nach dem Fall der Mauer und der Wiedervereinigung ist so etwas wie »Ostalgie« aufgekommen. Produkte aus der DDR wurden gesammelt und präsentiert, Partys mit Musik aus vergangenen Zeiten sollten die Erinnerungen beschwören. Warum ist ein solches Phänomen aufgetaucht? Haben sich damit etwa die Ewiggestrigen selbst gefeiert? Auch das mag unter Umständen so gewesen sein, in erster Linie aber ging es darum, dem allzu abrupten Ende der DDR etwas entgegenzusetzen. 1989 freuten sich die Menschen in Ost und West, dass nach so vielen Jahrzehnten endlich die Wende gekommen war. Aber es hat im Grunde keine Zeit zum Abschiednehmen gegeben. Nostalgisch sein meint vielleicht so etwas wie das Wissen um eine verlorene Zeit. Ich sehne mich zurück und fühle mich heimisch, auch wenn ich genau weiß, dass die Rahmenbedingungen, die eben gar nicht immer nur angenehm waren, sich längst gewandelt haben. Heute kann ich mich als Frau in 1950er-Jahre-Klamotten kleiden und Roller fahren, weil mir der Stil gefällt. Dabei muss ich mich aber nicht mehr gesellschaftlich in eine Rolle als Hausfrau drängen lassen. Ich bestimme mein berufliches Leben und meinen Stil.

»Mir ist noch was eingefallen – zum Thema ›Heimat‹«, meinte kürzlich eine Nachbarin. Länger an einem Ort zu leben bedeutet ja nicht nur, sozial eingebunden, sondern auch verantwortlich zu sein. Die junge Frau ist in der gleichen Stadt geboren und aufgewachsen, in der sie noch immer mit ihrer Familie lebt. Sie muss zu Elternabenden, arbeitet, trifft Kolleginnen und Kollegen, verabredet sich mit Freundinnen und Freunden und kümmert sich um ihre Familie. Vor einigen Wochen war sie auf der

Beerdigung einer ehemaligen Schulfreundin, die an einer Krebserkrankung gestorben war. Außer ihr kam kaum jemand aus der früheren Klasse. Die meisten sind offenbar weggezogen. Dabei erschien es ihr als Selbstverständlichkeit, an dem Begräbnis teilzunehmen. Eine andere Nachbarin hat regelmäßig eine alte Dame besucht, die schließlich an ihrer Herzschwäche gestorben ist. Es war immer klar, dass sie sich auch um den Abschied kümmern wird, wenn es einmal so weit sein sollte. Sie hat sich verpflichtet gefühlt, einen Nachruf zu schreiben und ihr so die letzte Ehre zu erweisen. Das Eingebundensein in eine Gemeinschaft, der Kontakt zum Freundeskreis, den Arbeitskolleginnen und -kollegen oder der Familie erfordert, auch in schlechten Zeiten da zu sein, wie man im Gegenzug auch erwartet, dass einem jemand zur Seite steht, wenn es einmal nicht so gut läuft. Nicht immer trifft das zu, aber in vielen Momenten kann man auf die Unterstützung des sozialen Umfelds hoffen und bauen.

Solange ein Mensch lebt, ergibt seine Wohnung, sein Büro, sein Atelier oder seine Werkstatt in der Regel einen Sinn. Auf irgendeine Weise hängen die Sachen mit dem Menschen zusammen, der sich mit ihnen umgibt. Der Schlüssel zu den unterschiedlichen Wohnformen ist die Persönlichkeit der Besitzerin oder des Besitzers. Wie traurig und verlassen wirken all die Gegenstände, wenn sie sich nicht mehr auf jemanden beziehen. Eine Kaffeekanne ist dann nur noch ein Objekt und nicht mehr die Kanne von Frau Müller, mit der sie Kaffee eingeschenkt hat, wenn man sie besuchen kam. Wenn der Mann, der jahrzehntelang in der Wohnung gegenüber gelebt hat, gestorben ist, wird die Lesebrille auf dem kleinen Tisch vor dem Sofa nie mehr jemand in die

Hand nehmen und damit die Zeitung durchschauen. Gleichzeitig erinnert der Gegenstand nach dem Tod wie all die anderen Sachen an einen geliebten Menschen, falls jemand kommt, der die Person gekannt hat und Beziehungen zwischen den Dingen herstellen kann. All die Kleider, die Vase mit dem kleinen Sprung oder das schöne Kissen erscheinen beliebig und sind für Außenstehende ohne Bezug. Eine Bekannte oder ein Bekannter erinnert sich vielleicht an die Bedeutung der gelben Stühle, die immer in der Küche gestanden haben. Das Haus oder die Wohnung aber sind erst einmal keine Heimat mehr, wenn niemand darin lebt. Eine nostalgische Sehnsucht kommt auf, wenn man sich all dies vor Augen führt. Wie gern möchte man die Zeit zurückdrehen und hebt zugleich die schönen Seiten hervor. Heimweh kann man auch nach geliebten Menschen haben und Nostalgie im Falle eines Todes empfinden.

IDYLLE UND WIRKLICHKEIT

DAS SCHÖNE BAYERN – EIN BESONDERES BEISPIEL

»Wenn Sie ein Neuling in Deutschland sind, der sich der überlegenen, fortschrittlich denkenden Weltsicht der neuen Berliner Elite noch nicht ganz angeschlossen hat, seien Sie gewarnt: Bei einem Besuch in München werden Sie sich möglicherweise von der dunklen Seite angezogen fühlen. Insofern, als München tatsächlich all diese bösen, massenkompatiblen Vorteile besitzt, vor denen Ihre Berliner Freunde Sie immer gewarnt haben, wie Jobs, saubere Parks und freundliche Verkäufer in den Geschäften. Es mag aussehen und sich anfühlen wie das Deutschland, das Sie immer zu finden gehofft hatten.«[1]

Geschrieben hat diesen Text der Blogger Wash Echte, ein US-Amerikaner, der seit einigen Jahren in Berlin lebt und sich nach Kräften bemüht, Deutschland kennenzulernen. So heißt es zumindest in der Biografie der Kunstfigur, die sich in ihrem Blog durchaus satirisch mit den Realitäten der Bundeshauptstadt und ihrem Drang auseinandersetzt, mindestens am Puls der Zeit oder »hipper« zu sein. Womit der Autor spielt – beziehungsweise die Autorinnen und Autoren hinter Wash Echte umgehen –, sind gern gehegte Vorurteile und Stereotype. Das »coole, stylische, innovative Berlin« trifft auf das »gemütliche, schöne, konservative München«. Jede Eigenschaft scheint die andere jeweils auszuschließen, im *Coolen* darf schließlich nichts *Gemütliches* vorkommen, und *Schönheit* ist keineswegs mit *Style* verbunden. Nun ist es nicht so, dass in Berlin niemand konservativ ist und in München nichts Innovatives angestoßen werden kann. In beiden Städten wird immer etwas von allem zu finden sein. Die Wahrnehmung richtet sich allerdings fast ausschließlich auf die bekannten Zuschreibungen. Diese gelten nun nicht pauschal, aber natürlich lässt sich mit Blick auf die Vergangenheit nachvollziehen, wie es dazu gekommen ist. Der Kulturwissenschaftler Rolf Lindner spricht hier von einem Habitus der Stadt, der mit der Zeit gewachsen ist, sich in Lebensstilen ausdrückt, manches ausschließt und anderes nahelegt.[2]

Um diese Unterschiede geht es auch in dem Blog. Was außerdem angesprochen wird, ist eine immer wieder gern bemühte Rivalität zwischen der Metropole im Norden und der Metropole im Süden der Republik. Gepflegt wird diese Feindschaft mit allerlei Spitzfindigkeiten und Sticheleien, die auf die Besonderheiten der beiden Städte abzielen.

»Arm, aber sexy«, so will sich Berlin mit seinen Clubs und alternativen Szenen selbst verstehen. Kulturelle Vielfalt ist ein weiteres Kennzeichen, obwohl der Prozentsatz von Menschen mit

Migrationshintergrund in der bayerischen Landeshauptstadt deutlich höher liegt. München steht heute in erster Linie für ökonomischen Erfolg und gibt sich dabei traditionsverbunden. BMW, der FC Bayern und das Oktoberfest sind weltweit bekannt. Aus Sicht der Bundeshauptstadt Berlin kann das nur Zurückgebliebenheit meinen. Aus Münchner Sicht steht das Bayerische für die Nähe zum Land und seiner Geschichte. Für das Image ist vor allem von Bedeutung, was im Zusammenhang mit einer Stadt oder einer Region vorstellbar ist und worüber gesprochen wird. Bilder und Projektionen sind mindestens so wichtig wie das Geschehen vor Ort. Was als typisch gilt, ist in der Regel eine überaus komplexe Mischung.

Wash Echte greift Klischees auf, indem er die Perspektive dreht, sie bestätigt und sich zugleich über Zuschreibungen und Eigenschaften hinwegsetzt. Ausgerechnet in der bayerischen Landeshauptstadt, in der vieles so unveränderbar erscheint, ist nun spätestens seit dem 19. Jahrhundert alles dafür getan worden, dass es bestimmte Bilder überhaupt gibt. Gerade am Beispiel der Heimat lässt sich beobachten, wie historische Entwicklungen und moderne Einflüsse ineinander übergehen. In diesem Zusammenhang werden Images geschaffen und haben damit zwar eine ganze Menge mit dem »Ethos der Region« zu tun, sind aber gar nicht so statisch, wie sie mitunter erscheinen.[3]

Der Freistaat am Fuße der Alpen ist gewissermaßen eine Ausnahme. So viel Heimat wie in Bayern – könnte man meinen – gibt es nicht überall. Und mehr Heimat ist eigentlich nicht vorstellbar. Die Menschen, die hier leben, sind oft tief verbunden mit der Gegend und tragen diese Verbundenheit auch besonders offen zur Schau. Bayern, das ist kein künstliches Gebilde, das in den 1960er und 1970er Jahren durch eine Gebietsreform, eine Teilung oder eine Fusion zustande gekommen ist. Bayern, das ist eine Nation, die man seit Jahrhunderten an der gleichen Stelle verorten kann. Böse Zungen behaupten freilich, dass in dieser Region nur diejenigen geblieben sind, die den Weg über die Alpen nicht geschafft haben. Selbst wenn es so wäre, haben sie sich einen wunderbaren Platz ausgesucht. Wälder, Berge und Seen bilden ein einmaliges Ensemble. Durch die Bewirtschaftung ist im Laufe der Zeit eine Landschaft mit charakteristischen Bauten, blühenden Wiesen und grasenden Kühen entstanden.

Bayern meint immer auch eine Fülle von Traditionen, Bräuchen und Symbolen, die mit der christlichen Prägung der Region zusammenhängen. Der Leonhardiritt in Bad Tölz beispielsweise ist eine jährlich am 6. November abgehaltene Wallfahrt zum Schutz der Nutztiere. Der Brauch hat Geschichte, lässt sich bis ins 19. Jahrhundert zurückverfolgen. Die mit Blumen geschmückten Tiere, die Teilnehmerinnen und Teilnehmer in ihren historischen Trachten, die Frauen etwa zeigen ihre prachtvollen Kleider aus schwarzer Halbseide mit Fuchspelzkragen, die eindrucksvolle Kulisse des Ortes, die bemalten Häuser, die Kapelle auf dem Berg und der katholische Hintergrund des Geschehens – all diese Elemente machen den Leonhardiritt zu einem besonderen Ereignis. Als Schaustück steht ein Spektakel wie dieses für Bayern und seine bilderreichen Traditionen.

In der Vergangenheit war es für die wesentlich von der Landwirtschaft geprägte Region um Tölz von geradezu existenzieller Bedeutung, dass es den Pferden und Rindern und damit auch den Familien gut ging. Heute leben in dieser Gegend immer noch sehr viele Menschen von der Landwirtschaft, im Zuge des Strukturwandels im ländlichen Raum haben die meisten diesen Hauptberuf jedoch aufgegeben und gehen in Voll- oder Teilzeit noch einer anderen Tätigkeit nach. In jeder Gesellschaft gibt es kulturelle Ausdrucksformen, die sich über einen längeren Zeitraum halten und besonders viel über Wertvorstellungen aussagen. Die Frauen und Männer, die einmal im Jahr an der Prozession teilnehmen, leben nicht mehr in der vorindustriellen Welt, aus der die Wallfahrt stammt. Den Alltag bestimmen inzwischen auch andere Fragen. Und doch ist es für die Gemeinschaft vor Ort und das Selbstverständnis der Menschen von zentraler Bedeutung, dass sie sich an dem Festtag beteiligen und so auf die eigene Tradition verweisen.

»WEISS-BLAUER HIMMEL, TRACHTEN, SCHUHPLATTLER UND BLASMUSIK: In keiner anderen Region Deutschlands gibt es ein derart typisiertes Bild der Menschen und ihrer Mentalität wie in Oberbayern. Woher rühren diese ›Bayernbilder‹ zwischen Selbstverständnis und Fremdwahrnehmung, die die halbe Welt verinnerlicht zu haben scheint?«,[4] fragt das *MUH-Magazin* für »Bayerische Aspekte« im Sommer 2013.
Über das Fundament dieses eindrucksvollen Kanons schreibt der Münchner Volkskundler Andreas Koll: »Das Land Oberbayern ist ein gesegnetes Land, gesegnet mit unbeschreiblicher Schönheit. Wer Idyllen sucht zum Verweilen, wird sie hier finden.«[5] In der Vergangenheit ist es außerdem gelungen, die Gegend und ihre Merkmale immer wieder in Szene zu setzen. Mit dem Tourismus und der damit verbundenen Vermarktung der Heimat wurden Orte und Landschaften immer wieder überschrieben und mit Bildern aufgeladen. Die gesamte Region steht als Sehnsuchtsort für Vorstellungen von einer »unverfälschten Kultur« inmitten der Natur, wie Koll erklärt.
Als Klischee ist auch der Bayer in Janker und Lederhose schon seit etwa 150 Jahren in Europa und den USA bekannt, inzwischen hat sich dieses Bild rund um den Globus verbreitet und seit dem 19. Jahrhundert auch niemals dramatisch verändert. Musikgruppen gingen schon in dieser Zeit in Amerika auf Tournee, staffierten sich entsprechend aus und stellten das *Bayerische* oder das *Tyrolerische*, in jedem Fall aber *das Alpenländische*

zur Schau. Diese »Darbietungen wurden nun weltweit zum Inbegriff für ›echte‹ bayerische Wesensart. Der Münchner Franz Reilhofer trat mit seinem Sänger- und Jodlerensemble ›The Tyroleans‹ jahrelang in den USA auf.«[6] Auch Auswanderer transportierten heimische Bräuche und Rituale – und dazu gehörten auch die Kleider – über den Ozean.

Historische Trachten und ihre Entwicklung lassen nachvollziehen, wie sich nicht nur die Stücke selbst, sondern vor allem auch die damit verknüpften Bedeutungen verändert haben. Jahrhunderte hindurch bestimmten soziale Schranken die Auswahl der Kleider. Die Verwendung von wertvollen Stoffen und auffallenden Farben war allein dem Adel und dem Klerus vorbehalten, die sich diesen Prunk auch leisten konnten. Ein Wandel setzte erst im Zuge von Aufklärung, Revolution und beginnender Industrialisierung ein, bestehende Ordnungen wurden aufgebrochen und Vorschriften gelockert. Aus diesem Grund gelangten viele Kleidungsstücke erst in der Zeit nach 1800 zu ihrer vollen Pracht. Abgeleitet von »Tragen«, stand der Begriff »Tracht« noch bis zur zweiten Hälfte des 18. Jahrhunderts für Kleidung im Allgemeinen, auch Frisuren, die Gesamtheit des Auftretens und die Gestik wurden unter diesem Ausdruck zusammengefasst. Im bairischen Sprachraum war das Wort jedoch gar nicht so gebräuchlich, man sprach eher vom »Gwand« oder »Gewand«.

Trachten haben sich je nach Region und sozialem Stand unterschiedlich entwickelt, die Ausgestaltung war in Bayern und Österreich eng mit kirchlichen Festen verknüpft. Die aufwändigs-

ten Stücke wurden ausschließlich an den hohen Feiertagen getragen. In diese Epoche fiel aber auch die Geburtsstunde einer modernen, industriell hergestellten Garderobe. Die alten und aufwändigen Trachten waren bald im Verschwinden begriffen. Gleichzeitig geriet die gesamte Gesellschaft in Bewegung. Ganz im Sinne der Romantik fingen nun die ersten Volkskundler, interessierte Bürger, Theologen und Lehrer, an, diese Dinge zu dokumentieren, zu sammeln und zu bewahren. Die bayerischen Könige und österreichischen Kaiser erkannten ihrerseits das politische Potenzial von »Volkskultur«. Unterdessen gewann mit dem aufkommenden Fremdenverkehr alles an Bedeutung, was sich zeigen ließ. Tracht wurde in erster Linie auf das Land bezogen und dort als Gegensatz zur vermeintlich urbanen Mode festgeschrieben. Für viele Bürgerinnen und Bürger war mit dieser Welt das Bild eines »schönen Lebens« verbunden, das idealerweise auch immer gleich blieb und sich niemals veränderte. Bei all der Liebe zur Heimat und anderen Inhalten war mit der Tracht aber einfach die Kleidung gemeint.[7]
Eine Landschaft, die vielfach gemalt und abgebildet worden ist und selbst einem Gemälde gleicht, prachtvolle Kleider und katholische Bräuche bilden ein Setting, das seinesgleichen sucht. In dieser Welt haben über Jahrhunderte die Wittelsbacher regiert, als Könige haben sie sich mit Bauten wie Schloss Neuschwanstein verewigt und neben der Kunst immer auch die Traditionen und Eigenheiten der Region gefördert. Dasselbe lässt sich auch für Österreich sagen, die Kaiser und Herzöge bemühten sich auf der anderen Seite der Alpen ebenfalls um Land und Leute. Entstanden sind viele der schillernden Auf- und Umzüge freilich erst in dem Moment, als im 19. Jahrhundert erstmals der Blick von außen auf Tänze und Trachten fiel und sie damit an Wert gewannen.

Krisen, Kriege und Konflikte prägen die Nachrichten in vielen Teilen der Erde, von ökonomischen Problemen wird berichtet, von klimatischen Extremen und bevorstehenden Katastrophen. Auch in Deutschland und in Europa war die Stimmung in den 2000er Jahren oft gedrückt, Meldungen über die Finanzkrise, hohe Arbeitslosenzahlen und stagnierende Märkte dominierten die Medien. Anders in Bayern, selbst in schlechten Zeiten gilt der Freistaat heute als gelobtes Land. Das war nicht immer so, aber seit den 1950er Jahren befindet sich die Region im Aufwind. Erfolg lautet die Devise, bayerische Kurse stimmen zuversichtlich, und das größte deutsche Bundesland erzielt Bestnoten in vielen Bereichen.

Lohnende Investition in Bier und Hendl

In Vergleichen und Wettbewerben jedweder Art halten sich Bayern und München in der Tat meistens vorn, ein Superlativ reiht sich an den nächsten, kapitalträchtig ausbalanciert zwischen Tradition und Innovation. Laptop funktioniert heute mit und vor allem in Lederhosen. Sogenannte weiche Standortfaktoren lassen Geschäfte quasi im Vorbeigehen abwickeln. Bei einem gemeinsamen Biergartenbesuch wird man sich rasch handelseinig, ein Frühschoppen mit Weißwurst und Brezen erleichtert die Ansiedlungspolitik. Als erfolgreiche Strategie gilt nicht zuletzt ein Besuch auf dem größten Volksfest der Welt. Die Zelte sind auch deshalb andauernd wegen Überfüllung geschlossen, weil jede Firma und jede Institution, die etwas auf sich hält, heute auf die Wiesn lädt. Ein positiver Abschluss der Verhandlungen ist bei dieser lohnenswerten Investition in Bier und Hendl fast sicher.

Zum einen gibt es Bilder vom schönen Bayern, Landschaften oder kulturelle Formen wie Wirtshäuser oder Trachten, wie sie in dieser Intensität kaum in einer anderen Region zu finden sind. Zum anderen geht es dem Freistaat und seiner Landeshauptstadt im bundesdeutschen und sogar im weltweiten Vergleich seit Jahrzehnten wirtschaftlich mit am besten. Gleichzeitig sind die Zu-

zugsraten in Bayern und München besonders hoch: Aus dem Umland, aus anderen Bundesländern und aus anderen Nationen kommen Menschen, um hier zu arbeiten, eine Ausbildung zu machen oder zu studieren. Die kulturellen Besonderheiten sind ein Anknüpfungspunkt, der vielen den Zugang zu ihrer neuen Heimat erleichtert. Und das gilt nicht nur in München oder in

Bayern, sondern überall auf der Welt. Gemeinsam mit Kolleginnen und Kollegen, den Nachbarinnen und Nachbarn oder Bekannten lässt sich erstmals ein typisches Gericht probieren, ein alteingesessenes Lokal besuchen oder etwas über die Geschichte eines Ortes erfahren. Somit beschäftigen sich die »Zugroasten«, also die Zugezogenen, aber meistens viel eingehender mit ihrer neuen Heimat als diejenigen, die von dieser Heimat ohnehin schon Besitz ergriffen haben.

In Bayern sind Begriffe wie »Landschaft« und »Tradition« in einer Weise politisch aufgeladen und eingesetzt worden wie sonst wohl nirgendwo in Deutschland. Seit die Wittelsbacher 1806 die Königswürde erhalten hatten, wurde die Idee der Nation derart dicht mit der Region und ihren Eigenheiten verstrickt, dass quasi alles auch politisch zu verstehen war. Diese Entwicklung setzte sich in den folgenden zweihundert Jahren fort und blieb in den verschiedenen politischen Systemen von der Ära der Räterepublik über das Dritte Reich bis in die Zeit des Freistaats bestehen. Seit den 1970er Jahren machte sich die Bayerische Landesregierung beziehungsweise die mit einer absoluten Mehrheit ausgestattete Regierungspartei diese Verbindung gewissermaßen zu eigen.

»Heimat ist ein Filmgenre, das in den fünfziger Jahren erfunden wurde. Und der größte Heimatfilm heißt Bayern.«

»Heimat ist ein Filmgenre, das in den fünfziger Jahren erfunden wurde. Und der größte Heimatfilm heißt Bayern. Er wird als Endlosserie ständig fortgesetzt von der CSU, wenn Edmund Stoiber sich als Förster vom Silberwald verkleidet und den Laptop unter der Lederhose verschwinden lässt«,[8] befand die *Süddeutsche Zeitung* noch im Jahr 2004. Diese Verknüpfung, so der Tenor in Bayern, hatte schon immer Bestand und lag geradezu in der Natur der Sache. In diesem Zusammenhang prägte der Journalist Herbert Riehl-Heyse die Rede von der »Partei, die das schöne Bayern erfunden hat«.[9] Heute ist diese ausschließliche Verquickung von Bayernbildern und der Politik einer Couleur nicht mehr in dieser starren Form gegeben. Im Landtagswahlkampf 2013 war auch eine Kandidatin der SPD auf ihrem Wahlplakat in einer historischen Tracht abgebildet. Sabine Nallinger, die für die Grünen bei der Wahl um das Amt der Oberbürgermeisterin in München antritt, lässt sich immer wieder im afrikanisch-bayerischen Noh-Nee-Dirndl sehen, und die langjährige Grünen-Chefin Claudia Roth kommt zum Anstich auf dem Oktoberfest ebenfalls im entsprechenden Kleid.

Das Ende der Einheitsformel »CSU = Tracht« wurde spätestens dann eingeläutet, als vor einigen Jahren von der bayerischen Staatsregierung beschlossen werden sollte, dass die Trachtenvereine künftig weniger Geld erhalten. Die Funktionärinnen und Funktionäre liefen Sturm, vom Niedergang der bayerischen Kultur war die Rede. Im September 2013 gaben sich schließlich Mitglieder aller Parteien volksnah und heimatverbunden in moderner Tracht. Schon die ersten Hochrechnungen bei der Landtagswahl verkündeten jedoch, dass die CSU in Bayern wieder die absolute Mehrheit zurückerobert hat.

Heimatverbunden in moderner Tracht

Gleichzeitig gilt die Tugend der *Liberalitas* in diesem Land als wesentlicher Bestandteil der kulturellen Identität. Gemeint ist damit eine Gesinnung zwischen Freiheit und Freigebigkeit, eine Großzügigkeit sich selbst und anderen gegenüber. »A Hund is er scho!«, lautet ein gängiger Ausspruch, der all denen anerkennend zugesprochen wird, die sich mit etwas durchsetzen, das nicht unbedingt auf gängige Weise zu erreichen ist, sondern einer gewissen »Schlitzohrigkeit« bedarf. Die bayerische Geschichte ist reich an Volkshelden und Rebellen, an Eigensinn und Aufbegehren.

Diese Widerständigkeit wird als Besonderheit aber schon seit Jahrhunderten kultiviert. Der Schmied von Kochel etwa hat es zu Beginn des 18. Jahrhunderts mit den österreichischen Besatzern aufgenommen und, so die Sage, den Aufstand der bayerischen Bauern angeführt, bevor er am Sendlinger Berg in München hinterrücks erschossen wurde. Obwohl es den Mann historisch nie gegeben hat, ist die Figur ein wichtiges Symbol des Aufbegehrens. Und die Bezeichnung »Freistaat« geht auf die Zeit der Revolution zurück, der erste bayerische Ministerpräsident Kurt Eisner hat am 8. November 1918 die Republik ausgerufen und damit das Ende der Monarchie besiegelt.

Dabei ist keineswegs vorherzusehen, wem die Gunst zufällt. Die bayerische Bevölkerung verhält sich da durchaus ambivalent. Nachdem Eisner ermordet worden war, wurde er betrauert, schon bald aber wurden die rechten Kreise, in denen der Mörder verkehrte, zur umjubelten Macht im Staat. Verehrt wurden und werden Könige, Führer und Regenten, aber auch deren Kontrahenten. Eine ganz besondere Rolle spielen beinahe anarchische Gestalten wie der Räuber Kneißl oder der Wildschütz Jennerwein. Bei aller Verbundenheit zu den gegenwärtigen Landesherren, noch »heute wird er gepriesen und besungen, der bayerische Hiasl, ein Wilderer, der die Obrigkeit offen herausforderte, wofür das Volk ihn sehr liebte. 250 Jahre später ist die CSU-Politikerin Gabriele Pauli auf der Pirsch und zieht gegen den Regenten Edmund Stoiber zu Felde«,[10] kommentierte Gaby Wuttke vor einigen Jahren in »Deutschlandradio Kultur«.

Mit dieser Einführung leitete die Journalistin über zu einem Interview mit Christoph Well von der »Biermösl Blosn«. Wenngleich die konservative Landesregierung und ihre Vertreterinnen und Vertreter außerhalb Bayerns für politische Sonderwege und eigenwillige Forderungen bekannt sind, ist der Freigeist doch vor allem ein Charakteristikum der Dissidenten im eigenen Land. Schon um 1900 übten die Zeichner und Autoren der Satirezeitschrift *Simplicissimus* gewitzte Kritik an den herrschenden Zuständen, mitunter drohte sogar eine Gefängnisstrafe, und bis heute fungieren Kunst- und Kulturschaffende wie Reporter oder Kabarettisten in Bayern als eine Art außerparlamentarische Opposition, machen Probleme öffentlich oder stoßen Diskussionen an. Als Experten auf diesem Gebiet sind auch Christoph Well und seine Brüder überregional gefragt, wenn es um Irrungen und Wirrungen im Freistaat und den aktuellsten bayerischen Politskandal geht.

»Biermösl Blosn«

In einer Reihe mit historischen, oftmals verklärten Protagonisten schelmischer List und Streitbarkeit werden die Musiker von der »Biermösl Blosn« nach Jahrzehnten als institutionalisierte Gegenstimme verstanden. Begonnen haben sie mit Volksmusik, von den »Mehlprimeln« aus dem bayerisch-schwäbischen Raum haben sie gelernt, eine kritische Haltung mit dem Spielen zu verknüpfen. Die »Mehlprimeln« selbst demonstrierten in den 1970er Jahren gegen den Bau eines Atomkraftwerks in Pfaffenhofen im Landkreis Augsburg. Die »Biermösl Blosn« trat einige Jahre später im Protestlager gegen die atomare Wiederaufbereitungsanlage in Wackersdorf auf.

Eng verbunden sind die Brüder auch mit dem bekanntesten bayerischen Kabarettisten Gerhard Polt, der in seinen Programmen auf unvergleichliche Weise das Dasein karikiert. Daneben gibt es mit dem Bluessänger Willy Michl in Bayern sogar einen Isar-Indianer. Das Netzwerk speist sich heute auch aus den Reihen der Kunst- und Kulturschaffenden jüngerer Generationen. Weil diese Szene von außen so gar nicht mit den Bildern des »sehr gleichen und dabei sehr glatten Freistaats« übereinstimmen will, wird diese Facette aber von außen nicht unbedingt wahrgenommen.

Mit der »Biermösl Blosn« hat sich die älteste bayerische »Boygroup« inzwischen aufgelöst. Bezeichnenderweise wurde das endgültige Aus gerade dann bekannt gegeben, als der liebste Gegner endlich niedergerungen schien. 2009 hatte die CSU die absolute Mehrheit erstmals seit Jahrzehnten verloren, 2013 war sie wieder da. Inzwischen wurde sogar ein Heimatministerium in Franken eingerichtet. Die Frage drängt sich da gewissermaßen auf, ob sich die Wells nicht zumindest des gemeinsamen Feindes wegen wieder zusammentun und mit anderen Karikaturistinnen und Karikaturisten, Schauspielerinnen und Schauspielern, Künstlerinnen und Künstlern wieder eine weithin zu vernehmende außerparlamentarische Opposition bilden wollen.

DIRNDL UND LEDERHOSEN – IM HEIMATKOSTÜM

»Außergewöhnliche Anlässe erfordern außergewöhnliche Kleider – und das gilt auch oder gerade für das Münchner Oktoberfest.«[11] Seit 1810 wird in der bayerischen Landeshauptstadt gefeiert, innerhalb von nur zwei Wochen lockt das Spektakel jährlich rund sechs Millionen Besucher auf die Theresienwiese. Heute beginnt das größte Volksfest der Welt allerdings im September, weil zu dieser Zeit noch mit besserem Wetter und nicht mit plötzlichen Wintereinbrüchen zu rechnen ist.

Die Wiesn ist in den letzten Jahren populär wie nie zuvor. Das Fest erreicht mittlerweile einen Umsatz von einer Milliarde

Euro, von Übernachtungen über die Anzahl der verspeisten Hendl bis hin zum Verkauf von Dirndl und Lederhosen ist in dieser gigantischen Summe alles mit eingerechnet. Gäste aus nah und fern reisen an, um einmal dabei zu sein und in einem der Zelte ausgelassen zu feiern.

Wenn der Rummel begonnen hat, befindet sich die Stadt vierzehn Tage lang in einem Rausch. Der Duft von gegrillten Brathendln und gerösteten Mandeln liegt in der Luft, München ertrinkt im Bier, und alles dreht sich, leuchtet und blinkt. Für manch einen mag so viel Stimmung bald zu viel sein. Ein Besucher aus dem Ausland erkundigte sich vor einigen Jahren nahe der Theresienwiese nach dem Weg. In der Hand hielt er einen Schlüssel, den Namen des dazugehörigen Hotels wusste er aber nicht. Menschen, die am helllichten Nachmittag nicht nur sprichwörtlich grün im Gesicht werden, gibt es in der Zahl auch nur zur Oktoberfestzeit. Das Fest mag beflügeln und verschweigt auch die Schattenseiten des Daseins nicht.

Bereits im Juli beginnen Handwerker die Kulissen für das Spektakel auf der Festwiese zu errichten, in Monaten harter Arbeit entstehen riesige Zelte und Biergärten im alpenländischen Dekor. Achterbahnbesitzer setzen ihre Ungetüme aus Stahlkurven und flirrenden Schriftzügen zusammen, Imbissverkäufer staffieren ihre Brotzeitbuden mit weiß-blauen Wimpeln aus. »O'zapft is!«, ruft der Oberbürgermeister im Bierzelt der Familie Schottenhamel nach dem Anzapfen des ersten Fasses. Das größte Volksfest der Welt ist damit eröffnet. »Auf eine friedliche Wiesn!«, hat Christian Ude in den 26 Jahren seiner Amtszeit noch hinzugefügt. Nach diesem Startschuss wird zwei Wochen lang gefeiert und getrunken, gebusselt und geschunkelt. Mitten im Trubel werden wichtige Geschäftsabschlüsse getätigt, die Reservierungsschilder dokumentieren genau, wer da bei Bier und Brezen miteinander »anbandelt«. Ob nun kurzfristig oder auf lange Zeit gesehen, nicht nur Unternehmen sollen auf der Wiesn schon erfolgreich fusioniert haben. So manches Paar hat sich in den vergangenen beiden Jahrhunderten »Im Himmel der Bayern« oder in einem anderen Zelt gefunden.

ETWA UM DAS JAHR 2000 war nun zunächst in München, bald in ganz Bayern und ein Jahrzehnt später noch weit darüber hinaus ein besonderes Phänomen zu beobachten. Das vor allem im Ausland verbreitete Stereotyp des Bayern in Tracht gewann eine ganz neue Realität, als die Menschen in Stadt und Region nun tatsächlich damit begannen, sich auf diese Weise zu kleiden. Damit sind nicht die historischen Trachten gemeint, die meist von Vereinen präsentiert werden, sondern in erster Linie Dirndl und Lederhosen. Dieses Trachtenpaar ist heute nicht mehr wegzudenken, überall trifft man ganz selbstverständlich auf die Kombination. Auf Postkarten und in Werbeanzeigen wird das Bild immer wieder aufgegriffen. Ob es nun um ein Sonnenstudio geht oder den Verkauf von Immobilien, um einen Kredit bei der Bank oder ein besonderes Bier, mit Lebkuchenherzen, Dirndl und Lederhosen kann heute alles beworben werden. Absolut niemand hätte noch in den 1990er Jahren vermutet, dass Trachten einmal mit der Bezeichnung »cool« in Verbindung gebracht werden. Im Blickpunkt der Weltöffentlichkeit werden Dirndl und Lederhosen nun aber in allen Farben und Formen zur Schau gestellt, eine folkloristische Formel von Land und Leuten scheint sich in gewisser Weise selbst zu reproduzieren. Menschen jeden Alters und aller sozialen Milieus kleiden sich während des Oktoberfests bayerisch, was darunter genau zu verstehen ist, wird immer wieder ausgehandelt und in den Medien vielstimmig diskutiert. Der Herbst ist gewissermaßen zur Trachtenjahreszeit geworden, wenn man das Angebot von Veranstaltungen und Sonderverkäufen im September betrachtet. Ob nun aber »Barbie-

Dirndl, Hirschhornknöpfe oder Ranzengürtel. Kurz vor Beginn der Wiesn boomt der Trachtenmodenmarkt wie nie: Angebote gibt es vom Billig-[Outfit] … für 59 Euro bis zum Dreitausender-Set«,[12] und nicht nur die Händler sind in den letzten Jahren angestrengt bemüht, auch innerhalb ihres inzwischen wahrlich enormen Sortiments auf immer neue Trends zu setzen. Das Tragen von Dirndl und Lederhosen ist inzwischen ein Massenphänomen, es gibt keine Gruppe oder Gemeinschaft, auf die sich dieser Kleidungsstil beschränken lässt. »Aufgebrezelt« geht's zum Oktoberfest.

Aus der Gegenwart heraus lässt sich dieses Phänomen nicht allein erklären. Ein Blick in die Geschichte macht deutlich, wie die modernen Trachten entstanden sind und worauf die heutige Begeisterung gründet. Die Bedeutungen, mit denen in den 2000er Jahren gespielt wird und die die Dirndl und Lederhosen von alltäglichen Kleidungsstücken unterscheiden, sind in der Regel schon in der Vergangenheit angelegt. Bayern wurde im Jahr 1806 von Kaiser Napoleon zum Königreich ernannt. Besonders in der ersten Hälfte des 19. Jahrhunderts galt es daher für König Max I. Joseph und seine Minister, die neu hinzugewonnenen Landesteile Schwaben, Franken und die Pfalz mit den alteingesessenen Besitztümern in Altbayern zu einen. Die Wittelsbacher setzten deshalb etwas in Gang, was man heute als »Nation-Building-Prozess« bezeichnen würde.[13] Das heißt, die Könige bemühten sich, die Bevölkerung auf eine gemeinsame Nation einzuschwören. München sollte die leuchtende Hauptstadt Bayerns werden, das unangefochtene Zentrum von Kunst und Kultur. Die Regenten suchten also ein bayerisches Gemeinschafts- und Zugehörigkeitsgefühl zu erzeugen. Um dieses Ziel zu erreichen, bedurfte es nun Zeichen, die alle gleichermaßen verstehen.

Am besten lassen sich derartige Bilder über eine Inszenierung vermitteln. Bald bot sich die entsprechende Gelegenheit. Am

12. Oktober des Jahres 1810 heiratete Kronprinz Ludwig seine junge Braut Therese von Sachsen-Hildburghausen in München. Der Unteroffizier Franz Baumgartner schlug daraufhin vor, ein Pferderennen zu Ehren des Brautpaars durchzuführen. Die Idee wurde gutgeheißen, und das Pferderennen fand im Beisein der königlichen Familie vor den Toren Münchens statt. Baumgartner selbst ging als Sieger aus dem Wettbewerb hervor.

Schon damals kamen einige zehntausend Menschen, um das Rennen und die königliche Familie zu sehen. Zur Hochzeit organisierte Felix Joseph von Lipowsky, Archivar der Ständeversammlung, den Auftritt von 32 Münchner Kindern, die nach den acht bayerischen Kreisen gekleidet waren, die es zu dieser Zeit gab. Auch eine Altwittelsbacher Tracht wurde aus diesem Anlass geschaffen. Vor den Augen der Bevölkerung huldigten die Kinder dem Prinzen und seiner Gemahlin und brachten Geschenke dar. Die Volkskundlerin Gerda Möhler sieht in dieser Trachtenvorführung symbolisch das bayerische Herrschaftsgebiet mit den hinzugekommenen Bezirken verbunden.[14]

Im Jahr 1811 wurde das Fest wiederholt und begann mit den Jahren zu wachsen. Ein wichtiger Bestandteil war die Landwirtschaftsausstellung, die Menschen von nah und fern nach München führte. Der König ließ sogar Eisenbahnbillets ausgeben, damit die Bevölkerung des Freistaats in die Haupt- und Residenzstadt reisen konnten. Anfangs mussten die Leute ihre Brotzeit freilich noch selbst mitbringen und konnten in kleinen Holzbuden ihr Bier bestellen. Sackhüpfen und Baumklettern waren neben dem Pferderennen die größten Attraktionen. Schon bald begann sich auch das Unterhaltungsangebot auszuweiten, es gab Losbuden und erste Schausteller, und mit der Zeit wurde das Fest immer größer.

Was haben die Besucherinnen und Besucher nun zu diesem Anlass getragen? Aufgrund des Landwirtschaftsfests, das heute noch

Bestandteil des Oktoberfests ist, reisten viele aus dem Umland und der Region zu dem Ereignis in die Stadt. Aus diesem Grund sind auf Gemälden und Aquarellen auch viele Menschen mit historischen Trachten zu sehen. Natürlich ist es schon damals so gewesen, dass vermögende Familien ihr Kapital auch in Gestalt ihrer Ausstattung zur Schau stellten. Und andere sind eben in den Kleidern zum Fest gekommen, die sie besaßen. Immer haben sich jedoch Menschen aus unterschiedlichen sozialen Milieus und Schichten auf der Theresienwiese getroffen. Das gilt nicht nur für die Gäste vom Land, sondern auch für die Bevölkerung Münchens. Angehörige der bayerischen Armee zeigten sich in Uniform, während die Damen der städtischen Gesellschaft nach der Mode gekleidet waren. Angesagt war zu Beginn des 19. Jahrhunderts beispielsweise der französische Empirestil, entsprechend war auch das Hochzeitskleid von Prinzessin Therese gestaltet. Daneben waren Frauen mit bunten Spenzern, schwarzen Schnürmiedern und silbernen Ketten auf der Festwiese zugegen, sie trugen die Münchner Bürgerinnentracht.

Die Entdeckung des Dirndls

Historische Trachten sind zumeist sehr aufwändig gearbeitet und bestehen aus mehreren Teilen wie Korsagen, Miedern und Röcken bei den Damen oder typischen Stiefeln, Jacken, Hosen und Westen bei den Herren. Während die historischen Trachten ihre Funktion mit der Industrialisierung langsam verloren, wurden die bayerischen, schweizerischen und österreichischen Alpen zum Ziel für den Tourismus auserkoren. Feriengäste aus England und aus Preußen kamen in die Region und bewunderten dort das allzu pittoreske Leben auf dem Land. Die Besucher kleideten sich wie die Bevölkerung in Leder und Loden, um die Gipfel der Berge zu erklimmen. Immer mehr Menschen reisten in den Sommermonaten aus den Städten an die Seen in den bayerischen und österreichischen Fremdenverkehrsregionen. In diesem Zusammenhang wurde das Dirndl »entdeckt« und entsprechend aufbereitet.

»Seit der Mitte des 19. Jahrhunderts hat sich im Salzkammergut ein Kleidungsstil entwickelt, der in Anlehnung an das bäuerliche Arbeitskleid von aristokratisch-bürgerlichen Kreisen kreiert und kultiviert wurde«,[15] fasst die österreichische Volkskundlerin Gexi Tostmann zusammen. Das Kleid ist eigentlich das Untergewand der Mädchen oder Mägde, die im Dialekt auch »Dirndl« genannt werden, im bairischen Sprachraum redet man deshalb vom »Dirndlg'wand«. Wie Gexi Tostmann erklärt, muss es nun eine findige Schneiderin gegeben haben, die diesen Schnitt in ein Sommerkleid verwandelt hat. Aus einem alltäglichen Gebrauchsgegenstand wurde das Dirndl, ein Modell mit anliegendem Miederoberteil und angereihtem Rock aus Baumwollstoff mit Blümchenmuster. Das Dirndl hatte sich also von einem einfachen Unterrock zu einem Kleid gewandelt, das wohlhabende Damen in der Sommerfrische trugen. Bis ins 20. Jahrhundert hinein galt das Dirndl als Urlaubskleid und hatte mit dem Oktoberfest überhaupt nichts zu tun. In den 1920er und 1930er Jahren holten es schließlich zwei Brüder, Julius und Moritz Wallach, in die Stadt und verhalfen ihm damit auch in München zum Erfolg.

»Dirndlg'wand«

Was heute als Tracht verstanden wird, sind in erster Linie Dirndl und Lederhosen. Historische Trachten werden fast ausschließlich von Vereinen getragen. Anders als das Dirndl taucht die Lederhose gleichzeitig als traditionelle Bekleidung und als modernes Trachtenstück auf. Seit Jahrhunderten haben die Männer in den alpinen Bergregionen, vor allem Bauern, Jäger und Schäfer, der

Witterung mit robusten Materialien wie Leder und Loden getrotzt. Der Schnitt der Lederhose ist im 18. Jahrhundert wahrscheinlich vom Schnitt der Kniebundhose am französischen Hof übernommen worden. Daher stammt auch die Schnürung an den Beinen. Um der Beanspruchung durch die harte Arbeit gerecht zu werden, wurde die Seide allerdings durch Leder ersetzt. Die bayerischen Könige haben diese Kleidungsstücke wie die österreichischen Kaiser geadelt, indem sie Leder und Loden von ihren Gefährten bei der Jagd übernommen und auch selbst getragen haben. In Adelskreisen wurde der Stil ebenfalls kopiert und im Lauf des 19. Jahrhunderts ebenso von den zusehends an Einfluss gewinnenden Bürgerinnen und Bürgern übernommen. Mit der Industrialisierung drohten auch diese Kleidungsstücke zu verschwinden. Aus politischen Gründen bemühten sich insbesondere die Regenten, die Traditionen des Landes zu bewahren und den Erhalt der historischen Trachten zu sichern. Doch auch die Bürger fanden immer mehr Geschmack an volkskundlichen Erhebungen. Um die kurze Lederhose zu erhalten, gründete Josef Vogel, ein Lehrer aus Bayerisch Zell, im Jahr 1883 den ersten Trachtenverein. Ihre heute bekannte Gestalt mit aufwändigen Stickereien erhielt die Hose aber auch erst in dem Moment, in dem es nicht mehr um die Arbeit ging. Die prächtige Auszier wäre sonst bald aufgerieben. Auf dem Oktoberfest waren durch den Besuch der Bauern und ihrer Knechte vermutlich immer Lederhosen zugegen.

Im Lauf der Jahrzehnte sind wiederholt Besucherinnen und Besucher in historischen Trachten und seit der Jahrhundertwende auch in Dirndl und Lederhosen auf Aquarellen, Gemälden und Fotografien vom Oktoberfest zu sehen, allerdings gab es lange Zeit keinen Hinweis auf irgendeine Form der Wiesntracht. In den 1950er Jahren gingen die Leute im Anzug oder im Kostüm auf die Theresienwiese.

Erst in den 1960er Jahren wurden Dirndl deutschlandweit zu einem beliebten Kleidungsstück. München warb zu dieser Zeit mit Hostessen in Dirndl für die XX. Olympischen Sommerspiele. Das Dirndl wurde zum eigentlichen Emblem der »Weltstadt mit Herz«. 1972 repräsentierten rund 1500 Damen in kurzen hellblauen Dirndl die Olympiastadt München und die junge Bundesrepublik vor den Augen der Welt, die bekannteste Hostess war Silvia, die spätere Königin von Schweden.
»In diesem Jahr gibt es einen Dirndl-Sommer, wie man ihn bisher wohl noch kaum erlebt hat. Von der Isar bis zur Elbe tragen Frauen die charmanteste, weiblichste und fröhlichste Mode, die das Olympia-Jahr zu bieten hat«,[16] verkündete die *Neue Post.* In dieser Situation erschien eine der ersten Anzeigen, in der explizit von einem Oktoberfestdirndl die Rede war. 1968 warb die Firma Loden Frey für ein Wiesn-Modell, daneben waren vor allem Lodenkostüme in Mode.[17]
Die Welt blickte auf München, Bayern und die gesamte Nation, das Regionale wurde zum positiven Aushängeschild für den demokratischen Staat, der sich von der braunen Vergangenheit abgrenzen wollte. Dabei hatte sich nur wenige Jahre zuvor auch das Dritte Reich mit den gleichen Bildern in Szene gesetzt. Der Bauer, seine Frau und Kinder galten als ideale Familie und entsprachen der Vorstellung von Blut und Boden. Dazu passten Trachten und Bräuche wie etwa das Maibaumaufstellen, das an vielen Orten erst in den 1930er Jahren eingeführt worden ist.
Das Bayerische wurde in den 1960er Jahren zum festen Bestandteil einer internationalen Folklore. Im Rahmen der Spiele kamen auf dem modernen Olympiagelände mit seinen geschwungenen Linien und den leuchtenden Regenbogenfarben immer wieder Trachtenvereine oder Blaskapellen in Tracht zum Einsatz. Auch viele andere Veranstaltungen thematisierten neben der Weltoffenheit und der Kunstsinnigkeit die traditionellen Elemente der

bayerischen Kultur. Das war es auch, was die Zuschauer an ihren Fernsehgeräten sehen wollten und was München 1972 bei aller Modernität wesentlich kennzeichnete.
Die Macher der Spiele hatten das Bayerische gewissermaßen neu erfunden, und dieses positive Bild stand nicht nur für eine Gegend, sondern auch für die Bundesrepublik. In der Außenansicht gingen die Vorstellungen fließend ineinander über. Seit den ausgehenden 1960er Jahren wurden Trachten immer wieder auf dem Oktoberfest getragen. In regelmäßigen Abständen gab es eine Welle der Trachtenbegeisterung. Mitte der 1980er sollte sie einen erneuten Höhepunkt erfahren, was der bayerische Kabarettist Gerhard Polt gewohnt launig parodierte. »Der Mann mit dem Antilopentrachtenlederkostüm war perfekt. Er war total charivarisiert. Er nickte ständig mit hochrotem Kopf. Um diese Zeit kommt so ein Teint aus Ibiza oder Formentera. Anschließend geht er sofort aufs Oktoberfest, weil, er ist ein Traditionalist. Seine Begleiterin ist eine flachsblonde Person, sie hat sich ihr Dirndl in New York anfertigen lassen, bei Sepp's im Hirschhorncenter … Alle Leute im Original-Bierzelt sind jetzt zünftig und erzählen sich, was ihre Antilopentrachtenlederkostüme gekostet haben.«[18]

Phänomen Wiesntracht

Um das Jahr 2000 beginnen ausgerechnet junge Leute im Secondhandladen gebrauchte Trachtenstücke zu kaufen. Es scheint ihnen ganz einfach Spaß zu machen, zwanglos ein Dirndl aus den 1960er oder 1970er Jahren mit den eigenen Turnschuhen, der Jeansjacke und anderem zu kombinieren. Das Gleiche gilt natürlich auch für Lodenjanker und Lederhosen. Ein solch spielerischer Umgang mit diesen Kleidungsstücken ist vielleicht erst in dieser Generation möglich, da die Gruppe der um die Zwanzigjährigen sich zu Beginn des 21. Jahrhunderts nicht mehr in der Form von den Eltern abgrenzen muss wie diese Generation noch dreißig Jahre zuvor. Immer mehr Menschen folgen nun dem Trend mit der Tracht, kramen das Dirndl von der Oma oder die Lederhose vom Vater aus dem Schrank und ziehen sich diese Kleider anlässlich des Oktoberfests an.

Unternehmen beginnen zunächst erste Serien zu produzieren, einfache Baumwollkleider in bunten Farben. Während in den ersten Jahren vor allem preiswerte Angebote überwiegen, hat die Münchner Designerin Lola Paltinger mit ihrem Label »Lollipop & Alpenrock« gleichzeitig angefangen, Couture-Dirndl zu entwerfen. Damit ist die Bandbreite vorgegeben, in der moderne Trachten heute entstehen. Gab es anfangs noch kaum Accessoires, wird man mittlerweile mit einer Flut von Dingen überschwemmt, die angeblich zum passenden Outfit gehören. Die Labels heißen »Alpenglück« und »Habedieehre«, es gibt Anstecknadeln, Hüte, Taschen, Strümpfe und Blusen in allen erdenklichen Varianten. Von einem Trend hat sich das »Phänomen Wiesntracht« in den Jahren 2004 bis 2006 zu einem richtigen Hype entwickelt und ist schließlich zum Standard in den Kleiderschränken geworden. Dank der Dauerberichterstattung verstärkt sich der Trend zur Tracht noch mehr als zehn Jahre nach dem ersten Auftauchen, und ein Ende ist nicht in Sicht. Als Lifestyle-Produkt gibt es inzwischen knielange Badeshorts mit Lederhosen-Print. Die Hosen werden auch in Skate-Shops verkauft und sind an den bayerischen Seen auffallend häufig im Einsatz. Funktionsbekleidung zum Mountainbiken gibt es ebenfalls im Trachtenlook. Sogar von Trachten für Pferde und Hunde wurde in den letzten Jahren berichtet.

Warum aber stehen Dirndl, Lederhosen und andere Traditionen zu Beginn des 21. Jahrhunderts so hoch im Kurs? In der Gegenwart besitzen die meisten Menschen, die in München oder Bayern leben, zumindest ein Trachtenstück. Selbst das Münchner Tourismusamt warb im Jubiläumsjahr 2010 mit Dirndl und Lederhosen auf dem offiziellen Wiesnplakat. Vor einem knall-

grünen Hintergrund zeichnen sich die Schnitte der Kleider ab, wie man es von Papierpuppen kennt, ein schönes Bild dafür, dass alle, die wollen, auch teilhaben können. Und darauf basiert auch die wesentliche Qualität der modernen Trachten. Der Schnitt der Dirndl und Lederhosen ist prinzipiell immer der gleiche. Das Kleid besteht wie gesagt aus einem eng anliegenden Miederoberteil mit angereihtem Rock, dazu gehören, wenn überhaupt, eine Schürze und eine kurze Bluse. Und auch die Hose verändert sich grundsätzlich nicht, ob mit oder ohne Riemen und Gurt, knie- oder wadenlang. Wie es gefällt, lassen sich passende Dirndl und Lederhosen aus dem schier endlosen Sortiment der Händler aussuchen.
Die Art, sich zu kleiden, hat immer mit dem eigenen Stil zu tun, und der hängt vor allem damit zusammen, wer man ist. In der Vielfalt der Trachten werden nicht nur materielle, sondern auch soziale Unterschiede sichtbar, die auf der Theresienwiese in geballter Form aufeinandertreffen. Diskussionen um Geschmacksfragen dienen vor allem der Bestätigung, es geht darum, wer am

besten weiß, wie man mit der Heimat umzugehen hat. Die Debatte um das Schöne, Wahre und Gute in Bezug auf die Tracht ist ein Dauerthema, das noch Jahre nach ihrer Wiederentdeckung zu Streitereien führt. Die Medien befeuern diese Auseinandersetzungen, indem sie möglichst öffentlichkeitswirksam überlegen, ob neonfarbene Minidirndl noch standesgemäß sind, oder einen Spezialisten für historische Trachten nach seiner – in der Regel negativen – Haltung zu modernen Formen fragen.

Das Interessante ist aber doch, dass sich Menschen diese Kleidungsstücke aneignen und sich auf diese Weise mit Bayern befassen. Das muss nicht immer und für alle gelten, ist aber auffallend häufig zu beobachten. Ein anderer Punkt ist der, dass insgesamt so viel über Heimisches nachgedacht wird und dieser Bezug in so großer Zahl und immer wieder anders interpretiert wird. Wenngleich es Unterschiede in Qualität und Ausführung, Material und Gestaltung der Dirndl und Lederhosen gibt, ist grundsätzlich kein Stück echter oder authentischer als das andere. Heimat braucht keine Rüschen und Borten, aber manchmal muss Heimat auch Schnörkel haben.

Heimat braucht keine Rüschen und Borten, aber manchmal muss Heimat auch Schnörkel haben

In München und Bayern leben heute Menschen aus der ganzen Welt. Stadt und Region sind rund um den Globus verbunden. Erasmus-Studentinnen und -Studenten aus Spanien tragen ebenso Tracht wie alteingesessene Münchner Beamte oder Unternehmensberater aus China oder Marokko. Sie alle wollen dazugehören, Teil einer Gruppe oder Gemeinschaft sein. Das kann man als Zwang verstehen, wenn die Dynamik im Freundes- oder Kollegenkreis so stark wird, dass man sich gar nicht mehr davon zu befreien weiß. Mit den Dirndl und Lederhosen als modernem Medium kann man heute aber auch auf ganz eigene Weise in ein Kostüm schlüpfen, um sich heimisch zu fühlen.

Neben einem starken Wunsch nach Zugehörigkeit und Gemeinschaft geht es bei all den modischen Kapriolen tatsächlich um

Heimat und Tradition. Damit ist gar nicht immer etwas Konkretes gemeint, sondern vielmehr ein Gefühl. Ein pinkfarbenes Dirndl ist da doch besser zu ertragen als das permanente Ausgrenzen vor Publikum. Das Bayerische wandelt sich, und Anfang des 21. Jahrhunderts passt gerade diese Mischung aus starken Bildern und regionalen Bezügen zum Geist der Zeit. Das Bayerische ist längst nicht mehr nur bayerisch und ist es vielleicht auch nie gewesen. Eine Bevölkerung, die zu mehr als einem Viertel einen sogenannten Migrationshintergrund hat, macht sich das Bayerische als gemeinsame Identität zu eigen. Dabei bleibt genügend Raum für Individualität.

Das Bayerische ist längst nicht mehr nur bayerisch und ist es vielleicht auch nie gewesen

Dieses Spektrum an Möglichkeiten sollte man nie vergessen, wenn wieder einmal über Besucher im »Faschingsgwand« hergezogen wird. Bei den Münchner Afrika-Tagen auf der Theresienwiese fiel im Sommer 2013 ein Stand ganz besonders auf. Angeboten wurden bunte Kleider und Dirndl mit afrikanischen Mustern. »Ich war auf dem Oktoberfest verabredet und konnte mich nie mit den bayerischen Dirndl identifizieren. Dann habe ich überlegt, was ich anziehen kann, und meinem Begleiter gesagt, dass ich nur mitkomme, wenn ich mir ein eigenes Kleid schneidern darf«, erinnert sich die Designerin an den Ursprung ihrer Geschäftsidee. Die deutsch-ghanaische Stewardess hat ihr Outfit selbst gestaltet – ein bayerisches Dirndl mit einem Stoff aus ihrer Heimat Ghana.

COOL BAVARIA:
POP UND ALPENPANORAMA

»Von Schneekugeln, Wetterhäuschen und Kuckucksuhren, in Neonpink oder in gedeckten Farben mit bayerischem Buben als Pendelanhänger, Berchtesgadener Schnitzfiguren, DVDs mit Helmut Fischer als *Monaco Franze*, Aufnahmen von Liesl Karlstadt und Karl Valentin, Ludwig-II.- und Sissi-Puppen über T-Shirts mit Drucken wie *Stenz* oder *Spatzl*, einer roten Gams oder dem Münchner Olympiastadion, Hirschgeweihen als Kleiderhaken, Rettichen und Radieschen aus Marzipan, glitzernden Rehen und gefilzten Herzen, Literatur von Oskar Maria Graf, Herbert Achternbusch und Gerhardt Polt, beschrifteten Tellern, Servietten, Bechern und Gläsern, Brotzeitbrettern mit rot-weißem Karomuster, München-Stadtplan oder auch Alpenpanorama, Bilderbüchern, Kasperl-Hörspielen und gehäkelten Dackeln bis hin zu Weihnachtsschmuck in Form von Dirndl und Lederhosen, singenden Postkarten und dem Holzperlenarmband mit acht bayerischen Anhängern, Bierkrug, Breze, Edelweiß etc. reicht das Sortiment.«[19] »Servus Heimat« steht in großen weißen Buchstaben auf der hellblauen Rückwand des Ladens geschrieben. In »Münchens Fachgeschäft für Heimatliebe und Herzlichkeiten«,[20] wie die Inhaber ihren Shop selbst bezeichnen, gibt es alles, was mit dem Thema zu tun hat und zugleich eine bestimmte Qualität aufweisen kann.

Begonnen haben Karen van Ginkel, Armin Schneider und Florian Neubauer 2003 mit einem Laden für Andenken und Präsente in der Ledererstraße unweit des Münchner Hofbräuhauses. »Es sollte ein besonderer, speziell alpenländischer Souvenirshop für Einheimische und Gäste, ›Zuagroaste und Weggroaste‹ sein, und das wurde sogleich mit Freuden quittiert.«[21] Im Juni 2008 hat das Münchner Stadtmuseum anlässlich des 850. Jahrestags der Stadtgründung unter dem Titel »Typisch München!«[22] eine neugestaltete Dauerausstellung eröffnet, und zu diesem Zeitpunkt ist auch »Servus Heimat« mit einer Filiale an den St.-Jakobs-Platz gezogen. »Wer seinen Laden so nennt, hat ein Gespür für Ironie. Und so ist auch der Laden im Stadtmuseum eine wunderbare Balance aus Kitsch, Kunst und Folklore«, berichtete die Münchner *Abendzeitung* im Frühjahr 2009.[23]

Der Laden
»Servus Heimat«

Der Laden bietet ein buntes Gemisch aus Bildern und Bezügen, eine Fülle von Eindrücken tut sich auf, wenn man das Geschäft betritt. In den Auslagen finden sich allerlei Dinge, die Ereignisse und Befindlichkeiten ins Gedächtnis rufen und vielfach mit Emotionen behaftet sind, so gibt es beispielsweise einen Comic, der die Geschichte des Oktoberfests auf Deutsch und Englisch erzählt. Illustriert hat die Chronik Reiner Stolte, ein Münchner Grafikdesigner, der in den 1980er Jahren mit seinen Zeichnungen zur Kinderserie »Ein Fall für TKKG« bekannt geworden ist und durch seinen Stil einen hohen Wiedererkennungswert besitzt.[24] Und die »Nackerten« aus dem Englischen Garten, die immer mal wieder in der Narration von München auftauchen und mit ihrer Anwesenheit in gewisser Weise auch die Liberalität der Stadt repräsentieren, sind gleich neben der Trachten-Barbie und dem München-Quiz als handgefertigte Holzschnitzereien erhältlich. Sowohl in einzelnen Objekten als auch in der Gesamtheit des Warenbestands verknüpfen sich ganz unterschiedliche Muster und bilden miteinander und nebeneinander eine hybride Ästhetik aus Versatzstücken von *Vergangenheit*, Erinnerung, *Heimat*, Gefühl, Stadtkultur und *Alpenland.*[25]

Die Lodenmäntel bleiben inzwischen im Schrank. Und dennoch ist derzeit nicht nur in München überaus angesagt, was sich im weitesten Sinne mit dem Label »Volkskultur« etikettieren lässt. Es geht um Traditionen, um Bilder, um das Gefühl von Heimat in einer globalisierten Welt. Zu Beginn des 21. Jahrhunderts ist über das Internet und andere Medien alles miteinander vernetzt, in Finnland oder in der Antarktis lässt sich unmittelbar nachvollziehen, was gerade in Papua-Neuguinea passiert und wie das Wetter auf den Niederländischen Antillen wird. In Vergleichen gewinnt das Charakteristische einer Gegend an Bedeutung, es geht um Alleinstellungsmerkmale auf der einen und Fragen der Identität auf der anderen Seite. Die Aufwertung der Region ist keine Gegenbewegung, sondern eine Entwicklung im Rahmen der Globalisierung. Im Mittelpunkt steht nicht die Kompensation von Ängsten. Städte und Regionen befinden sich heute in einem anhaltenden Wettbewerb.

Das Label »Volkskultur«

Gleichzeitig sind Bilder so präsent und einflussreich wie nie zuvor. Was sich nicht darstellen lässt, scheint es gar nicht mehr zu geben. Was nicht gezeigt wird, taucht auf der Weltbühne auch nicht auf. Wenn ich überall hingehen kann, wird es immer wichtiger, dass ich mich meiner eigenen Heimat vergewissere. Und so steigt ein junger Mann aus Bayern in München schon einmal mit Lederhose und Filzhut in den Flieger nach New York. Dieses Phänomen lässt sich aber auch in vielen anderen Regionen der Erde beobachten. Die Perspektive auf das, was Heimat sein kann, hat sich durch die Möglichkeiten der Mobilität nachhaltig verschoben. Selbst wenn auf die Identität eines Menschen heute verschiedene Einflüsse und Vorstellungen wirken, spielen Traditionen aber auch weiterhin eine zentrale Rolle.

Was unter Tradition zu verstehen ist, kann man allerdings gar nicht mehr so leicht beantworten. Es gibt kulturelle Formen, die seit Generationen überliefert werden und mit den Eigenheiten einer Gegend zusammenhängen, die Art der Speisen etwa oder die Kleidung. In einer nördlich gelegenen Landschaft mit Wäldern und Seen wird etwas anderes auf den Tisch kommen als südlich des Äquators, wo die Luftfeuchtigkeit und die Sonneneinstrahlung deutlich höher sind und tropische Früchte gedeihen. Nicht nur die Dinge sind von Bedeutung, sondern auch das Reden und Erzählen. Es gibt Geschichten und Rezepte, die ganz speziell mit diesem oder jenem Teil der Welt in Verbindung stehen, Wertvorstellungen, religiöse Riten und gesellschaftliche Normen. Diese Ordnung ist heute noch wirksam, aber längst nicht mehr die einzige, nach der die Aufteilung von Kultur, Heimat und Tradition funktioniert. Der britische Historiker Eric Hobsbawm spricht in seinem gleichnamigen Buch von der »Invention of Tradition«, also von der Einführung von Traditionen. Zu Beginn der 1990er Jahre beschäftigte sich der Wissenschaftler mit der Frage, woher eigentlich all die Traditionen kommen, die uns so sehr beschäftigen. Hobsbawm nimmt grundlegend an, dass jede Tradition irgendwann einmal von Menschen gemacht worden ist. Am Beispiel des schottischen Kilts zeigt er, wie bestimmte politische Entwicklungen, die Frage nach einer eigenständigen Identität und die Aktivitäten von Einzelnen ineinanderwirken und schließlich in Gestalt eines Kleidungsstücks zum Ausdruck kommen.[26]

Was aber heißt überhaupt Tradition? Etwas wird weitergegeben, hat eine Bedeutung, die überliefert werden kann. In der Vergangenheit ging es dabei vor allem um Märchen, Lieder, Tänze und Bräuche. Gedacht wurden diese Themen meist im Zusammenhang mit einem Volk, die Rede war also von Volksmärchen, Volksliedern, Volkstänzen und den entsprechenden Bräuchen. Zusammengefasst wurde dieser Kanon auch als »Volkskultur« bezeichnet. Heute spricht man eher von Gesellschaften. Der Begriff »Volk« steht für eine ideologische Aufladung und gibt eine abgeschlossene Ganzheitlichkeit vor, die immer verschiedenartig und in Bewegung war.

Welche Rolle spielen heute Märchen und Lieder? In Zeiten globaler Vernetzung ist es keineswegs so, dass alles, was mit dem Konzept zu tun hat, belanglos geworden wäre. Ganz im Gegenteil, regional typische Folklore gewinnt gerade durch den weltweiten Zugang an Bedeutung. Gleichwohl haben sich die Gesellschaft und damit der Umgang mit diesen Traditionen verändert. Die Schweizer Kulturwissenschaftlerin Sabine Eggmann regt dennoch dazu an, die Rede von der angestaubten Volkskultur nicht einfach aufzugeben, sondern genau hinzuschauen, wer darunter eigentlich was versteht.[27] Von »Volkskultur« ist im Alltag nämlich immer noch häufig die Rede. Und auch wenn sich historische Zusammenhänge nachvollziehen lassen, sind bei näherem Hinsehen meist ebenso Veränderungen wahrzunehmen.

Der bayerische Regisseur Matthias Kiefersauer hat vor einigen Jahren einen Spielfilm mit dem Titel »Das große Hobeditzn« gedreht. Ein Dorf erbt die gigantische Summe von fünfzig Millionen Euro, wenn es nachweisen kann, dass es den Brauch des Hobeditzns noch gibt. Niemand weiß, was damit gemeint ist, aber die Bewohnerinnen und Bewohner erfinden ein eigenwilliges Singspiel.[28] Die Proben und Überlegungen bringen alle näher zusammen, und ebendieses Gemeinschaft stiftende Moment macht einen Brauch in seinem Grundsatz aus. Menschen verhandeln, wie mit der Vergangenheit umgegangen oder in die Zukunft gedacht wird. Tradition ist wie Heimat und Kultur als Prozess zu verstehen, der ständig vibriert, sich aus dem Alten, Überlieferten speist, aber auch Neues in sich aufnehmen kann.

Tradition ist wie Heimat und Kultur als Prozess zu verstehen

AM UMGANG MIT DEM BAYERISCHEN lassen sich solche Entwicklungen geradezu idealtypisch beobachten. Alles, was dem zugerechnet wird, gilt als historisch gefestigt und nahezu unveränderbar, und doch ist gerade das Bayerische seit dem 19. Jahrhundert im Austausch mit der Welt entstanden.

Besonders sichtbar wird die Gleichzeitigkeit von Geschichte und Gegenwart am Beispiel von Oberammergau. Bekannt ist die Gemeinde vor allem für ihr Passionsspiel. Gezeigt wird nichts weniger als das Leben und Sterben von Jesus Christus. Das katholische Spektakel, an dem vor allem Laiendarsteller beteiligt sind,

ist weit über die Ortsgrenzen hinaus bekannt und lockt alle zehn Jahre Hunderttausende Besucher aus aller Welt in das oberbayerische Dorf. 2010 kamen mehr als 500 000 Menschen in die Ammergauer Alpen, um die Passion zu sehen.

Das Mysterienspiel, so die Legende, geht auf ein Versprechen aus dem Jahr 1633 zurück. Damals gelobten die Bewohner, fortan alle zehn Jahre einmal das Leben Christi nachzuerzählen, die Geschichte seines Leidens und Sterbens kundzutun, wenn Oberammergau fortan von der Pest verschont bliebe. Aufgrund dieses Gelübdes befiel angeblich niemanden aus der Gemeinde der Schwarze Tod. Auch andere Orte in Bayern und in Österreich veranstalteten schon seit dem 14. Jahrhundert vergleichbare Spiele. Die meisten gaben diese Tradition jedoch mit der Säkularisation zu Beginn des 19. Jahrhunderts auf, oder der gemeinsame Brauch wurde einfach nicht weitergeführt. Anders in Oberammergau, die Einwohner des Ortes hielten dauerhaft an dem Schauspiel fest.[29]

Im Jahr 1880 kam der Weltenbummler und Afrikaforscher Sir Richard Francis Burton mit seiner Frau, einer gläubigen Christin, nach Oberammergau. Gerade dieser Besuch trug zur internationalen Bekanntheit der Gemeinde bei. Der Reiseveranstalter Thomas Cook führte das oberbayerische Dorf zu der Zeit allerdings schon in seinem Programm. Im ausgehenden 19. Jahrhundert erschienen besonders viele Reiseführer in deutscher und in englischer Sprache. »Eine zwanzigminütige Fahrt von der Bergkuppe bringt uns nach Oberammergau«,[30] notierte Burton über die beschwerliche Anreise vor mehr als hundert Jahren. »Für die 16 schlammigen, schmutzigen Meilen braucht es drei geschlagene Stunden. Wir finden Unterkunft ohne Kost in Nummer 43, bei Frau Hauser, einer guten alten Seele, die sich darauf beschränkt, heimlich unsere Habseligkeiten zu inspizieren.« Der weit gereiste Burton schimpft über die Zustände und beschreibt aus einer exotisierenden Perspektive das Gebaren der Leute in Oberbayern. Ein wenig, meint der Schriftsteller Ilija Trojanow, der sich mit den Aufzeichnungen des großen Anthropologen intensiv befasst hat, scheint es ihm aber doch gefallen zu haben.[31]

Ober-
ammergauer
Passionsspiele

Spielleiter des Mammutunternehmens ist seit 1990 der Oberammergauer Christian Stückl. Der Regisseur hat im Herbst 2002 auch die Leitung des Münchner Volkstheaters übernommen und inszenierte einige Male den »Jedermann« bei den Salzburger Festspielen. »Fast die Hälfte der Bewohner, etwa 2000 Mitwirkende von insgesamt 5300 Oberammergauern, kommt bei dem Spiel zusammen, nicht nur Katholiken, sondern auch Protestanten, Moslems und sogar die aus der Kirche Ausgetretenen – alle Konfessionen finden unter dem Theaterdach Platz.«[32] Das Schauspiel dauert gegenwärtig mehr als fünf Stunden mit einer Unterbrechung zur Hälfte. In der Pause strömen die Gäste scharenweise in die Restaurants und Lokale, die Geschäfte und

Läden. Mit der Passion wird alle zehn Jahre auch die Gemeindekasse saniert.

Für Trojanow, der die Erinnerungen von Richard Burton 2010 kommentiert und wieder herausgegeben hat, zeigt sich die Verwandlung des Dorfes vor allem an den Bärtigen, die auf einmal überall auftauchen. Ein Jahr vor dem Spiel wird ein Dekret erlassen, wonach sich die mitwirkenden Frauen und Männer nicht mehr die Haare schneiden dürfen. Mit der äußeren Veränderung, meint Trojanow, geht aber auch eine Veränderung im Inneren einher. Bei aller Kritik und abgesehen von sämtlichen Streitereien rund um die »richtige« Auslegung der Geschichte und die »richtige« Besetzung wächst die Gemeinde in diesem Zeitraum zusammen. Wie Trojanow annimmt, geht das weit darüber hinaus, was man mit Begriffen wie Tradition oder Überlieferung fassen kann.[33]

Schon Burton bemerkte die mitunter auch recht eigenartige Verquickung von Rollen auf der Bühne und dem täglichen Leben. Das Hotel am Platze führte dann nicht mehr die Familie Lechner, sondern die Gäste kehrten bei Christus Lechner ein. Manch einer, so wird erzählt, ist in der Vergangenheit gar mit seiner Aufgabe verschmolzen und wandelte noch Jahre nach der Passion als Jesus durch das Dorf.

Kurz bevor das Spiel beginnt, kommen die letzten Darstellerinnen und Darsteller. Das Fahrrad wird an die Hecke des Nachbarn gelehnt, Maske und Kostüm, und es geht los. Der Esel dreht noch eine kleine Runde vor dem Festspielhaus, und schon beginnt die erste Massenszene.

Oberammergau hat auch ansonsten alles zu bieten, was ein oberbayerisches Dorf aus dem Bilderbuch ausmacht. An allen Ecken und Enden werben sogenannte Herrgottsschnitzer für ihre kunstvollen Waren. Die Häuser sind reich geschmückt mit Lüftlmalereien und prachtvollen Blumen. Rundherum umschließen

die Berge und saftige Wiesen den kleinen Ort. Mit der Passion wird nicht nur das Theater, sondern auch das Dorf zur Bühne. Die Fülle der katholischen Mythen verbindet sich geradezu einzigartig mit der Ausstattung der Gegend, mit der Landschaft, den geschnitzten Figuren und den eindrucksvollen Bauten.
Trojanow geht davon aus, dass das Geheimnis des Erfolgs wohl auch darin liegt, dass das Spiel niemals stehen geblieben ist, sondern sich immer weiterentwickelt hat. Kamen in der historischen Textfassung noch antisemitische Anschuldigungen zur Sprache, bemüht sich Stückl heute um eine gelebte Ökumene. Gemeinsam mit dem katholischen Pfarrer von Oberammergau und einer Gruppe von Rabbinern arbeitet er an den Inhalten des Stücks.
Die Freilichtbühne mitten im Ort steht zwischen den Passionsspielen leer und wird daher immer wieder zu unterschiedlichen Zwecken genutzt. Im Sommer 2013 inszenierte Stückl im Passionstheater den »Moses«, den der deutsch-türkische Schriftsteller Feridun Zaimoglu bearbeitet hat.[34] Im gleichen Jahr fand erst-

mals auch das »Heimatsound«-Festival auf dieser Bühne statt, Bands aus der Umgebung, die Lokalmatadoren von Kofelgschroa, die Münchner Gruppen Moop Mama und Express Brass Band, Attwenger aus Österreich und Hans Söllner, ein bayerisches Urgestein, spielten im Theater. Der Bayerische Rundfunk berichtete live vom Geschehen. Damit derart erfolgreich von den Traditionen eines Ortes die Rede sein kann, braucht es offenbar nicht nur Bewahren, sondern vor allem die Möglichkeit der Öffnung und Veränderung.

Die Art und Weise, wie in Oberammergau mit Traditionen umgegangen wird, macht deutlich, dass von der Auseinandersetzung mit der eigenen Heimat und Identität alle etwas haben. Die Tradition wird nicht festgezurrt, sondern immer wieder hinterfragt und ist damit lebendiger denn je.

»VOLKSKULTUR« MEINT HEUTE AUCH »POPKULTUR«. Spielerisch werden lokale Charakteristika mit regionalen Emblemen gemixt und urbane Topoi mit Motiven der Landschaft in Verbindung gebracht. Retro ist dabei ein ebenso bedeutungsvoller

Faktor wie Echtheit und Authentizität. Zu Teilen sind die Gegenstände allerdings auch austauschbar und stehen erst in der Zusammenschau für ein spezifisches Konzept von Stadt und Land. Neben all den dekorativen Mitbringseln und kuriosen Geschenkartikeln ist die Auseinandersetzung mit der Heimat aber auch in anderen Kontexten zu beobachten, mal mehr und mal weniger plakativ in Szene gesetzt. Manchmal spielt in der U-Bahn ganz einfach eine Blaskapelle als Klingelton in der Tasche einer jungen Frau, und ein junger Mann trägt als Jacke zu Jeans und Turnschuhen einen Janker. Auffallend nimmt auch die Beschäftigung mit Dialekt und Sprache in den letzten Jahren spürbar zu und findet Ausdruck in diversen Genres, besonders aber in den Bereichen Film und Musik.

Zu Stückls populärsten Produktionen in München gehört der *Brandner Kaspar* mit Maximilian Brückner in der Hauptrolle; der Schauspieler kann nicht nur auf eine Rolle als Tatort-Kommissar Franz Kappl zurückblicken, sondern repräsentiert vor allem auch eine junge bayerische Szene an Kunst- und Kulturschaffenden, die in den vergangenen Jahren für Furore gesorgt hat. Im Rampenlicht stehen ganz besonders die Mitglieder von LaBrassBanda, einer bayerischen Brass-Band in Lederhosen, der sprichwörtlichen Band der Stunde, und das auch noch weit über die Grenzen der Landeshauptstadt hinaus:[35] »Es gibt Volksmusik und neue Volksmusik, es gibt Rock, Punk, Dub, Hip Hop und Techno, aber eine Band wie diese hat man noch nie gehört. Sie sind die Men in Blech mit dem Auftrag, jeden Club, jede Halle in Grund und Boden zu spielen. LaBrassBanda ist junge Avantgarde aus großstädtischem Kontext, und ganz im Hintergrund kann man die Alpen sehen.«[36]

Auch Kofelgschroa aus Oberammergau ist eine Band, die Elemente aus der Gegenwart mit historischen Formen von Volksmusik mischt und damit Heimat neu definiert. Natürlich gibt es

Verbindungen zu Stückl und der Passion. Ein weiteres Beispiel für diese Art des bayerischen Sounds sind G. Rag & Die Landlergschwister, eine Münchner Band, die Volksmusik »rau, schräg, mit/ohne megaphone und laut«[37] spielt. »Eine Watsch'n für alldiejenigen Verbrecher, die diese Musik wie eine todgeweihte Sau durch die Dörfer einer virtuellen Fernseh-Voralpenidylle treiben«,[38] heißt es auf ihrer Internetseite. »Landler, Zwiefache, Gstanzln und Wirtshausklassiker werden von den ehemaligen Punkrockern mit Blasinstrumenten, Trash-Schlagzeug, Banjo und Megaphon interpretiert.« Bandleader Andreas G. Rag Staebler betreibt in München den Plattenladen »Gutfeeling« sowie ein gleichnamiges Label, aus dessen Umfeld sich gleich mehrere Gruppen zusammensetzen. G. Rag y los Hermanos Patchekos produzierten auch den Soundtrack für die Fernsehserie »München 7« von Franz Xaver Bogner. Ein anderes Beispiel ist Monaco Fränzn, ein Hip Hopper aus Niederbayern, der auf seiner Platte »B-AYA-N« ganz selbstverständlich im Dialekt rappt.

LaBrassBanda, die »Sturmflut aus Übersee«

»Mit [dem zweiten Album] ›Übersee‹ beweisen LaBrassBanda jedenfalls eindrucksvoll: Ihr Erfolg ist keineswegs nur auf den Überraschungseffekt zurückzuführen, dass da fünf Leute fetzige Popmusik mit Instrumenten aus dem Musikantenstadel machen. Nein, das alles hat noch sehr viel mehr Potenzial, und vielleicht ist das sogar die Popmusik der Zukunft, Einflüsse aus aller Welt einzubinden in eine regionale Grundlage – weil das einfach interessanter ist als der Einheitsbrei internationaler Großproduktionen für den Massenmarkt. Doch, das Konzept könnte aufgehen. Zumindest bei LaBrassBanda funktioniert es.«[39]

Als »Sturmflut aus Übersee« bezeichnet der Journalist Franz Kotteder die bayerische Band, die in den letzten Jahren für mehr als Furore sorgte. Auf Tour in Afrika, den USA und ganz Europa bis nach Sibirien führte der Weg die Musiker um den Sänger und Trompeter Stefan Dettl. Mit all diesen Menschen, Szenen und

Phänomenen befasst sich seit einigen Jahren die *MUH*, eine Zeitschrift für bayerische Aspekte. »MUH möchte ein Magazin sein für bayerisches Wesen und Unwesen, bayerische Kulturen und Unkulturen, Gemütlichkeiten und Ungemütlichkeiten.«[40]
Gegründet wurde das Blatt von Stefan Dettl, Josef Winkler, einem leidenschaftlichen Musikjournalisten, der für die Inhalte zuständig ist, und Nicole Kling, die sich um den Vertrieb und viele andere Aufgaben kümmert. In ihrem Selbstverständnis ist die *MUH* ein »Magazin, das einen Trend in Zeiten der galoppierenden Globalisierung, die Rückbesinnung aufs Regionale, Lokale, nicht als fahrenden Zug zum Draufspringen anschaut. Sondern das diesem Trend und dem diffusen ›Heimatgefühl‹ Rechnung trägt, es interessiert begleitet, herausfordert, ihm auf den Grund geht – und auch einfach mal seine Gaudi damit hat.«[41]
Die Zeitschrift ist von Ausgabe zu Ausgabe mehr zu einer Plattform geworden, die Leute zusammenbringt, die sich auch auf diese Weise mit Heimat befassen. In den Interviews und Berichten werden neue und alte Facetten von Kultur und Gesellschaft in Bayern ausgeleuchtet. Nicht nur der Strukturwandel wird kritisch hinterfragt, sondern auch das Thema Rechtsextremismus angesprochen und diskutiert. Es geht um Szenen und Helden, um Filme, Literatur und Musik.
Die Autorinnen und Autoren der *MUH* bilden ein Netzwerk, das über den Freistaat hinausweist. Auf Bayern richtet sich zwar

der Fokus des Magazins, aber Bayern wird eben nicht einfach als weiß-blaues Ferienland verstanden. Und doch kommen Berge und Lederhosen immer wieder vor, weil auch diese Dinge zum Alltag gehören. Die Aufmachung der *MUH* illustriert die Art, wie heute mit Heimat umgegangen wird. Nicht nur der Inhalt wird anders betrachtet, auch die Ästhetik hat sich gewandelt.

Gestickt und gehäkelt, in Neongelb und leuchtendem Grün, mit Kuh oder stilisiertem Alpenpanorama im Hintergrund kommt Heimat in der Gegenwart heiter und unbeschwert daher. Dabei sind die Versatzstücke oft die gleichen, mit denen auch der Musikantenstadl ein heimeliges Gefühl erzeugt. Wie mit den Dirndl wird inzwischen aber auch mit anderen Dingen auf eine ganz andere Weise umgegangen. »Nur was man erkennt«, sagt der Sozialwissenschaftler Detlev Ipsen mit Blick auf die Symbole regionaler Identität, »kann man sich zu eigen machen. Nur das, was sich zu erkennen gibt, ermöglicht Prozesse der Identifikation. Es sind nicht unbedingt eindeutige Grenzen, die die Erkennbar-keit bestimmen … Es ist die gestaltpsychologische Qualität, die Identifikationsprozesse erleichtert, erschwert oder unmöglich macht.«[42]

Gemeint ist damit, dass man Zusammenhänge und Widersprüche versteht, sieht, dass etwas miteinander in Verbindung steht, und diese Elemente auch von anderem abgrenzen kann.

Ein Ort, der all diese Entwicklungen gewissermaßen bündelt, ist das Herzkasperlzelt auf dem Oktoberfest. Seit dem Jubiläum im Jahr 2010 findet im hinteren Teil der Theresienwiese die Oide Wiesn statt. Der historische Part ist abgetrennt von dem sonstigen Geschehen auf dem Festplatz. Das Münchner Stadtmuseum beschäftigt sich hier mit dem Leben von Schaustellerfamilien. Gezeigt werden Fahrgeschäfte, die heute nicht mehr zu finden sind. Nostalgie umweht all die Stände mit ihren Lichtern und Motiven aus vergangenen Zeiten. Und ausgeschenkt wird im Herzkasperlzelt.

Beppi Bachmaier von der Wirtschaft im Fraunhofer, die schon seit Jahrzehnten für ihre Interpretationen von Volkskultur bekannt ist, hat als Wirt den Auftakt gemacht und sein Konzept 2013 fortgesetzt. Auf der gegenüberliegenden Seite des Geländes präsentierten sich im Festzelt »Tradition« zahlreiche Vereine und Kapellen aus ganz Bayern. Im Herzkasperlzelt traten unterdessen auch die Bands auf, die zu der neuen Volksmusikszene zählen. Im Gegensatz zu den anderen Bierzelten, in denen in der Regel eine Band oder Kapelle zwei Wochen lang durchspielt, wechselte das Programm täglich. G. Rag & Die Landlergschwister spielten gemeinsam mit der Hip-Hop-Elektro-Formation Schlachthofbronx auf, am nächsten Nachmittag war eine klassische Blaskapelle an der Reihe.

Im Herzkasperlzelt wurde ausgelotet, was das Bayerische oder das Alpenländische heute alles sein kann. Als HMBC, der Holstuonarmusigbigbandclub aus Österreich, ihren Hit »Von Mellau bis Schoppernau« anstimmten, tobte das Zelt. In dem Lied geht es darum, dass man nach Hause laufen muss, weil einen niemand mitnimmt. Die Geschichte ist bekannt, auch wenn der Text im vorarlbergischen Dialekt für die meisten nicht einmal annähernd zu verstehen war.

BAYERISCH FEIERN:
HEIMAT, IMPORT, EXPORT

Einmal im Jahr findet in New York City die sogenannte Steuben-Parade statt, der Umzug dauert mehr als zwei Stunden, führt über die gesperrte Fifth Avenue am Central Park entlang und wird live im US-amerikanischen Fernsehen übertragen. Die gesamte Veranstaltung kostete im Jahr 2012 rund 500 000 US-Dollar. Präsentiert werden Institutionen und Unternehmen, die in irgendeiner Weise »deutsch« sind, und Personengruppen, die sich als Erben deutscher Emigrantinnen und Emigranten verstehen. Auch Österreich und andere deutschsprachige Regionen Europas werden mit einbezogen.

Begründet wurde die Parade von deutschen Einwanderern. Lange Jahre leitete William Hetzler, geboren als Wilhelm Hetzler, das Festkomitee. Der Bäckersohn aus dem Münchner Stadtteil Neuhausen kam als junger Mann nach New York und wurde dort zum erfolgreichen Geschäftsmann. Unter seiner Leitung wurde die Parade zu einem riesigen Event. Jeweils am dritten Samstag im September marschieren Musikgruppen, Mitglieder von Vereinen und Initiativen die Prachtstraße von NYC hinauf, aufwändig dekorierte Wagen ergänzen den Zug. Beteiligt sind auch Gruppierungen, die aus Deutschland oder Österreich anreisen, und Vereinigungen aus anderen Teilen der USA. Das »Amerikanische« vermischt sich mit dem »Deutschen«, ohne dass man genau sagen kann, was eigentlich was ist. Die Übergänge verlaufen fließend. Heraus kommt ein Ereignis, wie es denkwürdiger nicht sein kann.

Im Jahr 2012 wurde im Rahmen der Parade an den zweihundertsten Jahrestag des Erscheinens von Grimms Märchen erinnert. Die Pfalz stellte sich vor, nicht nur ein Saumagen wurde aus diesem Grund durch die Straßen der Metropole New York getragen, daneben warben Männer, die mit Luftballons als Weintrauben kostümiert waren, für regionale Spezialitäten. Eine Gruppe hatte sich offenbar aus Interesse am Fußball zusammengeschlossen, zu sehen waren Trikots aller Bundesligavereine. Auch deutschsprachige Schulen und andere Institutionen wie das Konsulat der Bundesrepublik Deutschland stellten sich im Rahmen der Steuben-Parade vor. Ein Wagen präsentierte einen rheinisch-amerikanischen Gesangsverein, ein anderer ein Heim für deutsche Seniorinnen und Senioren in den USA. Dazwischen spielten Blaskapellen der Polizei und der Armee. Der Volkswagenverein zeigte sich und ebenso der Verein bärtiger Männer. Immer wieder wurden Frauen in aufwändigen Roben vorbeigefahren.

Verschiedene Händler küren jedes Jahr eine Miss, um damit für ihr Angebot zu werben. Unter den jungen Damen ist auch eine »Miss Gottschee«. »Gottschee? Was ist denn das? Ich hab keine Ahnung«, kommentierte einer der zahlreichen Zuschauer am Straßenrand das Geschehen. Gottschee war vor Jahrzehnten eine sogenannte deutsche Sprachinsel und liegt heute in Slowenien. Zu der Zeit, als der Wurstfabrikant, auf dessen Wagen die »Miss Gottschee« mitfährt, von dort ausgewandert ist, war der Ort noch bekannt. Inzwischen weiß niemand mehr, welche Verbindung es dorthin gibt. Auch ein Wurstmobil war 2012 zentraler Bestandteil der Inszenierung. Der Besitzer hat mit der Herstellung von Hot Dogs sein Geld gemacht.

Am meisten stachen die bayerischen Elemente des Umzugs ins Auge, so zum Beispiel der Volkstrachtenverein vom Franklin Square oder die Gruppe »Edelweiß« aus Brooklyn. Bayerische Kneipen und Restaurants samt ihren Stammtischen setzten sich vor allem mit »Originalprodukten« und Wiesnhits in Szene. Zum Abschluss der Parade wurde mitten im Central Park ein Oktoberfest eröffnet. Ein Besuch war allerdings nicht möglich, bereits am Mittag hatten die Zelte wegen Überfüllung geschlossen.

Edelweiß aus Brooklyn

Schon im 19. Jahrhundert sind österreichische und bayerische Musikgruppen durch Amerika getourt. Einwanderer brachten Trachten und anderes mit in die neue Heimat. Das, was heute rund um die Steuben-Parade als deutsch präsentiert wird, setzt sich aus verschiedenen Zeiten und den unterschiedlichen Biografien der Beteiligten zusammen.

In New York wie in den gesamten USA leben nach wie vor viele Menschen, deren Vorfahren aus Deutschland oder aus Österreich stammten. Dieser Umstand ist nichts Besonderes, während die einen aus Europa eingewandert sind, gelangten andere aus Afrika oder aus Asien in die Vereinigten Staaten. Viele US-Amerikaner sind Hispanics, die vom Südteil des Kontinents auf der

Suche nach Arbeit in den Norden kamen. Die Steuben-Parade steht damit auch für die ungeheure Vielfalt der New Yorker Stadtgesellschaft und der Gesellschaft der USA. Am Tag der Steuben-Parade wird vor allem auf die Geschichte der Deutschen, auf ihre Leistungen, kulturellen Besonderheiten und Institutionen verwiesen und damit im großen Stil für Deutschland geworben. Dieses Überbetonen relativiert sich aber allein durch die gigantische Dimension der Stadt. Schon am nächsten Tag wurde etwas weiter nördlich die African-American Parade veranstaltet.

Der Kulturwissenschaftler Klaus Schönberger denkt darüber nach, wie kulturelle Ausdrucksformen von einem Zusammenhang in einen anderen übertragen werden. »Gefragt wird, was passiert, wenn Begriffe, Objekte, künstlerische Techniken oder soziale Praktiken von einem Kontext in einen anderen übersetzt werden.«[43] Dabei richtet sich der Blick auf die Trägerinnen und Träger des kulturellen Austauschs, auf »Taktiken und Strategien des Übersetzens«, auf die »medialen und historischen Bedingungen von Import und Export« sowie auf Erzählungen, die solche Prozesse benennen und transportieren. Mit der Idee der Übersetzung, schreibt die Kulturwissenschaftlerin Doris Bachmann-Medick, beanspruchen »in jüngster Zeit nicht nur die Kunst, sondern mehr noch die Kultur- und Sozialwissenschaften … Verflechtungen sowie Brüche der globalisierten Welt neu erschließen zu können – in ihrer komplexen Entstehungsdynamik.«[44] Das Konzept richtet den Blick auf wechselseitige Beeinflussungen, auf die Vernetzung und die Übersetzungsleistung, die hinter vielen Phänomenen steht.

Die Steuben-Parade steht für die ungeheure Vielfalt der New Yorker Stadtgesellschaft

Auch die Steuben-Parade ist ein Ereignis, das sich aus verschiedenen Übersetzungen ergibt. Das Bayerische in seiner vollen Pracht und Wiedererkennbarkeit nimmt hier wieder einmal eine besondere Rolle ein. Ein Exportschlager, der auch im Rahmen des Umzugs auf der Fifth Avenue präsentiert wird, ist das Hofbräuhaus. In verdichteter Form scheint dieser Ort für alle Bayernbilder gleichzeitig zu stehen. Ableger des Originals gibt es inzwischen siebenmal auf der ganzen Welt – in Dubai, Las Vegas, New York und anderswo.

Aber auch das Hofbräuhaus in München hat sich in den vergangenen Jahren neu erfunden. Nicht mehr Alleinunterhalter und bayerische Abende, sondern klassische Formen von Volksmusik oder die Musik der neuen Szene stehen auf dem Programm. Übersetzt wird in verschiedene Richtungen und unter verschiedenen Bedingungen, auch dieser Umstand lässt das Bayerische heute so präsent und schillernd erscheinen. So ist »bayerisch feiern« längst weit über die Grenzen des Freistaats hinaus ein Begriff. Dazu gehört ein ganzes Programm mit Zelt und Blaskapelle, weiß-blauer Dekoration und den richtigen Gläsern. Wie war das mit den Biersorten gleich noch mal? Brezen, Obatzter und gebratene Hendl, dazu Weißwürste, die Speisen sind deftig und gar nicht so einfach zu essen – eine Schweinshaxe, oh, das ist ja doch ganz schön viel. In unterschiedlichen Zusammenhängen wird »bayerisch feiern« immer wieder neu erfunden, und vielleicht ist gerade diese Vielfalt ein Garant für den weltweiten Erfolg. Mit den Möglichkeiten kann man sich über Monate und Jahre beschäftigen. Was unter »bayerisch feiern« genau zu verstehen ist, steht keineswegs fest. Immer hat diese Art, sich zu vergnügen, aber mit einer positiven Stimmung und manchmal auch mit einem Heimatgefühl zu tun.

Was unter »bayerisch feiern« zu verstehen ist, steht keineswegs fest

Was in der Außenwahrnehmung längst miteinander verschmolzen ist, lässt sich in den letzten Jahren auch hierzulande beobachten. In Deutschland ist das Bayerische momentan auf dem Vormarsch. »Das Dirndl wird selbst im Ruhrgebiet zum Modetrend«,[45] berichtet der Journalist Dagobert Ernst aus Düsseldorf. »Volks-

Oktoberfestbier in New York

musiksendungen im Fernsehen sind so gut wie ausgestorben. Volkstümelnde Mode à la Dirndl und Krachlederhose liegt dagegen im Trend. Nun bieten sogar Textil- und Kaufhausketten großflächig Dirndl-Mode an. Auch an Rhein und Ruhr. Was ist denn da los?« Trachten stehen in Bayern in einem konkreten Bezug, werden aber andernorts genauso selbstverständlich getragen. Das alpenländische Heimatkostüm kann auch in Mecklenburg-Vorpommern ein Ausdruck von Zugehörigkeit sein. Mit Kostüm ist kein Clownsgewand gemeint, vielmehr geht es um die Idee des Schauspielers, der in eine Rolle schlüpft und eine Facette seiner Identität besonders betonen will. Nicht nur in Hamburg und in Jena tragen die Menschen heute Dirndl und Lederhosen. Auch in Österreich kleiden sich mehr junge Leute als jemals zuvor in Tracht.

Trachten stehen in Bayern in einem konkreten Bezug, werden aber andernorts genauso selbstverständlich getragen

Ein Sonderfall im Alpenraum ist die Schweiz. Kein König oder Kaiser förderte hier den Erhalt regionaltypischer Gewänder, und zudem unterscheiden sich die Schnitte. Das Bild der traditionellen Kleider hat sich nicht ganz so verfestigt wie in Bayern und in Österreich. Aber auch in der Schweiz werden inzwischen Oktoberfeste veranstaltet. In Zürich oder in Basel feiern die Leute in Dirndl und Lederhosen, als wäre es niemals anders gewesen.

»Wir haben uns in München ganz neu eingekleidet!«, erzählt ein Paar aus Brasilien, das gerade über die Theresienwiese spaziert. Die wertvollen Trachten, die sie in Bayern erworben haben, nehmen sie mit nach Hause. Das größte und bekannteste Oktoberfest außerhalb Münchens findet seit 1983 jährlich im brasilianischen Blumenau statt. »The Blumenau Beer Festival – The biggest Oktoberfest of the Americas!«, heißt es auf der brasilianischen Internetseite.

Selbst in Tel Aviv greift die Begeisterung um sich. »Im Zentrum der Stadt hat das erste bayerische Restaurant eröffnet. Seit Mai wird hier Löwenbräu vom Fass, Weihenstephaner oder Hacker Pschorr ausgeschenkt – insgesamt 35 Sorten Bier. Der Besitzer ist Sagi Ben Or. Er ist vor 28 Jahren mit seiner israelischen Ehefrau von Berlin nach Tel Aviv ausgewandert und hat hier eine Familie gegründet. Und weil es in Tel Aviv noch kein deutsches Restaurant gab, sah er eine Marktlücke.«[46]

Dem 65-Jährigen, der das Lokal zusammen mit seinen Söhnen betreibt, ist vollkommen klar gewesen, dass sich vor allem das Bayerische gut verkaufen lässt. Sagi Ben Or, der im Berliner Hotel Kempinski zum Koch ausgebildet wurde, bietet neben 35 Sorten Bier auch Schnitzel und andere Spezialitäten an. Schweinefleisch lässt sich im liberalen Tel Aviv einkaufen. Nur Weißwürste gibt es in Israel nicht, die werden einfach nicht produziert. 2012 hat in Tel Aviv erstmals ein Oktoberfest stattgefunden, rund 10 000 Besucher kamen.

Zur Sprache kommt im Zusammenhang mit Tel Aviv auch Adi Barel, der Vorsitzende des FC-Bayern-München-Fanclubs in Israel. Der Fußballverein ist der Exportschlager schlechthin. In

allen Teilen der Welt wissen Menschen, wer Franz Beckenbauer ist. In der senegalesischen Hauptstadt Dakar gibt es ebenso Bayern-Fans wie in Hannover oder in Berlin. Eine Münchnerin erinnert sich, dass sie in Thailand einmal im Krankenhaus behandelt wurde. Bevor die Untersuchung losging, musste sie dem Personal aber noch Rede und Antwort in Sachen FCB stehen. Zu Meisterfeiern, zu Champions-League-Spielen, aber auch zu gewöhnlichen Bundesliga-Spieltagen sind in München immer wieder Fans mit rotem Trikot und Lederhose in Kombination mit Sport- oder Haferlschuhen zu sehen. Die Trachtenbegeisterung der letzten Jahre hat sich auch auf die Anhängerinnen und Anhänger des FC Bayern ausgewirkt. Das Tragen von Lederhosen und anderen Kleidungsstücken dieser Art steht zusammen mit roten T-Shirts oder Trikots für eine Identifikation mit dem Verein und den Bezug zur Region.
Im Jahr 2013 hat der FC Bayern das Triple geholt, das heißt die Champions League, die Meisterschaft und den DFB-Pokal gewonnen. Der Enthusiasmus in München und bei den Fans rund um den Globus war grenzenlos. Als mit Pep Guardiola schließlich der vielleicht beste, mit Sicherheit aber begehrteste Trainer weltweit verpflichtet wurde, gab es quasi kein Halten mehr. Alle wollen an dem Erfolg des Vereins teilhaben, wollen die Stars zumindest einmal auf dem Rasen sehen. Die Bayern-Spiele in der Allianz-Arena sind seit der Eröffnung des spektakulären Baus von Herzog und de Meuron am 30. Mai 2005 fortwährend ausverkauft.
Im Stadion gibt es seit wenigen Jahren auch ein eigenes Museum, das die wechselvolle Geschichte des Vereins erzählt und die Trophäen zur Schau stellt, die der FC Bayern München in der Vergangenheit gewonnen hat. Im Shop wiederum werden nicht nur Brotzeitboxen in Form der Allianz-Arena angeboten, zwischen all den Trikots und T-Shirts findet sich auch die FC-Bay-

ern-Lederhosen-Kollektion mit eingesticktem Logo. Ein Trachtenfabrikant ist schon vor einiger Zeit auf die Idee gekommen, den FC Bayern zur Oktoberfestzeit auszustatten. Jeweils im Sommer wird zusammen mit einer großen Brauerei, dem Sponsor des FCB, ein Fotoshooting mit der ganzen Mannschaft veranstaltet. In Lederhosen stehen dann – allen voran – der Spanier Pep Guardiola, der Franzose Franck Ribéry, der Niederländer Arjen Robben, der Spanier Javi Martínez, der Österreicher David Alaba und so weiter neben den Bayern Bastian Schweinsteiger, Thomas Müller, Philipp Lahm und Toni Kroos. »Mir san mir!«, lautet das Motto des Vereins. Mit dem Slogan im Dialekt wird das Bayerische zwar absolut gesetzt, aber eben nicht festgelegt. Wer sich dem Verein zugehörig fühlt, kann jederzeit zu einem Teil von »Mir san mir!« werden.

Franz Beckenbauer

Auch die Fußballer des TSV 1860 München lassen sich zur Oktoberfestzeit medienwirksam mit Lederhosen ausstaffieren. Der Eishockeyclub der Stadt trug als erster Verein auch während des Spiels ein weiß-blau kariertes Oktoberfest-Trikot, auf dem die Träger einer Lederhose abgedruckt sind. Die Löwen vom TSV liefen 2012 erstmals in einem Wiesn-Trikot auf. Das auf 1860 Stück limitierte Outfit mit braunen Shorts und weiß-blau kariertem Shirt war im Onlineshop schon am ersten Tag ausverkauft.[47]

Ende August 2013 präsentierte auch der FC Bayern München ein Wiesn-Trikot. Der Ausstatter aus dem bayerischen Herzogenaurach hatte das Outfit seit dem Frühjahr geplant und entwickelt. Das Shirt ist Weiß in Weiß gewürfelt und hat am Kragen einen kleinen Hirschhornknopf. Angelehnt an eine Lederhose, sind die Shorts braun mit beigem Rand. Dazu gibt es Stutzen mit eingestrickten Wadl-Strümpfen, eine Trainingsjacke in Form eines Jankers und eine Schirmmütze in Grau und Grün.

Das Outfit stellten Bastian Schweinsteiger, Javi Martínez und andere Spieler am Stammsitz des FC Bayern in der Säbener Straße in München vor. Auf dem Gelände waren kleine Buden mit Jahrmarktattraktionen aufgebaut. Assistiert von lächelnden Damen im Dirndl, mussten sich die Spieler etwa beim Dosenwerfen beweisen. Lächerlich, urteilte eine große Münchner Tageszeitung, der FC Bayern, ein Faschingsverein. Aber Schweinsteiger machte auch beim Hau-den-Lukas eine gute Figur. Die Medien dokumentierten das Geschehen, freilich sind auf jedem der Bilder nicht nur die Spieler und ihr Verein, sondern auch das Logo des Ausstatters und seine Trikotkreation zu sehen. Wenn der FC Bayern zur Oktoberfestzeit mit dem Wiesn-Trikot im Stadion aufläuft, wird dieses Bild weltweit übertragen. Selbstverständlich sind einzelne Bestandteile auch für die Fans erhältlich, jeder kann so in die Rolle der bayerischen Superstars schlüpfen. Die Idee der Übersetzung lässt sich immer wieder nachvollziehen und öffnet den Blick für die vielfältigen Zusammenhänge, in denen mit dem Bayerischen umgegangen wird. Ökonomische Aspekte, Bilder und Heimatgefühle gehen fließend ineinander über. Auch die anhaltenden öffentlichen Debatten um Geschmacksfragen gehören zur Beschäftigung mit Kultur.

AM ERSTEN SONNTAG DES OKTOBERFESTS führt der große Trachten- und Schützenzug durch die Münchner Innenstadt. Präsentiert werden historische Kleider aus Deutschland, Österreich und der Schweiz, aus der Slowakei, aus Tschechien,

Griechenland, der Türkei und anderen europäischen Ländern und Regionen, die dargebotenen Stücke sind ungeheuer vielfältig. Die rund achttausend Mitwirkenden tragen Trachten, die auf eine bestimmte Gegend und oft auch auf ein bestimmtes Jahr oder Jahrzehnt zurückzuführen sind. Die prachtvollen Gewänder werden von Vereinsmitgliedern gepflegt. Eine Gruppe ist in der Regel gleich gekleidet, seltener werden auch Variationen vorgestellt.

Auf den Straßen und Plätzen am Weg stehen Menschen aus der ganzen Welt. Im Vorbeigehen sind viele unterschiedliche Sprachen zu hören. 2013 war auch der Bürgermeister der US-amerikanischen Partnerstadt Cincinnati in München zu Besuch, er hat an der Parade teilgenommen und sich aus diesem Anlass eine Lederhose angezogen. Mike Mallory war Gast von Oberbürgermeister Christian Ude und hatte ihn schon am Tag zuvor zum Anstich begleitet. In den USA wurde ebenfalls darüber berichtet, dass Bürgermeister Mallory nach München reist und dort am größten Oktoberfest der Welt teilnehmen wird.

Unter den zahlreichen Zuschauern war im September 2013 auch ein Paar aus China. Seit sieben Jahren leben die beiden in München, gekleidet haben sie sich dem Anlass entsprechend. Sie trug ein leuchtend rotes Dirndl, er eine Samtweste und eine Lederhose. Die Frau erzählte, dass beide in München arbeiten. Das Dirndl ist bayerisch, aber das Rot steht für China. Dazu hat sie Ohrringe aus Asien und eine grüne Seidenbluse kombiniert, die ebenfalls aus ihrer alten Heimat stammen. Bei strahlendem Sonnenschein fotografierte ihr Mann die Teilnehmer des Umzugs und verschickte die Bilder via Internet nach China, damit Freunde und Familie die Fülle der historischen Trachten in Europa bestaunen konnten.

Ein Blick in die Geschichte zeigt, dass auch in der Vergangenheit immer wieder kulturelle Besonderheiten in andere Zusammenhänge übersetzt worden sind. Obwohl gerade Trachten häufig als unveränderliche Traditionen wahrgenommen werden, sind diese Kleidungsstücke in ihrer Gestaltung ebenfalls von unterschiedlichen Entwicklungen beeinflusst. Eine junge Frau hält ihren Tablet-PC in die Höhe und spricht angeregt ins Mikrofon. Auf dem Bild ist eine ältere Frau zu sehen, ganz offensichtlich ihre Mutter, der sie per Videotelefonie aus München berichtet.

Mit dem Bayerischen eröffnet sich nicht nur ein ganzes Repertoire an Dingen und Ritualen, das Bayerische steht vor allem für eine ausgelassene, unbeschwerte Heiterkeit. Diese positive Gestimmtheit trägt ganz wesentlich dazu bei, dass heute weltweit Oktoberfeste gefeiert werden und sich alles, was mit dem Freistaat zu tun hat, großer Beliebtheit erfreut. Die charakteristischen Merkmale der Region werden inzwischen aber nicht mehr auf dieselbe Weise verhandelt wie noch einige Jahrzehnte zuvor. Auch der Umgang wandelt sich. Das Bayerische transportiert Lebensqualität und Lebensfreude, kann mit einer ganz konkreten Region verbunden sein, und steht – losgelöst von Bayern und seiner Hauptstadt – auch ganz allgemein für Zugehörigkeit. Das Bayerische aber ist an sich schon eine überaus hybride Kultur.

FOLKLORE MODERN, TRADITIONELL UND INTERNATIONAL

Das Baltikum ist eine faszinierende Region. Die Landschaften an der Ostsee, die Wiesen und Wälder im Inneren Estlands, Lettlands und Litauens sind wunderschön. Die Hauptstädte Tallinn, Riga und Vilnius verfügen über ein reiches architektonisches Erbe. Der mittelalterliche Kern von Tallinn etwa ist eines der letzten vollständig erhaltenen Ensembles aus dieser Zeit. Dabei leben nur verhältnismäßig wenige Menschen überhaupt in dem dünn besiedelten Gebiet. Auf rund 175 000 Quadratkilometern gibt es in allen drei Ländern zusammen nur etwa sieben Millionen Einwohner. Obwohl ein Viertel der Menschen in Estland und Lettland aus Russland stammt – in Litauen liegt der

Anteil bei fünf Prozent –, ist das Verhältnis aufgrund der langen Besatzung schwierig. Seit Anfang der 1940er bis Ende der 1980er Jahre gehörten die drei Länder zwangsweise zur Sowjetunion. Die baltischen Staaten orientieren sich heute an Skandinavien und an Europa, im Alltag wird diese Ausrichtung nicht nur an den Automarken aus dem Westen mehr als deutlich. Neben historischen Bauten fallen viele moderne Gebäude auf: Bürotürme, Wohnhäuser, Hotels und Einkaufszentren.

Estland, Lettland und Litauen verfügen auch über ihre ganz eigenen kulturellen Besonderheiten. Schmuck aus Bernstein, gewebte Leinentücher, gestrickte Strümpfe werden den Touristen vielerorts zum Kauf angeboten. Folklore ist insgesamt ein wichtiges Thema im äußersten Nordosten der EU, das eng mit der Identität der Menschen, ihrem Zusammenhalt, ihrer Geschichte und ihrer Heimat verbunden ist. Das Singen von Volksliedern etwa galt als zentraler Bestandteil des Widerstands gegen die Sowjetunion. Folkloregruppen, darunter Trachten- und Gesangsvereine, standen in der Zeit der Besatzung für den Wunsch nach Eigenständigkeit im Baltikum. Ein wichtiger Treffpunkt waren die zahlreichen Sängerfeste, die es bis heute in Estland, Lettland und Litauen gibt. Nach dem Ende der Sowjetunion wollten sich die drei Staaten aus dem langjährigen Verbund lösen und unabhängig werden. Als »baltischer Weg« demonstrierten rund zwei Millionen Einwohner im August 1989 für ihre Freiheit. Auf über 600 Kilometern Länge zog sich die Menschenkette von Vilnius über Riga nach Tallinn. Der Prozess der Ablösung Ende der 1980er Jahre verlief weitgehend friedlich, wenn auch einige Todesopfer zu beklagen waren, und ging als »singende Revolution« in die Geschichte ein.

Auch in Lettland ist Folklore ein Charakteristikum der Identität. Ein Beispiel sind die gestrickten Handschuhe, die es in zahllosen Farbkombinationen und unzähligen verschiedenen Mustern gibt.

Im »Art Space« unter dem historischen Rathausplatz der Hansestadt Riga zeigte eine Ausstellung 2013 vorindustrielle Techniken und moderne Interpretationen traditioneller Handwerkskunst. Die Schau eröffnete den jüngsten Museumsbau der Stadt. Unter dem Marktplatz wurden in einer modern gestalteten Halle bunte Stoffe, geflochtene Körbe und gehäkelte Decken wie Kunstobjekte präsentiert. »The song gets otherwise«, lautete der Titel der Schau, die zeigen wollte, in welchen Zusammenhängen die Volkslieder entstehen, die in Lettland eine so große Rolle spielen.[48]
Riga trägt 2014 den Titel der »Europäischen Kulturhauptstadt«. Das Zentrum ist herausgeputzt, die Bauten in der Innenstadt sind aufwändig saniert. Im Tourismusamt kann man Produkte kaufen, die offiziell für Riga werben. Handtücher, Stifte, Schreibblöcke, Seifen mit Lindenblüten, Tassen und so weiter, die übliche Palette, wie es scheint. Alles leuchtet in bunten Farben und ist ansprechend gestaltet. Die Designer haben sich für die »Riga-Souvenirs« zudem ein grafisches Element ausgedacht, das über einen hohen Wiedererkennungswert verfügt. All die Dinge und Verpackungen ziert eine Borte, die an ein Stickmuster erinnert. Auch auf Plakaten der Stadtverwaltung und in Broschüren findet sich dieses Motiv.
Folklore ist kein abwertender Begriff. Lange Jahre ist in der Wissenschaft, aber auch in der Heimatpflege darüber diskutiert worden, ob und wie mit traditionellen Elementen von Kultur umgegangen werden soll und vor allem darf. Debattiert wurde, was zu verantworten

Riga

ist und was nur noch der kommerziellen Ausschlachtung dient. Meistens ist mit dieser Unterscheidung auch eine Bewertung einhergegangen. Was ist gut und schön und was ist schlecht, hässlich und damit verwerflich? Irgendwann hat sich die Wissenschaft dann gar nicht mehr mit Volkskultur und Heimat, Volkskunst und Tradition befasst. Aber die Themen spielen weiterhin eine große Rolle.

Helsinki

Sabine Eggmann fragt deshalb nach den unterschiedlichen Bedeutungen von Volkskultur, anstatt den Begriff abzuschaffen. Die Bedeutung regionaler und lokaler Besonderheiten wächst mit der Globalisierung der Welt. Je näher die Menschen zusammenkommen, desto wichtiger werden Differenzen. Eigenheiten zeichnen eine Stadt oder Region auch aus, erhöhen den Wiedererkennungswert.[49]

Über Auseinandersetzungen um Volkskultur oder Folklore wird in der Gegenwart vor allem ausgehandelt, wie sich die Beteiligten die Gesellschaft eines Ortes oder einer Region vorstellen. »Tracht tragen heißt Heimat tragen«,[50] schreiben beispielsweise die Linzer Goldhaubenträgerinnen über sich selbst. In Österreich löste vor einigen Jahren eine schwarze Goldhaubenträgerin eine heftige Debatte aus. Die damals 22-jährige Hausruckviertlerin Sharon Callender war auf einem Werbeprospekt für die bekannte Linzer Kreation abgebildet. Diese besonders kunstvoll gestalteten Hauben sind die historische Kopfbedeckung der Frauen in Oberösterreich. Die junge Dame auf dem Titel fand sich selbst sehr schön, diese Einschätzung wurde ihr aber von Leuten abgesprochen, die Sharon Callender nicht als typisch für ihre Heimat sehen.[51]

Alles Quatsch, könnte man sagen, wer streitet denn heute noch um Trachten? Gerade an solchen Beispielen werden Einstellungen aber besonders sichtbar. Anstatt sich zu freuen, dass eine junge Österreicherin nicht vor historischem Kunsthandwerk zurückschreckt, sondern die Tradition des Goldhaubentragens pflegt, soll sie – aus welchen Gründen auch immer: falsch verstandene Heimatliebe, Bewahren von was eigentlich? – ausgeschlossen werden. Federführend äußerten sich Leute, die für sich das Recht beanspruchen zu wissen, wer eine Goldhaube tragen darf und wer nicht. Dieser Umstand allein wirkt derart anmaßend, dass es keines weiteren Kommentars bedarf.

Volkskultur ist cool geworden

Nicht nur in Bayern ist Volkskultur in den letzten Jahren cool geworden. In Berlin hat Katharina Koppenwallner eine Galerie mit Namen »International Wardrobe« eröffnet. Unter der Bezeichnung »Internationale Garderobe« führt die Kunsthistorikerin und Ethnologin in ihrem Laden vor allem Kleidung aus Vietnam und Rumänien. Die Stücke werden wie Kunstobjekte inszeniert, entsprechend ist auch der Preis für Damen-, Herren- und Kinderbekleidung. Gleichzeitig sollen die Blusen, Röcke und Hosen auch getragen werden und so in einem neuen Zusammenhang aufgehen. Transsilvanische Stickereien blühen im grauen Alltag der Stadt Berlin. Das Logo von »International Wardrobe« ist ein tanzender Derwisch.[52] Übersetzt werden die Gegenstände hier nicht nur in einen anderen kulturellen Kontext, eine Hose bleibt im Kern eine Hose, auch wenn sie aus einem anderen Teil der Welt stammt. Die einzelnen Teile werden vor allem zu Kunst erhoben und damit unter ganz anderen Voraussetzungen betrachtet.

Auch für den Künstler Stefan Strumbel ist Heimat das bestimmende Thema seiner Arbeit. Die Frage, was Heimat in der Gegenwart ausmacht und welche Werte heute noch hinter der Zuckerbäckeroberfläche vieler Heimatbilder stehen, beschäftigt

»Art space«, Riga

den Offenburger ganz wesentlich. 2010 präsentierte er seine Arbeiten in der »Circleculture Gallery« in Berlin. »Home Sweet Home«, lautete der Titel der Schau. Auf dem Plakat ist ein geschnitztes Schwein abgebildet, das auf eine Handgranate beißt. Der Charakter ist einer Maske aus der schwäbisch-alemannischen Fastnacht nachempfunden. Die Sau hat normalerweise einen Apfel im Maul.

Strumbel spielt mit klassischen Formen von Volkskunst aus der Region. Der Graffitisprayer gestaltet Kuckucksuhren und Masken, sogar eine Kirche hat er 2011 ausgestattet. Der Künstler ist im Schwarzwald geboren und aufgewachsen und greift bewusst Motive auf, die mit seiner Heimat zusammenhängen. Die Madonna mit dem Jesuskind über dem Altar trägt eine historische Hanauer Tracht und den passenden Hut. Strumbel verfremdet diese Dinge, indem er sie mit Sprechblasen ausstattet, in leuchtende Farben taucht oder mit Elementen verknüpft, die gar nichts Liebliches an sich haben. Das Schwein mit der Handgranate ist ein Beispiel für eine solche Variation. Das Kriegsgerät inmitten einer heilen Welt soll ganz bewusst irritieren. Strumbel will wissen, was Heimat bedeuten kann und in der Wirklichkeit der Menschen bedeutet. Was ist auch hinter der Kulisse von Zeichen und Symbolen noch wichtig?[53]

Auch eine Metropolregion gewinnt ihre Identität nicht allein durch Wachstum, sondern muss sich mit ihrer Vergangenheit, ihrer Gegenwart und ihrer Zukunft befassen. In New York hat eine Gruppe von Wissenschaftlerinnen und Wissenschaftlern, Künstlerinnen und Künstlern vor einigen Jahren ein Projekt ins Leben gerufen, das in Kooperation mit zahlreichen Institutionen, Schulen, Universitäten und Museen nach der Folklore der Stadt fragt und dieses alte Konzept neu besetzt. Zu den typischen New Yorkern gehören der Investment-Banker in Anzug und hellblauem Hemd oder die Börsenhändlerin im Kostüm mit einem Kaffee in der Hand. Genauso stehen aber auch Künstler wie der Maler Jean-Michel Basquiat, Kind einer haitianisch-afropuertoricanischen Familie aus Brooklyn, oder die Sängerin Jennifer Lopez, Kind puertoricanischer Eltern, geboren in der Bronx, für NYC. Vor allem durch ihre Präsenz in den Medien, in Dokumentationen, Serien oder Filmen sind viele der New Yorker Typen weit über die Stadt hinaus bekannt. Mit den Projekten von »Citylore«, eine Wortschöpfung, in der sich Stadt und Folklore verbinden, lassen sich die Ursprünge des Hip Hop ebenso nachvollziehen wie die Geschichte der jüdischen Kulturzentren in Manhattan. Ziel ist das Sichtbarmachen einer gesellschaftlichen und kulturellen Vielfalt, die sich historisch nachvollziehen lässt und längst ein wesentliches Kennzeichen der Stadtgesellschaft geworden ist.

LEBEN UND WOHNEN

HOME, SWEET HOME – EINRICHTEN UND AUSSTATTEN

Geranien sind eine Zier jedes Hauses. Rot, weiß oder rosa leuchten die Blüten vor den immergrünen Blättern. Die gleichen Blumen sind sowohl an den hölzernen Balkonen historischer Bauernhöfe im oberbayerischen Miesbach als auch an den Betonbrüstungen Berliner Wohnblocks aus den 1970er Jahren zu sehen. An Rathäusern und anderen offiziellen Gebäuden haben Geranien wegen ihrer langen Blütezeit ebenfalls ihren festen Platz, Postkarten und Werbebroschüren sind längst nicht mehr ohne sie denkbar. Nachdem die Pflanzen eine Zeit lang als etwas altmodisch gegolten haben, sind sie inzwischen wieder überall zu sehen. Auch angesagte Cafés mit selbst gemachtem Kuchen, bunten Sonnenschirmen und karierten Kissen schmücken ihre Tische heute mit den Pflänzchen. Die Geranie – aus der Gruppe der Pelargonien – erlebt in den vergangenen Jahren geradezu eine Renaissance.

Nicht nur die lange Dauer des Blühens, auch eine andere Eigenschaft macht die Geranie zu einer besonderen Pflanze. Keine Blume ist schließlich enger mit dem Thema Heimat verbunden. Der Balkon mit den roten Geranien steht – ganz egal, ob in Hamburg, auf Rügen oder in Schwäbisch Hall – für eine geradezu ideale Vorstellung von Heimat und Gemütlichkeit. Als Bild symbolisieren die Blumen mitunter auch ganz Deutschland. Rote Blüten neben Gartenzwergen in der Kleingartenanlage, fertig ist ein weiteres Klischee. Die Geranie scheint universell einsetzbar, wenn es darum geht, ein heimeliges Gefühl zu erzeugen oder zumindest deutlich zu machen, dass Heimat an diesem Ort eine Rolle spielt.

Wie viele unserer Zimmer- und Balkonpflanzen stammt aber auch dieses Gewächs ursprünglich aus einer ganz anderen Region der Erde. Die Geranie kommt eigentlich aus dem Süden des afrikanischen Kontinents und wird dort in Töpfen gezogen. Im Ratgeber für *Balkon- und Kübelpflanzen* ist zu lesen: »Als die ersten Pelargonien um 1700 von Kaufleuten aus Südafrika nach Europa gebracht wurden, bezeichnete man sie zunächst als Geranium. 1789 ordnete sie der französische Botaniker Charles Louis L'Heritier de Brutelle den Pelargonien zu. Nichtsdestoweniger ist der Volksmund in Frankreich wie in Deutschland bis heute bei der Bezeichnung Geranie geblieben.«[1] Mit dieser Geschichte ist die Pflanze mit den prachtvollen Blüten ein ganz besonderes Beispiel für die Verbundenheit von Heimat und Globalisierung.

FÜR VIELE MENSCHEN SIND DIE EIGENEN VIER WÄNDE ZENTRALER BESTANDTEIL IHRER HEIMAT. Hat man ein Haus, eine Wohnung oder irgendeine andere Unterkunft bezogen, stellt sich früher oder später auch die Frage nach der entsprechenden Einrichtung. Manche Menschen sind auch nach Jahren nur mit dem nötigsten Mobiliar ausgestattet, andere haben die Wohnung schon mit allerlei Krimskrams vollgestopft, bevor sie überhaupt eingezogen sind. Während die einen jahrzehntelang sammeln, Erbstücke und besondere Möbel vom Flohmarkt zusammentragen, um sie zu Hause mit ihren Besitztümern zu kombinieren, gehen andere in ein Fachgeschäft und erwerben dort ein Wohnzimmer aus einem Guss. Wie wir wohnen, hängt in erster Linie mit unserem Habitus zusammen, meint die österreichische Kulturwissenschaftlerin Elisabeth Katschnig-Fasch.[2] Der Habitus ist gewissermaßen das, was unserem Denken und Handeln zugrunde liegt. Und das, was wir sind, sagt der französische Soziologe Pierre Bourdieu, hängt ganz wesentlich damit zusammen, wo wir herkommen, was uns geprägt hat, wer unsere Eltern waren und welche Schule wir besucht haben.[3] Diese Aspekte bestimmen nun nicht, dass alle Menschen mit den gleichen Voraussetzungen auch das gleiche Leben führen, aber sie zeigen doch an, in welche Richtung es geht.

Dass die Art und Weise, wie wir unser Zuhause gestalten, von unserem Habitus beeinflusst wird, drückt sich beispielsweise bei der Dekoration des Eigenheims aus. Während sich eine Familie den Sonnenuntergang aus dem Möbelhaus, fertig gerahmt für 29,90 Euro, ins Esszimmer hängt, zieren die Wände einer ande-

Immer beliebt: Flohmärkte

ren Familie die Fotografien eines befreundeten Künstlers, der sich auf Szenen aus dem japanischen Alltag spezialisiert hat – ein Abzug seiner Arbeiten ist bereits für 400 Euro zu haben. Nicht allein der Preis macht den Unterschied, sondern auch das Wissen um die Arbeitstechnik und die Bildkomposition, zusammengefasst geht es um die Wertschätzung dessen, was und warum wo an die Wand genagelt wird. Dabei ist die Familie mit den Fotos keineswegs glücklicher oder unglücklicher als die Familie mit dem gedruckten Sonnenuntergang. Gute und schlechte Zeiten mag es in allen Familien geben, der Wandschmuck entspricht lediglich ihrem jeweiligen Geschmack. Was die einen als schön empfinden, ist den anderen ein Gräuel und umgekehrt. Gleiches gilt für die Vorstellung von Kitsch. Wird etwas als kitschig betrachtet, hängt diese Wahrnehmung wiederum vom Habitus ab. Nicht alle Menschen betrachten deswegen dieselben Gegenstände als Kitsch. Für die einen sind es die Fotos, für die anderen ist es der Sonnenuntergang. Gerade am Wohnen lassen sich auf die-

se Weise markante Unterschiede zwischen den verschiedenen Schichten und Milieus einer Gesellschaft festmachen.
Zahlreiche Wohnzeitschriften beraten Kundinnen und Kunden über die verschiedenen Möglichkeiten, ihr Zuhause auszugestalten. Vom Landhausstil über den aus alten und neueren Bestandteilen bunt zusammengewürfelten Vintage-Look bis hin zum schlichten Design-Ambiente in dezentem Schwarz und Weiß wird alles präsentiert, was die eigenen vier Wände noch ansprechender und heimeliger macht. Manch einer würde sagen: »Mein alter Sessel ist Heimat genug, ich fühle mich darin wohl.« Aber das Eigenheim dient eben nicht nur der Erholung und Entspannung, das Haus oder die Wohnung sind immer auch Ort der Repräsentation. Doch was wird da in Szene gesetzt? Jeder Mensch bildet auf der Grundlage seines Habitus einen Lebensstil aus, der immer mit seiner Herkunft zu tun hat, egal, ob diese Rolle dadurch bestätigt oder abgelehnt wird. Und diese Haltung wird vor allem darin sichtbar, wie man wohnt. Gleichzeitig sind wir bemüht, es uns im wahrsten Sinne des Wortes so einzurichten, wie wir sein wollen. Ist der Graben zwischen Anspruch und Wirklichkeit aber zu groß, wird diese Inszenierung nicht funktionieren. Oft sind es auch nicht die Formen, sondern vor allem die Materialien, die Grenzen aufzeigen. Ob Eichenparkett oder Buchenlaminat, die feinen und manchmal weniger feinen Unterschiede lassen besonders tief blicken, wie Bourdieu nachdrücklich betont.[4] An der Qualität und der Art und Weise, wie sich jemand inmitten dieser Sachen verhält, wird jedoch ebenso schnell ersichtlich, was sein Hintergrund ist. Wer nie gelernt hat, auf Dinge zu achten, kann sich dieses Wissen in der Regel auch nicht kaufen.

Wohnen und Habitus

Seit einigen Jahren ist nun der Trend zu beobachten, dass sich Menschen auch Gegenstände zu eigen machen, die im Grunde gar nicht zu ihnen passen. Ein goldenes Rehlein aus den 1960er

Jahren findet dann einen neuen Platz in einer Szenebar oder im Flur eines Designer-Ehepaars, obwohl es früher als hässliches Unding verschrien war. Figuren und Muster werden in veränderte Zusammenhänge gesetzt und erhalten dadurch neue Bedeutungen zum Beispiel als Motive im Retrolook.

Eine andere Umgangsweise mit Ausstattungsstücken ist die Kopie. Wenn ich mir dieses oder jenes Sofa nicht leisten kann, kaufe ich einfach eine preiswertere Variante. Möbelhäuser versprechen Komplettangebote für Wohnzimmer, Schlafzimmer, Esszimmer, Kinderzimmer und natürlich Küchen. Alles passt zusammen, die Lieferung wird garantiert. Für nur 19 Euro im Monat kann man seinen Traum vom perfekt ausgestatteten Zuhause bei null Prozent Anzahlung jederzeit finanzieren. In 36 Monaten oder fünf Jahren ist der Zins dann abgegolten. Vor allzu kurzlebigen Trends ist deshalb zu warnen, sonst ist die Einrichtung zwar irgendwann abbezahlt, aber schon wieder aus der Mode.

Viel zu oft wird aber auch versucht, etwas nachzuahmen, was eigentlich gar nichts mit der eigenen Lebenswelt zu tun hat. Im

Fernsehen, im Internet, in Zeitschriften und Magazinen wird immer wieder davon berichtet, wie Prominente leben. Gezeigt wird das großzügige Speisezimmer, die weitläufige Lobby. Gerade US-amerikanische Stars haben oft auch ein Heimkino und ein eigenes Zimmer für Computerspiele, ausgestattet mit den neuesten High-End-Geräten und Dolby-Surround-Systemen. Viele Menschen, die diese Lebensweise nachahmen wollen, verfügen jedoch nicht über ein Domizil mit zwanzig Zimmern, sondern vielleicht nur über eine Zweiraumwohnung. Die Couch, der Fernseher und ein Tisch davor sind in diesem Fall das Spiele-, Kino-, Wohn- und Speisezimmer in einem.

WELCH EINE FREUDE, wenn nach Monaten des Wartens im Spätsommer endlich der neue Ikea-Katalog in den Briefkasten flattert. Wie kaum einem anderen Unternehmen gelingt es dem schwedischen Möbelhaus, mit seinen Produkten bei geneigten Kunden bis dato nie gekannte Sehnsüchte zu wecken. Seit den 1970er Jahren auch in Deutschland und inzwischen sogar weltweit vertreten, geht es bei Ikea nicht nur um die Ausstattung des Heims, sondern um die Gestaltung kompletter Lebensentwürfe.

Ikea

Nahezu jede Seite im Katalog beschreibt eine Alltagssituation mit Dekorationsstücken und Möbeln, die ohne diese Dinge in gewisser Weise auch nicht denkbar ist. Mal ist es eine Szene aus einem fröhlichen Familienleben, das die Ikea-Serie Stockholm im Grunde erst möglich macht. Mal ist es ein Zimmer für Studierende, das ohne die praktischen Aufbewahrungsboxen und die flexiblen Auf- und Umklappmöbel aus Schweden nicht ausgestattet werden kann. Auch die Familienmodelle, die der Katalog abbildet, wandeln sich mit der Zeit. Immer sind es Menschen mit verschiedenen Hautfarben, Väter und Töchter, mehrere Kinder, Freundinnen oder ein Kreis an Nachbarinnen und Nachbarn, die sich in den Möbeln von Ikea zu Hause füh-

len. Und dieses Gefühl wollen auch die Kundinnen und Kunden mit ihrem Kauf erwerben. Dazu kommt eine gewisse Lässigkeit, die dem Schwedischen nachgesagt wird. Auch diese Eigenschaft will so mancher mit nach Hause nehmen. Wie die Möbel und all die anderen Sachen letzten Endes arrangiert werden, hängt in der Regel aber doch vom eigenen Habitus ab. Und den kann man nicht so einfach austauschen.
Das Einkaufsparadies selbst ist so aufgebaut, dass es fast ausgeschlossen erscheint, den Ausgang ohne Stühle, Schränke, Betten oder wenigstens nicht ohne Teelichte, Kissenüberzüge oder Kekse aus Schweden zu erreichen. Es wirkt dann gerade so, als wollte man sich nicht um sein Heim kümmern, während doch alle anderen nur über dessen Ausgestaltung nachdenken. Und zumindest die Glaskaraffe im Angebot kann man doch mitnehmen und beim nächsten Gartenfest verwenden. Eine Ausnahme sind vielleicht diejenigen, die auf dem Parkplatz zu große Teile in zu kleine Autos laden wollen. Alle anderen aber kehren beseelt vom Einkauf zurück und verteilen die Dinge in Haus oder Wohnung, um sich dort noch viel heimischer zu fühlen.

Wohn- und Heimwerkersendungen

In den vergangenen Jahren liefen Wohn- und Heimwerkersendungen geradezu inflationär im Fernsehen. Inzwischen sind fast alle Formate wieder von der Bildfläche verschwunden. Das mag insbesondere daran liegen, dass die Inhalte irgendwann austauschbar waren und sich die zahlreichen Zuschauer einfach sattgesehen hatten. In jeder Sendung wurde auf jedem Kanal im Grunde das Gleiche präsentiert. Ein Zimmer, eine Wohnung, schließlich waren es ganze Häuser, sollten im wahrsten Sinne des Wortes einen neuen Anstrich bekommen. Anfangs ging es um eine verstaubte Küche, die dringend renovierungsbedürftig war. Eine Tochter hatte sich an die TV-Ein- und -Umbauspezialisten gewandt, weil sie ihrer Mutter etwas Gutes tun wollte. Im weiteren Verlauf der Staffeln wurden vor allem die Wohnungen und Häuser solcher Menschen ausgestattet, die sich eine so aufwändige Umgestaltung nicht leisten konnten, krank waren oder einen schweren Schicksalsschlag erlitten hatten. In diesem Sinne kann man durchaus von einer guten Tat sprechen, wenn sich ein Kind – natürlich vor der Kamera – über sein neues Zimmer freut, in dem endlich ein eigenes Bett steht und Superman lebensgroß auf die Wand gemalt ist. Immer dramatischer sollten die Geschichten in der Folge werden, auf einmal wurden Ruinen binnen einer Woche grundsaniert und die psychischen Probleme der Bewohner quasi im Vorbeigehen mit dem Akkuschrauber gelöst. Am Ende gab es in Deutschland vielleicht auch einfach keine Familie mehr, die ihr spinnwebenbedecktes Interieur vor unverputzten Mauern mit apfelgrünen Wänden und weißen Sperrholzmöbeln tauschen wollte.

DAS MOTTO »DO IT YOURSELF!« stand dafür, dass man alles schaffen kann, wenn man nur will. Auffallend häufig stellten gerade Moderatorinnen zur Schau, dass sie dieses männlich dominierte Feld genauso beherrschten. Der Besuch im Baumarkt war ein beliebtes Motiv in den verschiedenen Sendungen. Nach einiger Zeit wurde jedoch immer deutlicher, dass es mit dem Machen allein nicht getan ist. Die Einrichtungen hatten in der Regel keine individuelle Note. Wohnzimmerlandschaften in knalligem Rot schafften zwar im Moment eine gute Stimmung, aber nach dem fünfzigsten Mal hatten die Zuschauer auch davon genug. Drapierte Dekorationsteller, Kerzenleuchter und andere Artikel aus dem Möbelhaus wirkten auf den ersten Blick stimmig, aber die Dinge standen eben nicht für Menschen und ihre Geschichte. Die Erinnerungen an die Großmutter waren im Zuge der Renovierung einfach verschwunden, aufbewahrt wurden nur ästhetisch ansprechende Dinge. Und was schön ist, das bestimmten

die Ausstatter vom Fernsehen. Dabei wurde allerdings übersehen, dass die Leute von einem unterschiedlichen Habitus ausgehen und auch nicht in einer Kulisse leben wollen.
Das Gleichmachen von Lebensstilen auf allen Kanälen hat letztlich auch nicht funktioniert. Nach einigen hundert Folgen, die für viele der Mitwirkenden sicherlich die Lösung ihrer lang angestauten Renovierungsprobleme bedeutet haben, für andere aber neue Schwierigkeiten mit sich brachten, mochte das Publikum die fast immer gleichen Idealvorstellungen vom Wohnen nicht mehr sehen. Und all die selbst ernannten Heimwerkerköniginnen und -könige waren so plötzlich wieder von der Bildfläche verschwunden, wie sie gekommen waren.
Nach wie vor boomen Gartensendungen, die meistens aber ganz anders aufgezogen sind. Es geht nicht um das vollständige Umgestalten des eigenen Grundstücks, auch wenn sich manche dazu verleitet sehen, sondern um Tipps und Tricks, die man bei der Arbeit anwenden kann. Diese Art der Beratung funktioniert in Großbritannien schon seit Jahrzehnten. Die Begeisterung für Rosen und Hecken ist auf der Insel besonders groß. Im Gegensatz zu den Renovierungsshows kommt in den Garten kein Räumkommando, ich lerne aber beim Zusehen, wann ich diesen oder jenen Baum pflanzen und welchen Busch ich wie zuschneiden muss. Das Fernsehen übernimmt hier die Rolle der Ratgeberliteratur.

Eine neue Rubrik im TV begleitet schließlich Menschen, die Häuser ersteigern und anschließend versuchen, diese Gebäude wieder herzurichten oder, so könnte man vielleicht treffender sagen, das Beste daraus zu machen.

Der Reiz der Sendung liegt jetzt nicht mehr im perfekt durchgestylten Heim, das über einen kommt, obwohl das Gefühl von Heimat eben auch mit den alten Balken im Dach zu tun hatte. Begleitet werden nun Menschen, die sich selbst in einem mitunter wahnwitzigen Unternehmen versuchen. Für tausend Euro oder eine vergleichbar niedrige Summe ersteigern sie bei der Auktion einen Bau, der marode ist oder jahrelang als Verwaltungszentrum gedient hat. Da läuft schon mal das Heizöl durch die Wohnung, oder das schimmelige Parkett gibt nach. Putz fällt von den Wänden, aber die nicht immer ganz perfekt vorbereiteten Hausbesitzer haben alle einen Traum oder zumindest eine Ahnung davon, was sie gern haben wollen. Der Weg mag steinig sein, doch niemand lässt sich beirren. Dieses Format scheint irgendwie mehr mit der Realität der meisten Menschen zu tun zu haben.

»LEBEN UND WOHNEN« ist ein vielschichtiges Thema, das wie die Frage nach Heimat alle Menschen weltweit angeht. Es gibt Behausungen und Gebäude, man kann in Apartments und Wohnungen, in Hochhäusern, Villen, Baracken, Wohnwagen oder Reihenhaussiedlungen leben. Während die einen in Containern unterkommen müssen, stellen die anderen ihr Kapital in Gestalt von luxuriösen Feriendomizilen zur Schau. Der Umgang mit dem Eigenheim ist von Faktoren abhängig, die man nicht beeinflussen kann, von Aspekten, die mit globalen Märkten und anderem zu tun haben.
Welche Wohnform als besonders gut befunden wird, hängt immer auch vom Zeitgeist ab. In den 1960er Jahren galten in der Bundesrepublik mit Stuck geschmückte Villen und Jugendstil-Ensembles als unmodern und wurden zahlreich abgebrochen. Noch heute fallen in Deutschland historische Bauten dem Bagger zum Opfer, obwohl es seit 1973 ein Denkmalschutz-

gesetz gibt. Häuser bergen immer auch Erinnerungen, das Wissen um die Verarbeitung von Materialien und die Geschichten ihrer ehemaligen Bewohner. Neben diesen allgemeinen Aspekten hat die Frage nach dem Wohnen aber immer auch etwas ganz Privates. In der Umgebung Rigas beispielsweise wird gerade ausgehandelt, welchen Stellenwert die typischen Holzhäuser in der Gegenwart haben und wie sich diese Tradition in die heutige Zeit übersetzen lässt.

Ein gern und vieldiskutiertes Thema im Zusammenhang mit den eigenen vier Wänden sind Nachbarschaftsstreitigkeiten. Hat man sein Heim erst einmal gemietet oder käuflich erworben, eingerichtet und endlich bezogen, sticht plötzlich der Apfelbaum des unmittelbar angrenzenden Nachbarn ins Auge, der mindestens zehn Zentimeter zu weit auf das eigene Grundstück reicht. Da wird dann konsequent geschnitten und gestritten, und oftmals geht die Sache sogar vor Gericht. Anwälte vertreten jährlich Heerscharen von streitenden Nachbarn, es geht um Zu-, Ein- und Auffahrten, um schief stehende Bäume, schwarz gebaute Gartenhäuschen und herumstreunende Hunde, um Grundstücksgrenzen und Sichtschutzvorrichtungen und so weiter, und so fort. Im Süden Deutschlands hat ein Nachbar deshalb in der Blickachse seines Kontrahenten eine Statue mit einem Schwein aufstellen lassen. Wieder andere haben schließlich die Heckenschere eingesetzt, um den jahrelangen Debatten ein Ende zu bereiten. Immer wieder ist sogar von Gewalttaten mit Todesfol-

ge zu lesen, obwohl der ursächliche Grund für die jahrzehntelangen Streitigkeiten in der Nachbarschaft längst vergessen war.
Vor einigen Jahren landete der Musiker und Moderator Stefan Raab einen Hit, weil er die Diskussion um einen Maschendrahtzaun zwischen zwei Grundstücken im Osten Deutschlands vertont hatte. Noch immer haben viele die Stimme der klagenden Frau im Ohr. Allein das sollte Warnung genug sein, das Problem mit den Nachbarn nicht allzu eng zu sehen.

FLUTEN, IMMOBILIENKRISEN UND ANDERE KATASTROPHEN

Freddie Mac und Fannie Mae sind die größten staatlich geförderten Hypothekenbanken der USA. Im Zuge des Immobilienbooms haben beide Unternehmen zu Beginn des 21. Jahrhunderts Kredite in Milliardenhöhe vergeben. Als die Finanzmärkte Ende der 2000er ernsthaft ins Trudeln gerieten und die Blase schließlich platzte, standen nicht nur die Banken mit zahllosen unbedienten Krediten da und mussten sich Geld vom Staat leihen, damit ein Bankrott nicht noch weitere Katastrophen nach sich zog. Die Probleme der Immobilienfinanzierer waren in erster Linie die Probleme der Käuferinnen und Käufer. Der Erwerb funktioniert in diesem System nahezu ohne Eigenanteil. Die Hausbesitzer, die ihr Heim auf Raten gekauft hatten, konnten nun aber die Abschlagszahlungen nicht mehr leisten. Durch die allgemeine Krise hatten sie ihren Job verloren oder fanden gar nicht erst Arbeit. Damit begann sich eine Spirale zu drehen, und viele standen am Ende mit leeren Händen da. Die Schulden stiegen höher und höher, während das Haus an die Bank zurückfiel oder zwangsversteigert wurde.

Auch in Spanien lässt sich die Krise vor allem an ungenutzten Gebäuden ablesen. In der Gegend um Murcia und Alicante stehen ganze Neubausiedlungen leer, die eigentlich Zehntausende Menschen beherbergen sollten. In den Geisterstädten leben heute nur wenige hundert Bewohner. Die erwarteten Touristen, Briten oder Deutsche, die als Rentner jahrzehntelang in den sonnigen Süden zogen, blieben aus, auch bei ihnen sitzt das Geld nicht mehr so locker wie in der Zeit vor der Wirtschaftskrise. Zu der Problematik in Spanien kommt noch ein besonderer Umstand hinzu. In der Regel kaufen die Leute dort ihre Wohnungen, kaum jemand mietet ein Haus oder Apartment an. Mit den entsprechenden Krediten und einem sicheren Job war das in der Vergangenheit auch kein Problem. Als jedoch die Arbeitslosenzahlen stiegen, konnten Wohnungsbesitzer im ganzen Land die Raten nicht mehr bezahlen. Die Kosten für die Zinsen schossen in die Höhe, viele waren jedoch zahlungsunfähig. Die Banken entschieden sich daraufhin, von ihrem Recht Gebrauch zu machen, und ließen die Wohnungen oder Häuser der Betroffenen räumen. Die ehemaligen Eigentümer sitzen dann auf der Straße und sind weiterhin verschuldet, weil die Wohnung – zwangsver-

steigert oder unter den gegenwärtigen Bedingungen in Zahlung genommen – nur einen Bruchteil der Summe einbringt, die sie ursprünglich wert war. Nicht nur die Unterkunft ist auf diese Weise weg, sondern auch das Zuhause.

Nicht allein die Immobilienkrise führte dazu, dass Menschen weltweit obdachlos sind. Neben Kriegen und Konflikten, können auch Probleme im Privatleben oder im Beruf jeden in die Situation bringen, dass er im wahrsten Sinne des Wortes den Halt verliert und am Ende ohne eine Unterkunft dasteht. Die Orte, an die man sich tagtäglich begibt, bieten immer nur zeitweise Obdach und sind ständig bedroht. Ohne ein Zuhause lässt sich keine Tür schließen, für die man nur selbst den Schlüssel hat. Zur Ruhe zu kommen wird dann besonders schwer.

Trotzdem kann man Heimat empfinden oder wenigstens eine Vorstellung davon haben, wie das eigene Heim aussehen sollte. Auch wenn es manchen nach Jahren nicht mehr gelingen mag, mit einem festen Wohnort und all den Regelungen und Pflichten umzugehen, die damit verbunden sind, sind Sehnsuchtsorte gerade für jemanden, der nichts besitzt oder alles verloren hat, von zentraler Bedeutung.

DER US-AMERIKANISCHE ARCHITEKT REX HOHLBEIN hat vor einigen Jahren ein außergewöhnliches Projekt gestartet. Nachdem er sich mit Leuten unterhalten hatte, die in seiner Heimatstadt Seattle auf der Straße leben, begann er zu fotografieren. Die ersten Aufnahmen stellte er in seinem Architekturbüro aus. Inzwischen zeigt er seine Bilder auch im Internet. Hohlbein porträtiert die obdachlosen Menschen in seiner Nachbarschaft, dem Fremont Neighbourhood. Mit seinen Schwarzweißbildern will er jedem eine Stimme geben und zeigen, wie viele unterschiedliche Geschichten hinter dem Schicksal der Wohnungslosigkeit stehen. Die Fotografien haben eine besondere Ästhetik, Hohlbein betont in seinen Kommentaren immer wieder, dass alle Menschen schön sind. Gerade diesen Aspekt hebt der Architekt besonders hervor. Was macht Schönheit überhaupt aus? Jedes Leben ist schön, jede Story interessant, findet er. Und jede Geschichte ist unterschiedlich, auch wenn sich Muster erkennen lassen oder die politischen und ökonomischen Rahmenbedingungen in manchen Zeiten wieder einmal besonders schlecht sind. »Homeless in Seattle« heißt die Facebook-Seite, auf der sich Betroffene, Interessierte und Menschen, die helfen wollen, austauschen können. Braucht jemand einen Schlafsack, kann er auf diesem Forum ganz konkret nach Unterstützung fragen.[5]

Im Jahr 2002 traf eine Jahrhundertflut vor allem den Osten Deutschlands. Die Elbe und andere Flüsse und Bäche führten nach tagelangen Regenfällen so viel Wasser wie nie zuvor. Auf den Fernsehbildern war eine schlammig-braune Brühe zu sehen, die sich ihren Weg überallhin bahnte. Die Semperoper in Dresden stand ebenso unter Wasser wie zahlreiche Geschäfte. Besonders aber traf es Hausbesitzer und Mieter in ihren Wohnungen. Hausrat wurde fortgespült, Wohnzimmereinrichtungen standen tagelang im Morast. Was einmal lieb und teuer war, landete nun auf dem Müll.

Die TV-Bilder von aufgelösten Sofas und zerstörten Couchgarnituren kommentierte der Late-Night-Talker Harald Schmidt mit bösen Worten. Die Leute sollten doch froh sein, wenn sie diese Geschmacksverirrungen endlich los wären. Diese Häme schien mehr als unangebracht. Über Geschmack lässt sich bekanntlich nicht streiten. Und das Muster des Kanapees ist das geringste Problem, wenn man gerade alles verloren hat und dafür noch nicht einmal eine Versicherung einspringen wird. Der Spott scheint auch deshalb so bitter, weil ja nicht einfach nur ein paar Möbel kaputtgegangen sind. Manche Menschen haben mit der Ausstattung ihrer Häuser auch ihre Existenz eingebüßt, andere haben mit den Dingen den Mittelpunkt ihres Lebens verloren. Im Sommer 2013 kam wieder eine Flutkatastrophe über Deutschland. Diesmal traf es vor allem den Süden des Landes. Viele kamen mit guten Absichten und unterstützten die Leute vor Ort, wo sie nur konnten. Manche vermeintliche Helfer schreckten aber noch nicht einmal davor zurück, ihren Sperrmüll – deklariert als Unterstützung – in die besonders betroffenen Gebiete zu schicken.

»Cocooning«

Gerade in Zeiten großer Zukunftsängste bildet das eigene Heim einen zentralen Rückzugsort. »Cocooning« ist die wissenschaftliche Bezeichnung für dieses Phänomen des »Sicheinspinnens«. Die Bevölkerung gibt dann im Durchschnitt mehr Geld für die Ausstattung ihres Zuhauses aus. Wichtiger als die Probleme mit der Arbeit werden Tapetenfarben, Vorhanglängen oder Lampenformen, die Frage nach der Umgestaltung des Wohnzimmers zieht alle Konzentration auf sich. Selbst Stromkabel gibt es inzwischen in leuchtendem Pink. Stühle sind ein ebenso viel debattiertes Thema wie die Auswahl des passenden Tischs. Dabei stehen den Menschen gerade mit den steigenden Preisen in den Städten immer weniger Quadratmeter zur Verfügung, die man pro Person nutzen kann. Außer man entschließt sich, einen großen Teil seines Einkommens tatsächlich in die Miete oder gar den Kauf einer Wohnung oder eines Hauses zu investieren. Wenn sich schon überall Schwierigkeiten häufen, dann kann man einfach die Tür hinter sich schließen und sich wenigstens zu Hause sicher und geborgen fühlen. Und dieses Verhalten entspricht ziemlich genau dem Verhalten einer Raupe, die sich in ihren Kokon verpuppt, um zu überdauern und bei der passenden Gelegenheit in Erscheinung zu treten. Wenn in den letzten Jahren wieder Handarbeiten zur neuen Lieblingsfreizeitbeschäftigung werden, geht es nicht nur um das Ausleben von Kreativität, sondern immer auch um die Versicherung der eigenen Lebenswelt.

SCHRUMPFENDE STÄDTE UND MIETPREISEXPLOSIONEN

Nach der Wende waren zahlreiche Landstriche in den neuen Bundesländern von einem massiven Wegzug betroffen. Bei aller Freude über die Öffnung der Grenzen und die Wiedervereinigung hat dieses Ereignis für viele Menschen einen nachhaltigen Einschnitt in ihrem Leben bedeutet. Nachdem die meisten Kombinate und staatlichen Produktionsstätten der DDR mit dem Fall der Mauer von heute auf morgen geschlossen waren, fielen in der Regel auch die dazugehörigen Arbeitsplätze ersatzlos weg. Die Marktwirtschaft, die sich im Westen Deutschlands schon seit den 1950er Jahren mit all ihren Vor- und Nachteilen ausgebreitet hatte, löste nun auch im Osten die Planwirtschaft ab. Längst konnten jedoch nicht mehr so viele Arbeiterinnen und Arbeiter beschäftigt werden wie vor 1989. Der Niedergang der Industrie führte in Regionen wie um das sächsische Bautzen zu einem deutlichen Schwund der Bevölkerung. Die Textilfabriken in der Gegend gibt es inzwischen seit Jahrzehnten nicht mehr. Vor allem junge Leute verließen und verlassen daher die Heimat, um in Tirol, in Bayern oder in Schleswig-Holstein eine Ausbildung zu machen, zu arbeiten oder zu studieren.

Auch die Plattenbausiedlungen vor großen Städten wie Leipzig oder Chemnitz wurden durch die Verlagerung von Wohnräumen und Arbeitsplätzen nicht mehr gebraucht. In und um Gera standen ebenfalls ganze Blöcke leer. Der Rückbau der Hochhaussiedlungen soll zu einer Verdichtung der Kernstädte führen. Denn auch aus den historischen Zentren ziehen die Leute fort. So manch einer wäre natürlich auch in der Platte geblieben, doch rundherum stehen immer mehr Wohnungen leer. Das Leben fühlt sich an wie in einer Geisterstadt. Mit dem Abriss von Wohneinheiten am Stadtrand verschwinden aber nicht nur leerstehende Vorstadtsiedlungen, sondern auch ganz persönliche Erinnerungsorte. Der ehemalige Jugendtreff, der Balkon der langjährigen Nachbarin oder der Grillplatz an der Ecke, an dem man sich über Jahre und Jahrzehnte mit den Leuten aus der Umgebung getroffen und schöne Feste gefeiert hat, sind mit einem Mal nicht mehr da.

Schrumpfende Städte und Regionen gibt es aber nicht nur im ehemaligen Osten der Republik, auch im Westen Deutschlands sind Landstriche im wahrsten Sinne des Wortes vom Verschwinden bedroht. Pirmasens und die Gegend um Idar-Oberstein im Landkreis Birkenfeld, Rheinland-Pfalz, etwa verkleinern sich zusehends. Lange Zeit florierte hier die Wirtschaft, nicht nur die in der Nähe stationierten US-Soldaten, der gesamte Apparat der US-Armee, sondern auch die prosperierende Schuhindustrie und die Spezialisierung auf die Edelsteinschleiferei sicherten die Einkünfte der Bewohner. Mit dem Abzug der Truppen und dem Niedergang der Industrien infolge der Globalisierung blieb kaum etwas in Pirmasens und Idar-Oberstein zurück. Schuhe können heute weitaus preiswerter in Asien hergestellt und Steine anderenorts geschliffen werden, die Branche ist weitgehend nach China abgewandert.

Die Jungen verlassen die Gegend, weil sie keine Arbeitsplätze mehr finden. Die Region überaltert. Dieses Phänomen zeigt sich im Westen wie im Osten. Weil ganze Generationen fehlen, gibt es inzwischen kaum mehr Kinder. Ohne Nachwuchs werden aber auch keine Kindergärten und keine Schulen gebraucht, damit gibt es keine Jobs für Erzieherinnen und Erzieher, für Lehrerinnen und Lehrer. Weil es das alles nicht mehr gibt, verlieren die Städte und Gemeinden aber noch mehr an Attraktivität. Dabei entwickeln die Orte ganz unterschiedliche Strategien, um ihre Probleme zu bewältigen.

Eine große Aufgabe ist es auch in Pirmasens und Idar-Oberstein, mit dem Leerstand von Häusern und Gebäuden klarzukommen und den Rückbau einzuleiten, damit die Zentren nicht veröden. Während in Idar-Oberstein vor allem Resignation spürbar ist, versucht Pirmasens, sich dem drohenden Niedergang mit allen Mitteln entgegenzustellen. Ein Weg ist die Ansiedlung von Universitätsfakultäten, die Arbeitsplätze schaffen und ein neues, junges Publikum in die Stadt bringen sollen.[6]

Während weltweit Gegenden unter einem Abwandern der Bevölkerung leiden und sich auf die veränderten Bedingungen einstellen müssen, haben Städte und Metropolregionen dagegen ein ganz anderes Problem. Es sind gerade diese Orte, an die es die Menschen in großer Zahl zieht. Besonders die Ballungszentren

versprechen Arbeitsplätze. In den Städten der Welt ist damit ein sozialer und ökonomischer Aufstieg möglich. Allein innerhalb von China sind Millionen von Arbeiterinnen und Arbeiter aufgebrochen, um das Geld für ihre Familien in Fabriken zu verdienen. Die Kinder bleiben in der Heimat zurück und werden von Großeltern und Geschwistern aufgezogen. Ihre Eltern sehen sie in der Regel einmal im Jahr. Ihre Ausbildung und die medizinische Versorgung ist gesichert, aber der Preis dafür ist hoch.

Für eine bessere Zukunft werden oft auch Grenzen überschritten. Mit der Globalisierung leben heute immer mehr Menschen in urbanen Räumen, von den Rändern, den schlechten Vierteln arbeiten sie sich über Generationen in die Mitte einer Gesellschaft vor. Der kanadische Journalist Doug Saunders beschreibt in seinem gleichnamigen Buch, was die *Arrival City*, die »Ankunftsstadt«, auf allen Kontinenten ausmacht. Unter anderem begleitet Saunders eine pakistanische Familie in London, die mittels Arbeit und Bildung in der sozialen Ordnung aufgestiegen ist. Die Töchter sind heute im Staatsdienst beschäftigt. Der Reporter verweist aber auch darauf, wie die Landbevölkerung in Frankreich und in Deutschland mit der Industrialisierung im 19. Jahrhundert erstmals in Städte wie Paris oder Berlin kam und sich dort eingewöhnen musste.[7]

Ob mit oder ohne Grenzübertritt bewegen sich Menschen rund um den Globus immer stärker auf urbane Zentren zu. Die Städte wirken dabei wie Schnittstellen in einem weltumspannenden

Netz aus Beziehungen und Kontakten. Hamburg zum Beispiel ist nicht nur durch seinen Hafen mit Schanghai und Rotterdam verbunden, auch die Bewohner pflegen private und wirtschaftliche Kontakte nach Rio, in den Spreewald und bis nach Rottach-Egern. Diese Entwicklungen führen jedoch auch dazu, dass der Druck auf die Städte weiter steigt. Die Menschen wollen nicht nur arbeiten, sie müssen auch irgendwo unterkommen. In den letzten Jahren wird die Debatte um das Wohnen aber vor allem um Luxusimmobilien und Aufwertungsprozesse geführt. Für den Teil der Bevölkerung, der nicht zu den oberen Zehntausend gehört, der aber für das gesellschaftliche Gleichgewicht unbedingt notwendig ist, wird es daher immer schwieriger, eine Heimat in der Stadt zu finden.

»Hilfe, wir wurden alle versteigert!«,[8] titelte eine Münchner Tageszeitung im September 2013. Was war passiert? Eine Erbengemeinschaft hatte sich nicht auf die Weiterführung dieser Besitzform einigen können, und das Haus wurde für mehr als fünf Millionen Euro versteigert. In dem Gebäude wohnen vierzehn Parteien, darunter viele Familien und ein alter Mann von über neunzig Jahren. Ein Bündnis, das sich in München für bezahlbare Mieten einsetzt, nannte den Verkauf »einen weiteren Schritt zum Gipfelkreuz der Mietpreisspirale«. Die Bewohnerinnen und Bewohner fürchteten deutliche Mieterhöhungen, schon fünfzig Euro zusätzlich könnten sich die meisten aber einfach nicht leisten.

Schlagzeile einer Münchner Zeitung

»Hilfe, wir wurden alle versteigert!« hat aber noch eine andere Bedeutung. Es geht ja nicht nur um das Haus, die Wohnungen, Wände, Fenster und Türen. Es geht ganz besonders darum, dass die Menschen, die in diesem Gebäude leben, ihr Zuhause und ihr Umfeld verlieren, wenn sie umziehen müssen. Auch in der Nähe werden sie keine Wohnung mehr finden. Es bleibt letztlich nur der Schritt, an den Rand der Stadt auszuweichen.

Der Immobilienmarkt ist ein ökonomisch wie emotional interessantes Feld. Einerseits funktioniert die Branche nach den Regeln der Marktwirtschaft und scheint in den letzten Jahren geradezu zum Sinnbild kapitalistischer Auswüchse und moralischer Verfehlungen – Stichwort »Luxuswohnen am Stadtpark« – zu werden. Zum anderen ist Wohnen ein sensibles Thema, das die Persönlichkeit von einzelnen Menschen und Gemeinschaften tief berührt. Die Wohnung oder das Haus ist eben nicht nur Ware, sondern in erster Linie doch Zuhause. Die Debatte um steigende Mieten und Verdrängung ist daher immer auch als Debatte um Heimat zu verstehen und wird vielleicht auch deswegen besonders leidenschaftlich geführt.

AN DER VIELBEFAHRENEN LUDLOW STREET in der Lower East Side von New York schmiegt sich ein grüner Streifen an eine Häuserzeile. Umgeben von Straßen und Gebäuden erscheint der blühende Garten geradezu unwirklich inmitten von Asphalt, Backstein und Beton. Eine Frau werkelt mit einem Wasserschlauch und gießt Büsche und Bäume. Die prachtvolle Oase dokumentiert den langjährigen Einsatz der Anwohnerinnen und Anwohner. »Den Liz Christy Community Garden«, heißt es auf einem Schild am Eingangstor, »gibt es seit 1973, er ist der erste Gemeinschaftsgarten in einem heute ausgedehnten System von Gemeinschaftsgärten in den umliegenden Nachbarschaften. Freiwillige sind jederzeit willkommen – fragen Sie eine Gärtnerin oder einen Gärtner nach Details.« An einem Later-

Ludlow Street,
New York City

nenpfahl neben dem Grünstreifen wirbt eine Immobilienfirma ganz informell mit dem Slogan »Macht Sie die Suche nach einem Apartment ebenfalls fertig? Jetzt gibt es Hoffnung!« für die »New Williamsburg Rentals« im nahe gelegenen In-Viertel und verspricht dort den Bau von Luxus-Lofts.

In der Ludlow Street stehen noch viele sogenannte »Brownstone Houses«, die für New York typischen mehrstöckigen Backsteingebäude. Überragt wird die Szenerie seit einigen Jahren von einem überdimensionalen Wohnturm. »Luxury Rentals« – »Luxuriöse Wohnungen« – heißt es auf einer weithin sichtbaren Hinweistafel auf dem Dach. Eine Frau aus dem Viertel nennt den Bau ein *ridiculous building*, ein »lächerliches Gebäude«. Und wie die *New York Times* berichtet, beläuft sich die Miete für eine Zweiraumwohnung in »The Ludlow« auf etwa 5700 US-Dollar im Monat.

In der Artikelserie »Block by Block« wird auch eine Geschäftsfrau aus der Gegend zitiert: »›Es ist eine schöne Mischung‹, meint Emanuela Magnusson, die Besitzerin und Geschäftsführerin von EFM Design und Architektur, die selbst in der Ludlow Street lebt. ›Es ist ein Viertel, das sich entwickelt, anstatt nach Plan gentrifiziert und aufgewertet zu werden.‹«[9] Während die Unternehmerin die Situation als überblickbar einschätzt, mehren sich Stimmen, die den Wandel in der Gegend sehr kritisch sehen. New York ist einer der größten Immobilienmärkte der Welt. Gleichzeitig leben und wohnen Menschen in den Straßen der Stadt, sie sind dort zu Hause, wo andere investieren.

An der Ecke Ludlow Street lässt sich die Entwicklung der letzten vierzig Jahre geradezu beispielhaft nachvollziehen. In den 1970er Jahren fingen die bürgerlichen Bewohner an, ihre Lebensqualität mit einem Garten zu verbessern. Das Projekt, das bis heute Bestand hat und auch in Zukunft fortgesetzt werden soll, wertet die Umgebung sichtlich auf. Zu Beginn des 21. Jahrhunderts interessiert sich aber auch das weltweit vernetzte Real-Estate-Business für das Areal mitten in New York. Die Stadtplanerin Beverly Moss Spatt klagte schon 1971, dass die Wohnungen, die in den Vierteln der Innenstadt gebaut werden, nicht auf durchschnittliche Einkommen abgestimmt sind.[10] Im September 2012 warb der US-amerikanische Kommunalpolitiker Erich Ulrich im Fernsehen für seine Ideen. Eine seiner Botschaften lautete, dass der New Yorker Stadtteil Queens in nicht allzu ferner Zeit sogar für die Mittelschicht zu teuer sein wird.[11]

Gentrifizierung

In den letzten Jahren ist die Rede von der Gentrifizierung in aller Munde. Der Begriff geht auf die britische Soziologin Ruth Glass zurück, die sich Anfang der 1960er Jahre mit den Veränderungen in dem Londoner Stadtteil Islington befasst hat. »Er ist vom englischen Wort ›gentry‹ (niederer Adel) abgeleitet und wird seither zur Charakterisierung sozialräumlicher Entwicklungsprozesse von Stadtquartieren genutzt.«[12] Die Spirale scheint sich nur noch nach der Macht oder Übermacht des ökonomischen Kapitals zu drehen. Mit den Worten der Stadtforscherin Ingrid Breckner ist »… unter Gentrifizierung eine allmählich durch Erneuerungsmaßnahmen und/oder Eigentümerwechsel entstehende Dominanz einkommensstarker Haushalte in attraktiven urbanen Wohnlagen zu Lasten von weniger verdienenden Bevölkerungsgruppen«[13] zu verstehen.

Die Frage nach dem Wohnen ist zu einer existenziellen Frage geworden. Was für deutsche Städte gilt, lässt sich längst auch in

anderen Großstädten beobachten. Die Schwierigkeiten sind dabei längst nicht an einer Nation festzumachen, sondern führen weltweit zu Debatten. Bei der Bürgermeisterwahl 2013 in Moskau spielte das Thema »Bezahlbarer Wohnraum« ebenso eine Rolle wie bei der Wahl zum Deutschen Bundestag im gleichen Jahr. Mit der wachsenden Bedeutung von Städten wird sich das Problem in Zukunft auch weiter verschärfen. Wohnen ist heute in erster Linie ein Geschäft.

Auch Ereignisse wie die Fußballweltmeisterschaft und die Olympischen Spiele führen beispielsweise in Brasilien zu massiven Verschiebungen im Immobiliensegment. Die Debatten darüber haben bereits im Vorfeld der Großveranstaltungen begonnen. Der US-amerikanische Stadtforscher David Harvey geht davon aus, dass gesellschaftliche Probleme heute vor allem über Auseinandersetzungen in Städten verhandelt werden. »Urbanisierung«, sagt Harvey, »ist ein Kanal, durch den überschüssiges Kapital fließt, um die Städte für die Oberschicht neu zu bauen. Ein machtvoller Prozess, der neu definiert, worum es in Städten geht, wer dort leben darf und wer nicht. Und er definiert die Lebensqualität in Städten nach den Maßgaben des Kapitals, nicht nach denen der Menschen.«[14]

Das System der Gewinnmaximierung, in dem Menschen überall auf der Welt leben müssen, stellt Harvey, bekennender Marxist, infrage und fordert ein Umdenken. In einer boomenden Stadt wie München, so hat es lange ausgesehen, ist sich gleichwohl jeder selbst der Nächste und wird allenfalls in einer akuten Notlage aktiv, die unmittelbar betroffen macht. Wer es sich leisten kann, und das sind in einer reichen Stadt viele, hat mit all diesen Dingen erst einmal nichts zu tun.

Auf der einen Seite wirbt die Immobilienwirtschaft immer offensiver für Neubauten und einmalige Kaufangebote. Vom »Wohnen in Bestlage« und »Stadtpalais im Luxussegment« ist die Rede. Auf der anderen Seite bemühen sich Stadtverwaltungen, diesem Trend entgegenzusteuern, indem sie geförderte Wohnungen bauen. Angesichts wachsender Mietpreise und dem immer knapper werdenden Wohnraum ist inzwischen eine gesellschaftliche Debatte entstanden. Während die Presse zuerst nur vereinzelt von unverschämten Vermietern und lebensbedrohlichen Formen der Entmietung berichtet hatte, betrifft die Schwierigkeit mit dem Wohnraum heute weite Teile der Bevölkerung und ist mittlerweile in allen Medien zum Dauerthema geworden.

VOM KAMPF UM DIE HEIMAT – HÄUSER UND GÄRTEN

Nichts symbolisiert in der Gegenwart so sehr die Wirtschaftskrise in Nordamerika und in Europa wie leerstehende Wohnungen und Bürobauten. Verfallende Häuser erzählen vielerorts aber auch vom Unvermögen der Politik. Junge Erwachsene finden nach ihrer Ausbildung in Spanien oder in Portugal heute keinen Job mehr, das heißt aber auch, sie ziehen gar nicht erst von zu Hause aus. Eine ganze Generation kann sich nicht mehr selbst entfalten, weil sie sich den notwendigen Raum dafür schlicht und ergreifend nicht leisten kann.

Die Menschen haben allerdings auch Strategien entwickelt, um gegen diese Einschränkungen und insbesondere gegen das Handeln der Banken anzukämpfen. Mit öffentlichem Druck versuchen sie beispielsweise, gegen Räumungen vorzugehen. Ganze Familien werden auf die Straße gesetzt, weil sie die Hypotheken nicht mehr bezahlen können. Einzelne Apartments und komplette Gebäude stehen deshalb leer und werden besetzt. Von diesen Standorten aus wird die Hilfe zur Selbsthilfe organisiert. Und wer sollte diese Bauten auch kaufen? Gerade darin liegt ja das Problem.

Viele junge Menschen halten sich mit Gelegenheitsjobs über Wasser, um in der Heimat bleiben zu können, sehen dort aber schon längst keine Zukunft mehr. Eine gute Ausbildung garantiert auch keine Stelle. Immer mehr Portugiesen und Spanier versuchen daher ihr Glück in einem anderen Land und hoffen dort auf Arbeit, um endlich auf eigenen Füßen stehen und ihr Leben in die Hand nehmen zu können.

In der letzten Zeit regt sich nun auch in Deutschland immer lauter werdender Protest an den bestehenden Verhältnissen. Gruppierungen schließen sich zusammen, um gegen ein konkretes Problem anzugehen oder neue Wohnformen zu erproben. Mal ist es der Bau einer Tiefgarage, der Unmut hervorruft, mal ist es der Verkauf des Nachbargebäudes. Aktionsbündnisse müssen zwar oft auch ihr Scheitern eingestehen, zeigen aber vor allem auf, dass Gegenargumente formuliert werden können.

Ein Beispiel dafür ist das Mietshäusersyndikat, ein Verein, der sich von Tübingen und Freiburg aus im gesamten Bundesgebiet ausgebreitet hat und inzwischen eine große Anzahl von Immobilien besitzt, die im Grunde allen Mitgliedern gehören. Durch die Organisation hat allerdings niemand das Recht, allein etwas zu veräußern. Die Gebäude sind damit aus dem Markt herausgenommen.[15]

Immer mehr Menschen stellen infrage, nach welchen Prinzipien die Stadt aufgeteilt wird. »Wir handeln mit Ihrem Lebensraum«,[16] lautete etwa der Slogan, mit dem der internationale Premium-Bauträger »Goldgrund Immobilien« im Mai 2012 für ein Luxus-Wohnprojekt »im Herzen Altschwabings« warb. Das im Internet präsentierte »Traumobjekt für finanzielle Highperformer« rief innerhalb kürzester Zeit zahlreiche Kritiker auf den Plan. Das Bauvorhaben wurde aufgeregt diskutiert, die Gründung einer Bürgerinitiative erwogen. »Das könnte man gut als Satire verwenden. Oder ist das bereits Satire?«[17]

Nach einigen Stunden verbreitete sich die Information, dass es sich bei »Goldgrund Immobilien« in der Tat um eine Kunstaktion handelte. Die Irritation war gelungen, weil ein Angebot wie die »L'Arche de Munich« nicht nur denkbar, sondern längst Alltag ist. Wie die Sendung »quer« im Bayerischen Fernsehen noch am gleichen Abend berichtete, wollte die Münchner Galerie »Truk Tschechtarow« mit der Kampagne auf den fortschreitenden Ausverkauf von urbanen (Lebens-)Räumen aufmerksam machen.[18]

Versuch eines Bürgerprotests in München-Giesing

Ein weiteres Projekt der »Goldgrund Immobilien« in München hatte mit der Instandsetzung eines Hauses in der Müllerstraße 6 zu tun. Das Haus gehört der Stadt und war bereits zum Abriss freigegeben. In den Wohnungen lebten weiterhin Mieter, das Anwesen wurde aber schon seit Längerem nicht mehr saniert. Quasi über Nacht kam eine Gruppe von »Gorillas« und wertete ein Apartment mit Farbe und wenigen Eingriffen sichtlich auf. Die Helferinnen und Helfer mit den Masken erwiesen sich als prominente Münchner, unter ihnen der inzwischen verstorbene Kabarettist Dieter Hildebrandt und der Regisseur Markus H. Rosenmüller.[19] Mit der Aktion ist es tatsächlich gelungen, den Abriss zu verhindern.

Bauträger und Hausverwaltungen sprechen von Möglichkeiten und Angeboten, die nur noch für einen geringen Teil der Gesellschaft zu bezahlen und damit überhaupt erreichbar sind. In den Medien und der Öffentlichkeit wurde die Branche für dieses vollkommen entfesselt erscheinende Streben nach Gewinnen in den letzten Jahren zusehends kritisiert.
Der mitunter auf das Schema »Gut gegen Böse« vereinfachte Kampf wirft aber Fragen auf, die weit über dieses Schematische hinausführen. In welchen Verhältnissen leben wir heute? Was hat dazu geführt, dass vielerorts die Heimat von Menschen dem Profitdenken zum Opfer fällt? Die Ausrichtung am wirtschaftlichen Erfolg, dem sich viele heute verpflichtet fühlen, hat direkt damit zu tun, dass Mieten und Immobilienpreise immer weiter nach oben schnellen. Mit Mietpreisbeschränkungen lassen sich Probleme zwar eindämmen. Ein Umdenken, das über die bloße Behandlung der Auswirkungen hinausgeht, würde jedoch auch die Rahmenbedingungen infrage stellen. 2012 und 2013 ist über das Wohnen tatsächlich wieder ein Nachdenken über Werte und Ideale in Gang gekommen, das sich offenbar nicht nur auf punktuelle Lösungen beschränkt. Effekte zu bekämpfen scheint schließlich ein aussichtsloses Unterfangen, wenn sich an den Strukturen des Systems und den Haltungen dahinter nicht nachhaltig etwas ändert.

DIE ENTWICKLUNG DER HAMBURGER NEUSTADT lässt sich bis ins 18. Jahrhundert zurückverfolgen. Grundlegend war die Besiedelung und Bebauung des Gebiets bereits Ende dieses Jahrhunderts abgeschlossen. Mit dem Anwachsen der Großstadt im 19. Jahrhundert wurde auch die Wohnbebauung in dem Areal dichter und dichter. Vor allem mittlere und ärmere Arbeiterfamilien lebten in dem Quartier.

Das Hamburger »Gängeviertel«

Die Bezeichnung »Gängeviertel« geht auf die – für Hamburg typischen – schmalen und verwinkelten Gassen zwischen den Fachwerkbauten zurück. In die Gebäude wurde niemals ausreichend investiert; zwar wurden einzelne Abschnitte mit der Zeit abgebrochen und durch neue Bauten ersetzt, im Wesentlichen aber behielt das Areal seinen Charakter. Schon vor dem Zweiten Weltkrieg wurde die Instandhaltung bemängelt, Bombenschäden beeinträchtigten die Wohnqualität zusätzlich. Immer wieder wurde vonseiten der Stadt über ein geplantes Vorgehen zur Sanierung nachgedacht.

Die Modernisierungsmaßnahmen der 1950er und 1960er Jahre gingen ebenfalls nicht spurlos am Gängeviertel vorbei. Für die Errichtung von Bürogebäuden und die Anlage von U-Bahn-Tunneln musste wie auch andernorts in der Bundesrepublik historische Bausubstanz weichen. Durch alle diese Einschnitte und Zerstörungen sind am Ende nur noch zwölf Gebäude am Valentinskamp erhalten geblieben. Gleichzeitig wurden immer neue Ideen zur Instandsetzung entwickelt, bis Anfang der 1990er Jahre der Beschluss fiel, die Gegend nicht wieder systematisch aufzubauen. Hintergrund für diese Entscheidung war der Wegfall von Bundesmitteln, mit denen die Stadt Hamburg fest gerechnet hatte.

Nachdem jahrelang gar nichts passiert war und aufgrund der zusehends schlechteren Situation immer weniger Menschen im Gängeviertel lebten, erhielt im Jahr 2006 schließlich der niederländische Investor Hanzevast den Zuschlag für den Kauf des übrigen Bestands. Hanzevast wollte die alten Häuser komplett abbrechen und anstelle der Altbauten ein Büroareal errichten, lediglich einige der Fassaden sollten bleiben und den Neubauten ein Gesicht verleihen.[20]

Während die Stadt Hamburg noch mit dem Investor verhandelte, gingen die Bürgerinnen und Bürger der Hansestadt im wahrsten Sinne des Wortes auf die Barrikaden. »Komm in die Gänge«, lautete der Slogan einer Kampagne, die letztlich dazu führte, dass die Stadt den Kaufvertrag rückabwickelte – ein geradezu einzigartiger Vorgang. Was war geschehen?

»Wie eine Stadt ihre Geschichte wegsaniert«

Unter der Überschrift »Wie eine Stadt ihre Geschichte wegsaniert« berichtete der Journalist Matthias Gretzschel im August 2008 über massive Eingriffe im Stadtbild. Seit dem 19. Jahrhundert wurden immer wieder Gebäude abgerissen, die für die Identität der Freien und Hansestadt stehen. Oft wurden historische Orte einfach an den Meistbietenden verschachert. Gretzschel sieht die Politik in der Verantwortung. »Investoren wollen Geld verdienen. Bei der Jagd nach dem maximalen Profit spielt das Erbe der Geschichte keine Rolle. Gerade deshalb trägt die Stadt eine besondere Verantwortung, die wenigen historischen Gebäude zu erhalten, die die Widrigkeiten der Zeit überstanden haben – und seien es die Reste eines ehemaligen Elendsquartiers wie am Valentinskamp.«[21]

Anlass der Berichterstattung war die Besetzung des Gängeviertels im August 2009. Künstler und Kreative hatten sich zusammengetan und feierten in dem Gebäudekomplex ein mehrtägiges Hoffest. Die Strategie der Besetzung ist in Hamburg seit den 1960er Jahren mehr als erprobt, als Beispiel sei hier nur die jahrzehntelang umkämpfte Hafenstraße erwähnt. Rund 200 Menschen wollten mit der Aktion im Gängeviertel ein Zeichen gegen den Ausverkauf der Stadt – ihrer Stadt und ihrer Heimat – setzen.[22] Lange Verhandlungen zwischen der Initiative »Komm in die Gänge« und der Verwaltung führten schließlich zu dem spektakulären Rückkauf des Areals. Vereinbart wurde, dass das Viertel saniert wird und auf diese Weise mitten in Hamburg preiswerter Wohnraum entsteht.

Lesungen, Ausstellungen, Kunst und Kultur haben seither mehr als 10 000 Besucher auf das Gelände gelockt. Aus der Initiative ist 2010 die Genossenschaft Gängeviertel hervorgegangen. »Das Gängeviertel soll ein Freiraum sein für alle! Jede und jeder ist bei uns willkommen. Wir sind viele und werden täglich mehr. Wir sind die Stadt, denn: Die Stadt sind wir alle. Euer altes und neues Gängeviertel!«,[23] lautet ihre Botschaft. In einer groß angelegten Kampagne treten auch bekannte Gesichter für den Stadtteil ein, unter ihnen etwa die Hamburger Hip-Hop-Band Fettes Brot, Christoph Lieben-Seutter, der Generalintendant der Elbphilharmonie oder der Konzertmanager Karsten Jahnke.

Auch die Stadtverwaltung ist mittlerweile stolz auf das Gängeviertel, eine Besonderheit, die Hamburg im Wettbewerb mit anderen Großstädten weltweit attraktiv macht. Inzwischen ist das Areal sogar von der UNESCO zu einem Ort kultureller Vielfalt gekürt worden.[24] Getragen wurde die ganze Aktion von gemeinschaftlichem Handeln. Einer allein hätte sich zwar bemühen können, der Zusammenschluss vieler verschiedener Menschen brachte letztendlich aber den Durchbruch. Das Projekt konnte umgesetzt werden.

Als einzelne Person oder Familie ist es zwar möglich, genügend Geld aufzubringen, um irgendwo eine Wohnung zu kaufen oder zu mieten. Je höher die verfügbaren Mittel, desto mehr Freiheit hat man bei der Wahl des Standorts. Wenn sich eine Gegend nun vollkommen verändert, bringt aber auch das ganze Geld nichts. Das Gefühl von Heimat hat nämlich immer auch mit dem Drumherum zu tun und lässt sich in der Regel nicht nur auf vier Wände beschränken.

ALS ERSTE AKTIVISTIN HAT JANE JACOBS in den 1960er Jahren in New York den Kampf gegen eine völlig entfesselte Stadtentwicklung aufgenommen. Noch heute bestechen ihre Forderungen durch Klarheit und setzen eindeutige Maßstäbe für die Planung von urbanen Räumen. Und noch heute möchte man sich wünschen, dass die Verantwortlichen für die Gestaltung der Stadt ihr Buch *Tod und Leben großer amerikanischer Städte* lesen würden.[25] Jane Jacobs hat sich immer dafür ausgesprochen, die gewachsenen Strukturen einer Stadt nicht wegen des Profits zu zerstören, sondern sich an den Gewohnheiten der Bewohnerinnen und Bewohner zu orientieren.

Städte gewinnen in den letzten Jahren zunehmend an Bedeutung. Über die Hälfte der Weltbevölkerung lebt gegenwärtig schon in urbanen Räumen. Die Stadt verspricht sozialen Aufstieg, die Stadt ermöglicht die Verwirklichung von Träumen. Während Städte also immer attraktiver werden, wird Wohnraum gleichzeitig immer knapper. Denn Leben in der Stadt hat nicht nur mit lokalen Zusammenhängen zu tun, Immobilien in den kleinen und großen Zentren sind heute auch für global agierende Investmentfonds von Interesse. Wie mit Grundnahrungsmitteln wird inzwischen ohne Bedenken mit Orten des Zusammenlebens spekuliert. Die Frage nach Heimat bleibt dabei auf der Strecke, Wohnraum ist vor allem Kapital.

Gerade Städte, die immer dichter besiedelt sind, werfen diesbezüglich immer größere Probleme auf. Das »Heimischwerden« fällt schwer, wenn es nahezu unmöglich geworden ist, einen Unterschlupf, ein Zimmer, ein Apartment oder ein Haus zu finden. Eine Stadt zeichnet sich durch Vielfalt aus, alle Bewohner müssen daran teilhaben können.

Immer lauter werden in den vergangenen Jahren die Stimmen, die einen Wandel im Umgang mit dem Wohnen fordern. Die Politik ist gefragt, Konzepte zu entwickeln, die es unterschiedlichen Menschen möglich machen, in einer Stadt zu leben oder dort zu bleiben. Allerdings geht es auch um Solidarität in der Bevölkerung. Wenn jeder immer nur mit sich beschäftigt ist, kann eine Stadtgemeinschaft nicht funktionieren.

Gibt es ein Recht auf ein Zuhause? Bei der Entmietung einer 85-jährigen Rentnerin, die ihr ganzes Leben in der gleichen Wohnung verbracht hat, oder der Auflösung einer gut eingespielten Hausgemeinschaft stellt sich nicht nur die Frage nach bezahlbarem Wohnraum, sondern hier geht es auch um Werte. Wie soll die Stadt in Zukunft aussehen? In welcher Gesellschaft wollen wir leben?

Im Zusammenhang mit dem Wohnen kreisen die Debatten meist um ökonomische Aspekte, um Überteuerung, den Anstieg der Nebenkosten, im schlimmsten Fall um Luxussanierung. Kaum jemand stellt jedoch infrage, in welcher Welt ein solches Handeln erst möglich wird. Ist es moralisch vertretbar, Familienwohnungen zu Citylofts umzubauen? Und schon bahnt sich eine neue Debatte an, wer darf denn nun wo wohnen? Muss ich mit dem entsprechenden Einkommen an den Stadtrand ziehen, weil ich sonst alteingesessene Mieterinnen und Mieter vertreibe?

Diese Überlegungen sind freilich nur in Städten möglich, in denen ansonsten alles in Ordnung ist. In Tacloban auf den Philippinen blieb nach einem verheerenden Taifun im November 2013 kein Stein mehr auf dem anderen. Leichen säumten die Straßen, Epidemien drohten auszubrechen. Der Kampf ums nackte Überleben war von einem Tag auf den anderen in den Mittelpunkt gerückt. Ohne die Unterstützung von geschulten Hilfsorganisationen und Spenden aus aller Welt sind die Menschen auf sich selbst gestellt. Auch in den syrischen Städten, die über Monate hinweg unter Dauerbeschuss liegen, ist Diversität kein Thema. Den Luxus, sich mit Fragen der Vielfalt zu befassen, können sich deutsche Großstädte aber leisten. Und um die Zukunft sozial gerecht zu gestalten, wird das auch dringend notwendig sein.

Gleichzeitig entwickeln die Bewohner der Städte immer neue Strategien, um sich ihre Umgebung anzueignen. In Europa und Nordamerika ist derzeit das Anpflanzen von Obst und Gemüse besonders beliebt. Pioniere waren etwa die Betreiber der Prinzessinnengärten in Berlin Kreuzberg, die Möglichkeit, eigene Kräuter wachsen zu sehen, gibt es inzwischen auch auf dem Flugfeld Tempelhof. Und im New Yorker Stadtteil Brooklyn gibt es Farmen, die Gemüse auf Hausdächern züchten.

»O'pflanzt is!«

»O'pflanzt is!«, heißt es dagegen in München. Das urbane Gärtnern ist mobil wie die Gesellschaftsschicht, die es in der Regel betreibt. In Körben werden Salatköpfe herangezogen, transportabel sind auch die Tomatenstauden in Tüten. Die hohe Belastung durch die Abgase in der Stadt spielt dabei kaum eine Rolle. Meistens handelt es sich bei den Gärtnern um gut ausgebildete Akademiker, die sich auch den Einkauf im Biomarkt um die Ecke leisten könnten. Aber auch hier greift das Landlust-Prinzip. Kreativ sein, mit den eigenen Händen arbeiten und sich in der Gemeinschaft über Saatgut austauschen zu können ist für viele wichtiger, als einfach nur Geld zu investieren. Dabei darf allerdings nicht in Vergessenheit geraten, dass auch in den verhältnismäßig reichen Städten des Westens Menschen einen Garten anlegen, um Nahrungsmittel aus wirtschaftlicher Not anzubauen.

HERZLICH WILLKOMMEN!

AUSGRENZEN UND ABSCHOTTEN – WIR UND DIE ANDEREN

»›San Sie ein Local?‹ wird euch die freundliche Mitarbeiterin bzw. der freundliche Mitarbeiter des Beastin Shops in der Amalienstraße 44 ab dem 20. September fragen. Wenn ihr dann nickt und eurem Gegenüber euren Perso unter die Nase haltet und dieser München als euren Geburts- und/oder Wohnort ausweist, wird euch die exklusive Gelegenheit eröffnet, ein Wiesn-Set zu kaufen, das garantiert kein Touri kaufen wird. Warum? Weil er es nicht darf. Ist nämlich ein ›Local‹ Project.«[1] Mit diesen Zeilen wurde im Herbst 2013 ein spezielles Oktoberfestangebot auf dem 089-Blog angekündigt. 089 ist die Vorwahl von München, es geht um die bayerische Landeshauptstadt, um angesagte Themen, um Mode und alltägliche Beobachtungen. Für einen unbekannten Preis wurden nun eine schwarze Baseballkappe und ein Maßkrug aus schwarzem Plastik mit der Aufschrift »Local« beworben. Die Serie war limitiert, nur 89 Sets standen zum Verkauf.

Ohne die Aktion bewerten zu wollen, zeigt sich an diesem Beispiel doch ganz deutlich, dass das Aushandeln von Identitäten immer auch mit Abgrenzen zu tun hat. Wenn ich weiß, wer ich nicht bin, weiß ich vielleicht eher, wo ich mich selbst zugehörig fühle. Das sprichwörtliche Umzäunen des eigenen Hauses führt allerdings dazu, dass es immer auch etwas anderes, etwas jenseits des Gartenzauns gibt. Um sich selbst zu versichern, eine Gruppe, Gemeinschaft oder gar Gesellschaft zu beschwören, hilft es, immer das auszumachen, was man nicht ist oder nicht sein will und manchmal auch einfach nicht sein kann. »Echter Münchner« stand auf den Aufklebern, die im Rahmen des Local-Projekts verteilt wurden.

Das Schimpfen über die Schwaben ist in Berlin zu einem beliebten Sport geworden. Selbst der sonst so besonnene ehemalige Bundestagspräsident Wolfgang Thierse ist in diesem Zusammenhang schon mit entsprechenden Kommentaren aufgefallen. *Die* Schwaben werden dafür verantwortlich gemacht, dass die Mieten heute teuer und die Läden ebenso angesagt wie unbezahlbar sind. Der Punkt, um den es bei der Debatte eigentlich geht, ist die strukturelle Veränderung von Vierteln wie Kreuzberg oder Prenzlauer Berg. Nach der Wende hat sich die Bevölkerung in manchen Stadtteilen nahezu komplett ausgetauscht. Wer die bessere Bildung und damit in der Regel auch das bessere Einkommen vorweisen konnte, hat die inzwischen sanierten oder an gleicher Stelle neu gebauten Wohnungen bekommen.

Die Schwaben sollen es gewesen sein und werden deshalb öffentlich beschimpft und angeklagt. Dabei ist auch Berlin eine Stadt, die immer davon gelebt hat, dass sich Menschen aus den unterschiedlichsten Kontexten, aus Metropolen wie London, Paris oder New York, aber auch aus rheinischen Kleinstädten und schwäbischen Dörfern aufmachen und sich und die Welt in der Großstadt neu erfinden. Berlin war und ist für viele ein Sehnsuchtsort, die Art von Heimat, in der sie sich selbst verwirklichen und nach den Sternen greifen wollen.

»Kreuzberg bleibt bunt«

»Kreuzberg bleibt bunt«, lautet ein Slogan in der Diskussion um die Zukunft des Viertels. Seit einigen Jahren schon wird teilweise erbittert gestritten, wer das Recht auf den Stadtteil hat und wer letztlich schuld an der zunehmenden Kommerzialisierung des traditionell linksalternativen Bezirks ist. Verdienen möchten aber alle, wenn wieder eine Reisegruppe durch die Bergmannstraße schlendert. Zum Feind erklärt wurden nun die Berliner Schwaben, manchmal sind es auch die Touristen, die man in Kreuzberg nicht haben will, wie »echte« Kreuzberger nicht müde werden zu betonen.

Die Grenze zwischen Spaß und Ernst verläuft dabei fließend. Der Hinweis auf die Gentrifizierung des Stadtteils und das spielerische Ausmachen der vermeintlich »Schuldigen« ist das eine, die massive Hetze gegen langjährige Bewohner das andere. Auch in diesem Konflikt wird nicht auf das Auseinanderklaffen einer sozialen Schere verwiesen, die es bald unmöglich machen wird, dass Menschen mit mittlerem oder niedrigem Einkommen – und dazu gehören auch viele Künstler und Kulturschaffende – in den Zentren der Städte leben können. Diese Debatte wird in der Regel nicht geführt, stattdessen wird ein Feind beschworen. Pauschal zugeschrieben wird den vermeintlichen Vertretern der angeklagten Gruppe in erster Linie, dass sie über Geld verfügen. Dabei ist schon die Rede von »*den* Schwaben« ein klassischer Fall von Ethnisierung. Man mag nun sagen, das ist doch alles übertrieben, aber die Mechanismen von Exklusion und Inklusion im Zusammenhang mit Gesellschaften sind eben immer die gleichen. Müßig ist es da zu betonen, dass auf die Weise noch nie etwas gewonnen wurde. Die eigentlichen Fragen sind schwierig zu lösen und treten angesichts polemischer Schimpftiraden in den Hintergrund, über die Stadtgesellschaft der Zukunft und ihre Heimat wird gar nicht erst nachgedacht.

Bruno Schrep, ein Journalist, der lange Jahre im Deutschlandressort des *Spiegel* tätig war, setzt sich mit der Problematik des Ausgrenzens auseinander. Nach dem Zweiten Weltkrieg waren es zunächst die Flüchtlinge und Vertriebenen, die von der westdeutschen Bevölkerung mit Argwohn beäugt wurden. Die Rede vom »Flüchtling« wurde bald zum Schimpfwort, die Geschichte der Flucht und die damit verbundenen Erlebnisse, Verluste und Traumata wurden gar nicht erst thematisiert. Im Vordergrund stand die sprachliche und damit auch gesellschaftliche Abwertung von Menschen, die nichts weniger als ihre Heimat verloren hatten.
»Wie heute bei Hartz IV ging es dabei hauptsächlich ums Geld«, klärt Schrep auf. »Mit Neid und Missgunst registrierten die Einheimischen die vielen Milliarden an Lastenausgleich, die zwecks Integration der Heimatvertriebenen gezahlt wurden. Und wie heute wurde vielen Empfängern unterstellt, sie würden sich durch Tricks und Lügen höhere Leistungen erschleichen.«[2]
Verdächtigt wurden die Vertriebenen nicht nur zu betrügen. Das preußische Landgut, für das sie entschädigt worden waren, wurde in der Verhöhnung zu einer Hütte. In der einfach gestrickten Logik der Stammtische waren die gezahlten Beträge damit nicht gerechtfertigt. Dass man Heimat nicht durch Geld ersetzen kann, spielte gar keine Rolle. Denn auch über diese viel schwerer wiegende Frage wurde nicht diskutiert. Angst hatten die West-

deutschen unterdessen auch vor möglichen Seilschaften, die den Flüchtlingen weiterhelfen und ihnen selbst schaden würden. Diese Anschuldigungen hielten sich bis in die Zeit, als die Bundesrepublik zu Wohlstand kam und die Heimatvertriebenen weitgehend eingegliedert waren. »Doch es dauerte nicht lange, bis die neu zusammengerüttelte Gemeinschaft aus Alteingesessenen und Dazugekommenen eine neue Minderheit fand, gegen die man sich abgrenzen konnte, gegen die sich Spott und Diffamierung richteten.«[3]

Mit dem Erstarken der Wirtschaft wurden in der Bundesrepublik mehr Arbeitskräfte benötigt, als das Land zur Verfügung hatte. Die Auswirkungen des Zweiten Weltkriegs waren noch immer stark zu spüren, zugleich überstieg die wachsende Nachfrage das bisher ausreichende Angebot um ein Vielfaches. Über ein Jahrzehnt expandierten Firmen und Unternehmen und konnten gar nicht genug Arbeiterinnen und Arbeiter aus dem Ausland einstellen.

Anfang der 1970er Jahre verlangsamte sich die Konjunktur. Unter Bundeskanzler Willy Brandt wurde aus diesem Grund im Jahr 1973 der sogenannte Anwerbestopp verhängt, der das Ende der Gastarbeitsära in der Bundesrepublik bedeutete. Anstatt nach Jahren in ihre Herkunftsländer zurückzuziehen, holten viele Menschen, die inzwischen in Köln oder in Bottrop, in Stuttgart oder in Mannheim heimisch geworden waren, ihre Familie nach, heirateten und gestalteten ihr Leben in ihrem neuen Heimatland. Als die Leute nicht bereit waren, »nach getaner Arbeit … spurlos zu verschwinden«,[4] kam es, wie Schrep zusammenfasst, verstärkt zu ausländerfeindlichen Ressentiments.

Wieder ging es auch ums Geld, schließlich herrschte in den 1970er Jahren nach den Wirtschaftswunderjahren erstmals Rezession. »Mit Widerwillen registrierten viele Bürger, dass die Fremden nicht nur Müll wegräumten oder auf dem Bau malochten, sondern auch in den Wartezimmern der Ärzte neben ihnen saßen, ihren Nachwuchs in deutsche Kindergärten und Schulen schickten, mit deutschen Mädchen anbandelten und – vor allem – auch Ansprüche auf die heiligen Sozialkassen erwarben.«[5] In ökonomisch schlechten Zeiten wurde der Begriff »Ausländer« zum Schimpfwort. Auf die »Ausländer« folgten die »Ossis«, die angeblich nie genug kriegen konnten und nichts dafür taten.

In den letzten Jahren ist nun immer wieder von der »Flut« an »Flüchtlingen« die Rede, die als Asylbewerber nicht nur Deutschland, sondern gleich die gesamte Europäische Union »überschwemmen«. Menschen in Afrika oder im Mittleren Osten sind quasi schon »illegal«, wenn sie überhaupt an die EU denken. Und von Menschen ist in der Regel gar nicht erst die Rede.

Das sprachliche Problem, das Schrep dokumentiert, ist immer auch ein gesellschaftliches. Diese oder jene Formulierung zeigt an, wie die Einschätzung lautet, die hinter einem Wort steht. Oft genug schwingt eine Abwertung mit, wenn von »anderen« gesprochen wird. Meistens geht es um »*die* Anderen«, auch wenn die Leute, die aus einer bestimmten Region kommen, natürlich auch ganz unterschiedlichen Milieus zuzuordnen sind. Jeder hat seine Geschichte, seine Stimme und seine Würde.

Auch das Wort »Migration« ist in der öffentlichen Debatte negativ besetzt und wird damit negiert. Das heißt, indem immer wieder davon die Rede ist, dass es Migrantinnen und Migranten in Deutschland eigentlich gar nicht gibt, wird ihre Existenz einfach verneint. »Respekt« ist auch ein Begriff, der im Zusammenhang mit Flucht und Vertreibung nur ganz selten fällt. Das Gleiche gilt für die Heimat. In der Asyldebatte geht es um die Verwaltung von staatlichen Ressourcen und nicht um die Frage von Zugehörigkeit. Eine Großstadt ist ohne Migration und Mobilität gar nicht zu denken. Die Metropolen, die im 19. Jahrhundert entstanden sind, gibt es deshalb, weil sich Menschen auf den Weg in die Städte gemacht haben. Das gilt für Berlin ebenso wie für Paris.

Von einer »gruppenbezogenen Menschenfeindlichkeit« spricht der Konflikt- und Gewaltforscher Wilhelm Heitmeyer in diesem Zusammenhang. In seiner groß angelegten Analyse *Deutsche Zustände* wird deutlich, wie immer wieder Probleme auf Kosten von Gruppen oder Einzelpersonen kompensiert werden sollen. Auch wenn es die Gruppe gar nicht gibt – wird sie erst einmal beschuldigt, stellt sich auch die Frage nach der Existenz der Gruppe nicht mehr. »Heimat bewahren. Einwanderung stoppen«, lautete ein entsprechender Slogan der NPD im Bundestagswahlkampf 2013. Die rechtsgerichtete NPD betrachtet sich selbst als »Soziale Heimatpartei«. Über Heimat wird Stimmung gemacht und eine emotionale Komponente ausgespielt.

Auch oder gerade die großen Volksparteien stehen hier in der Verantwortung, wenn sie – wie man so schön sagt – beim Stimmenfang am rechten Rand fischen. Die Ausrichtung der Politiker auf Bundesebene gibt das Feld vor, in dem sich auch Parteien wie die NPD bewegen. Ein öffentliches Zaudern eines Ministers angesichts der »massenhaften Zunahme« von Asylanträgen befördert die Stimmung, die die Rechten für ihre Zwecke brauchen. Katrin Hilger sieht auf ihrem »Hobbyweltverbesserer-Blog« einen Zusammenhang zwischen den Aussagen der Politik und den Reaktionen der Leute vor Ort. Slogans wie »Leistung muss sich wieder lohnen« und Kommentare von Parteifunktionären, die Flucht oder auch Migration immer wieder negativ bewerten, stacheln die Hetze weiter an.[6] Und oft bleibt es nicht bei Worten, Ängste werden geschürt, und Menschen richten ihr Handeln danach aus.

Die Information, dass die Zahl der tatsächlich angenommenen Asylbewerber in Deutschland gerade aufgrund der restriktiven Gesetze seit Jahren zurückgeht, gelangt gar nicht erst ins Rampenlicht der Medienöffentlichkeit. Auch die Information, dass ökonomische Probleme im Herkunftsland als Aufnahmekriterium ausgeschlossen sind, bleibt im Dunkeln. 2013 ist die Zahl der Anträge wieder gestiegen, etwa 10 000 Menschen bemühen sich monatlich um Asyl. Die meisten von ihnen stammen aus Syrien oder aus Tschetschenien. In Syrien herrscht Bürgerkrieg, die Lage in der russischen Teilrepublik ist fatal.

Im Jahr 2012 waren nach Auskunft des Flüchtlingshilfswerks der Vereinten Nationen (UNHCR) mehr als 45 Millionen Menschen weltweit auf der Flucht. »Die Hauptlast von Flucht und Vertreibung tragen jedoch arme Staaten: 81 Prozent aller Flüchtlinge leben in Entwicklungsländern. Allein Pakistan nahm im vergangenen Jahr [2012] 1,6 Millionen Flüchtlinge auf, gefolgt vom Iran mit 868 000 Neuaufnahmen.«[7]

IM SOMMER 2013 tauchten in kurzen Abständen drei Meldungen in den Medien auf, die aufhorchen ließen und dabei ein erschreckendes Licht auf den Umgang mit Heimat warfen: In Berlin Reinickendorf wurde ein Spielplatz für die Kinder von

Asylsuchenden gesperrt. Nahe der Wohnanlage sind besonders zu schützende Flüchtlinge wie Schwangere oder Minderjährige ohne Begleitung untergebracht. Der Spielplatz gehört der benachbarten Eigentümergemeinschaft, die das Feld einzäunen ließ. Ein älterer Herr aus dem Verwaltungsbeirat der Wohnanlage sorgt sich vor allem um seine Gesundheit, er spricht von schweren Krankheiten und befürchtet eine Ansteckung durch die unerwünschten Nachbarn.[8] Im Schweizerischen Bremgarten wurde Asylbewerbern zeitgleich nicht gestattet, öffentliche Schwimmbäder ohne Begleitung zu besuchen.[9] Und in Berlin-Hellersdorf demonstrierte ein Zusammenschluss von Anwohnern gemeinsam mit Neonazis gegen die Unterbringung von Flüchtlingen in einer ehemaligen Schule. Besonders häufig war in den Medien ein junger Mann zu sehen, der sich vor laufender Kamera darüber beklagt, dass die Asylsuchenden ja ohnehin nur Geld wollen, und den traumatisierten Menschen aus Syrien im pinkfarbenen Poloshirt einen Hitlergruß zeigt.[10]

Immer geht es um Ängste, um vermeintliche Probleme, für die eine Gruppe von Menschen verantwortlich gemacht wird. Initiativen, die sich für Flüchtlinge engagieren, lehnen eine Unterbringung in Gemeinschaftsunterkünften seit Langem ab, weil sie zuallererst mehr als problematisch für die Betroffenen selbst ist. Als Traumatisierter mit vielen anderen zusammenzuleben, die ebenfalls nicht arbeiten dürfen, ihre eigene Vergangenheit bewältigen müssen und sich den ganzen Tag mit nichts Konkretem beschäftigen können, klingt nicht nur schwierig, sondern bringt auch entsprechende Konflikte mit sich.

Die angesprochenen Ängste lassen sich nicht auf einen Faktor zurückführen. Bilder schwingen mit, das eigene soziokulturelle Umfeld spielt eine Rolle, und auch die ökonomische Situation trägt dazu bei, wie wir andere Menschen empfinden. Auffallend ist, dass diese »anderen« immer als geschlossene Gemeinschaft wahrgenommen werden. Dabei kennen sich die Menschen, die sich aus irgendeinem Grund und zu irgendeiner Zeit auf den Weg gemacht haben und jetzt in einem Heim zusammen untergebracht werden, natürlich in der Regel nicht. Ein Wort für alle – »die Flüchtlinge« – reicht aus, um unterschiedliche Personen zu einer Gruppe zu machen. Um wen es eigentlich geht, welches Schicksal, welche Geschichte dazu geführt hat, dass jemand aus dem Kongo oder aus Afghanistan in Berlin-Hellersdorf gelandet ist, rückt damit nicht nur in den Hintergrund, sondern wird vollständig ausgeblendet. Anders ist es auch nicht zu erklären, dass der Verlust der Heimat gar nicht erst zur Sprache kommt.

EIN NEUER KONSERVATISMUS? – ZUHAUSE ALS EIGENTUM

Unter der Überschrift »Dem Bewahren, Schönen, Guten« machte sich der Journalist Gustav Seibt im November 2010 über das Phänomen eines neuen Konservatismus in der Gesellschaft Gedanken. Der Essay ist im Magazin der *Süddeutschen Zeitung* erschienen, auf dem Titel prangt ein einleitender Text in Fraktur.

Seibt eröffnet sein Feld mit einer These: »Moderne Menschen schätzen solides Handwerk. Sie setzen auf Nachhaltigkeit. Sie schicken ihre Kinder auf die besten Schulen. Sie finden die Thesen von Thilo Sarrazin nicht völlig abwegig. Und merken nicht, in was sie da hineingeraten: Ihr gepflegter Konservativismus nimmt langsam reaktionäre Züge an. Eine Warnung.«[11]
Als Historiker steht Seibt dem gegenwärtigen Hang zu Tradition und Traditionellem durchaus skeptisch gegenüber. Damit ist er aber beinahe der Einzige, der in der Öffentlichkeit kritisch auf diese Entwicklungen blickt und in diesem Zusammenhang ernsthafte Fragen aufwirft. Gerade das Schulthema wird häufig von Menschen angesprochen, die einen ratlos zurücklassen. Selbst Akademiker reden ohne Scheu darüber, dass ihr Kind doch bitte nicht die Klasse mit dem höchsten Anteil von Kindern mit Migrationshintergrund besuchen soll. Pauschal abgeurteilt wird damit niemand anderes als eine Gruppe von Kindern, Migration wird gleichgesetzt mit einer negativen Erfahrung, und von Bildung können diese Leute ja bitte schön nichts wissen. Es geht natürlich um das Wohl des eigenen Nachwuchses, der seine Chance im Leben haben soll. Vielleicht wäre es eine Bereicherung, die Kinder in dieser Schule einmal kennenzulernen, etwas über die Vielfalt zu erfahren und mit ihnen zu spielen, weil sie auch Kinder und darin gar nicht anders sind.

Mehr als zehn Jahre lang zogen Uwe Mundlos und Uwe Bönhardt durch Deutschland und ermordeten nach ihrem Ermessen neun Geschäftsmänner und eine Polizistin. Der Beweggrund war offenbar eine Vorstellung von Heimat und Nation, in die diese Menschen nicht passten. Unterstützt wurden die beiden Neonazis offenkundig von Beate Zschäpe, die sich vor dem Münchner Oberlandesgericht für ihr Handeln verantworten muss. Der Prozess wird Jahre dauern, die Hauptangeklagte hat

sich entschieden zu schweigen. Dafür sprechen die Namen ihrer Verteidigerin und der Verteidiger: Sturm, Heer und Stahl. Die Anwälte haben ideologisch allerdings nichts mit ihrer Mandantin gemein.

Scheinbar war sich der sogenannte Nationalsozialistische Untergrund (NSU) darüber einig, was in Deutschland unter Heimat zu verstehen ist und wer daran teilhaben darf. Warum sich Mundlos und Bönhardt dann in den Kopf geschossen haben, wo sie sich doch im Recht sahen, wird vielleicht immer ein Rätsel bleiben.

Im Politikteil der *Zeit* blickte Özlem Topçu anlässlich der bevorstehenden Sommerpause im August 2013 auf den bisherigen Verlauf des NSU-Prozesses zurück. Die Journalistin kam zu dem Schluss, dass die Verhandlung auf einem guten Weg sei. Nach anfänglichen Schwierigkeiten drohte der Prozess vor dem OLG München zunächst zu einer Lokalposse zu verkommen. Der Sitzungssaal war zu klein, die gewählte Methode zur Auslosung der Zugangsberechtigungen geriet zur international beachteten Farce. Ausgerechnet die Platzvergabe wurde zum zentralen Thema in den Medien, nicht das Schicksal der Ermordeten oder die Frage nach dem wahnsinnigen Weltbild der mutmaßlichen Täterin und ihrer toten Freunde. In verschiedenen Medien wurde auch über die leidtragenden Familien berichtet, allerdings wurde vor allem ihre Rolle als »Opfer mit Migrationshintergrund« betont. Die ethnische Zuschreibung stand im Vordergrund. Damit wurde wieder eine Grenze gezogen. Dabei waren die Ermordeten und sind ihre Eltern, Witwen und Kinder doch vor allem Teil der deutschen Gesellschaft.

IM SOMMER 2013 KURSIERTE EIN TEXT IN DEN SOZIALEN MEDIEN, der deutlich macht, wie Rassismus im Alltag funktioniert. Die Verfasserin oder der Verfasser bezog sich offenbar auf ein Schreiben, das in Stuttgart von Lehrern in Grundschulen verteilt worden war. Die Schüler sind, so lässt sich aus der Mitteilung schließen, darauf hingewiesen worden, dass sie nicht mehr »Grüß Gott« sagen sollen, weil diese Formel muslimische Mitschüler beleidigen könnte. Über Sinn und Unsinn dieser Information lässt sich natürlich streiten, eine Quelle wird gleichwohl nicht genannt. »Dazu kann man als Otto Normalbürger eigentlich nichts mehr anfügen und nur mehr den Kopf schütteln«, heißt es dann in dem Kommentar. Da unklar ist, was hinter dieser Aktion steht, in welchem Rahmen es dazu gekommen ist oder ob die Information überhaupt stimmt, ist die Debatte an diesem Punkt eigentlich am Ende.
Nun versteht sich der beinah 7000-mal geteilte Text im Netz aber gewissermaßen als Antwort auf den Verhaltenshinweis in baden-württembergischen Klassenzimmern. Die Entgegnung, die von »einer jungen Lehrerin« stammen soll, ist mit der Zeile überschrieben: »Nachdem die ›Zigeunersoße‹ wegen Diskriminierung umbenannt werden soll …« Das Schreiben wendet sich an »Landes- und Bezirksschulräte und Politiker, liebe Ausländer!«. Die Autorin oder der Autor stellt zunächst klar, dass sie oder er nichts gegen Einwanderung hat. Im Anschluss steht jedoch in Großbuchstaben geschrieben: »Einwanderer und nicht die Deutschen sollen sich anpassen!« Es folgt eine Erklärung dazu, was »das Deutsche« ist und wie man als Deutsche oder Deutscher zu sein hat. Der Ausspruch »Im Namen Gottes« wird zum nationalen Motto erhoben, der angesprochene Gott freilich ist allein der der christlichen Religionen. »Dies ist unser Staat, unser Land und unsere Lebensart, und wir gönnen Ihnen gerne jede Möglichkeit, dies alles und unseren Wohlstand mit uns zu

genießen.« Es geht weiter mit einer Entgegnung darauf, dass »sie« immer nur auf die Fahne und alles schimpfen. Dann können »sie« doch gefälligst auch dieses Land wieder verlassen.
So weit zum Inhalt dieser Statusmeldung. Was in dem Text sichtbar wird, ist eine ganz willkürliche Vermischung von Zusammenhängen und Positionen. Obwohl unklar ist, worum es eigentlich geht, werden Menschen, die – ja, für was eigentlich? – verantwortlich sein sollen, zunächst herbeizitiert und anschließend pauschal abgeurteilt. Durch die direkte Anrede entsteht der Eindruck, dass hier tatsächlich ein Gegenüber angesprochen wird. Der Beitrag ist weder gut geschrieben, noch wird irgendwie versucht zu vertuschen, dass die Ausführungen überhaupt keinen Zusammenhang mit dem eigentlichen Aufhänger haben. Dennoch fühlten sich wenige Wochen vor der Bundestagswahl mehrheitlich junge Leute von dieser Tirade an rassistischen Vorurteilen und Ressentiments bestätigt. Ein absurdes Theater möchte man meinen, ohne jeglichen Verstand.
Derjenige, auf den sich der geteilte Inhalt zum Thema »Grüß Gott« in der Reihe zuletzt zurückverfolgen lässt, hat als Profilbild das Foto eines Hundes. Auch als Hintergrundbild und in den einzelnen Meldungen: Hunde, Hunde und nochmals Hunde. Laut eigenen Angaben arbeitet er beim Tierschutzverein. Bei der sozialen Plattform gibt es immerhin die Möglichkeit, den Beitrag als »Hassrede gegen eine religiöse Gruppe« zu melden. Die Antwort des Anbieters nach eingehender Prüfung lautet allerdings, dass der Inhalt nicht gegen »unsere Gemeinschaftsstandards zu Hassbotschaften« spricht.
Biedermann und die Brandstifter lautet der Titel eines bekannten Dramas des Schweizer Autors Max Frisch. Die ganze Stadt brennt nieder, während Herr Biedermann und seine Frau auf Unschuld plädieren. Sie haben doch nichts anderes gemacht als die anderen auch. Im Nachspiel des Stücks geht es um die Frage,

wer in den Himmel und wer in die Hölle kommt. Herr Biedermann und seine Frau hoffen auf ihren Glauben. Die Hölle aber tritt daraufhin in Streik und schickt ihr Personal zurück auf die Erde.[12]

KEINE ANGST: HEIMAT ALS OFFENES ANGEBOT

Im Rheinland ereignete sich 2010 eine Geschichte, über die neben den regionalen Medien auch überregionale Blätter wie die *taz* oder der *Spiegel* berichteten: »Amir Shafaghi, 39, Bonner Unternehmer und als Karnevalsprinz Amir I. mit dem derzeit höchsten Ehrenamt der Stadt betraut, stieß an die engen Grenzen rheinisch-katholischen Frohsinns. Der im Alter von zehn Jahren nach Deutschland eingewanderte gebürtige Teheraner konnte am vorvergangenen Samstag beim Karnevalsgottesdienst im Bonner Münster die traditionelle Prinzenansprache nicht halten. Zusammen mit seiner Prinzessin Uta I., 26, und den obersten Narren des Festausschusses nahm er an dem Gottesdienst zwar teil, durfte aber nicht das Wort ergreifen. So war es abgesprochen, weil Shafaghi muslimischen Glaubens ist und die Veranstaltung zwar als ›ökumenisch‹, nicht aber als ›interreligiös‹ klassifiziert war. Shafaghi, dessen ›höchster Kindheitstraum‹ das Amt des Prinzen war, äußerte jetzt seine Enttäuschung über diese strengen Regeln. Der katholische Stadtdechant Wilfried Schumacher reagierte ebenso prompt wie unwirsch. ›Karneval und Christentum gehören zusammen‹, ließ er via Twitter-Dienst wissen, und deswegen dürfe der Muslim in seiner Kirche eben nicht sprechen: ›Ob es Tollität Amir gefällt oder nicht, im Münster habe ich das Sagen.‹«[13]

Prinz Amir

Realitäten verändern sich. Auch eine katholisch geprägte Landschaft wie das Rheinland muss sich heute anderen Fragen stellen als noch vor einigen Jahrzehnten. »Region ist niemals ein Raum gewesen, der Identität qua Zugehörigkeit und Solidarität in einer werteorientierten Gemeinschaft verbürgte«,[14] betont der Kulturwissenschaftler Kaspar Maase. Es gab und gibt entsprechend auch keine gleich oder gleich bleibende Regionalidentität. Die Abgrenzung von anderen dient vor allem dazu, sich der eigenen Identität zu versichern. Gerade wenn man aber so genau weiß, was Heimat für sich oder die eigene Familie bedeutet, kann man auch großzügiger damit umgehen. Eine solche Auffassung hat nicht die totale Abschottung, sondern eine Öffnung zur Folge.

Der Politikwissenschaftler Wilhelm Heitmeyer macht deutlich, dass eine Gesellschaft nicht mittels Ausgrenzung und dem Schaffen von einfachen Gegensätzen funktioniert. Eine Gesellschaft ist ein komplexes Gebilde, das sich ausdifferenziert, das verschiedene Positionen miteinander verbindet und unterschiedliche kulturelle Elemente enthalten kann. Gesellschaft meint in diesem Sinne ein zugängliches Geflecht und keinen abgeriegelten Container. Die Idee einer absoluten Einheitlichkeit war schon in der Vergangenheit falsch und ist auch in Zukunft nicht haltbar. Eine Gesellschaft, die vielfältig ist und diese Vielfalt zulassen kann, läuft außerdem nicht Gefahr, in ein System abzudriften, in dem es nur noch um oben und unten, stark und schwach, drinnen und draußen geht. Dieses Gegenüberstellen führt schließlich zu einer unaufhaltsamen Abwärtsspirale, warnt Heitmeyer, die Verlierer in dieser Aufteilung müssen sich schließlich immer wieder »neue Verlierer schaffen, um sich selbst aufzuwerten«.[15]

Auch dieses Phänomen lässt sich überall auf der Welt beobachten. Der Journalist Jan Ross diskutiert in der *Zeit* den Umgang mit dem politischen Islam. Die geistigen Eliten und Gegner der Muslimbrüderschaft befürchteten in Ägypten die Errichtung eines totalitären Systems. Das, so Ross, ist ein nicht von der Hand zu weisender Verdacht, und es ist sicher richtig, diese Sorge zur Sprache zu bringen und zu diskutieren. »Das Falsche am antidemokratischen Affekt dagegen ist die Tendenz zur Unmenschlichkeit. Es ist eben nicht so, dass man erst durch Aufgeklärtheit oder Teilhabe an der Moderne, durch Intelligenz, Bildung oder Leistung einen Anspruch auf Respekt erwirbt: den hat vielmehr jede und jeder, und die politische Gleichheit ist nichts als der Ausdruck dieser Tatsache.«[16]

Eine aktuelle Debatte in Europa richtet sich gegen Menschen aus dem Südosten Europas, die nach Deutschland oder Frankreich kommen, weil sie sich dort ein besseres Leben erhoffen. Immer wieder wird in den Medien und vonseiten der Politik gegen diese EU-Bürger gehetzt. Ein Blick auf die katastrophalen

Bedingungen, unter denen viele Menschen in ihren Herkunftsländern leben, macht sofort deutlich, warum ihnen das Verlassen der Heimat wichtig erscheint. In Deutschland und in Frankreich wird aber nicht über strukturelle Probleme oder die diskriminierende Politik in den Herkunftsstaaten diskutiert, sondern über störende Bettlerinnen und Bettler in den Innenstädten gewettert.

Herbert Brücker vom Institut für Arbeitsmarkt- und Berufsforschung in den Medien klärte im August 2013 über den »Mythos der Arbeitszuwanderung« aus Bulgarien und Rumänien auf. Viele Menschen, so der Forscher, der sich vor allem mit dem Zusammenhang von Migration, Arbeitsmarkt und Sozialstaat beschäftigt, gehen in Deutschland davon aus, dass gerade die wachsende Mobilität von Arbeitssuchenden aus Südosteuropa zu großen Problemen führt. Wie Brücker in seiner Studie zeigt, kann diese Annahme jedoch klipp und klar widerlegt werden. Im Gegenteil ist es so, dass besonders viele Menschen aus Bulgarien und Rumänien in den Arbeitsmarkt der Bundesrepublik Deutschland integriert sind und damit nicht nur Sozialabgaben, sondern vor allem auch Rentenversicherungsbeiträge bezahlen. Die Zahlen unterscheiden sich deutlich, betrachtet man etwa die Zuwendungen in Berlin und in Stuttgart oder München. Insgesamt ist das Bild des »bulgarischen oder rumänischen Sozialschmarotzers«, das sich hartnäckig hält, aber grundlegend falsch. Besonders interessant sind die Zahlungen in die Rentenkasse, bei den meisten Arbeitnehmerinnen und Arbeitnehmern aus Südosteuropa belaufen sich die Einzahlungen auf eine weitaus höhere Summe als die Ansprüche, die sie jemals geltend machen können. Dieses Plus wird auch nicht von den mitunter höheren Sozialleistungen ausgeglichen, die anfallen, weil viele dieser Arbeitnehmerinnen und Arbeitnehmer keinen festen Wohnsitz oder keine Krankenversicherung in Deutschland haben. Statt-

»Mythos Arbeitszuwanderung«

dessen bleibt ein deutlicher Vorteil für den deutschen Staat und seine Bevölkerung.[17] Oft ist es die jüngste Gruppe an Zuwanderern, der besonders negative Eigenschaften zugeschrieben werden. In Deutschland wird außerdem zwischen »guten« und »schlechten Ausländern« unterschieden. Menschen aus den europäischen Nachbarländern und Nordamerika und gut ausgebildete Spezialisten aus Indien oder Asien erfahren eine ganz andere Behandlung als Menschen aus afrikanischen Staaten oder dem arabischen Raum. Im Moment sind es Roma aus Bulgarien und Rumänien, denen mit besonderer Ablehnung begegnet wird.

Wer kommt denn eigentlich nach Deutschland, um Hilfe zu suchen? Aus Anlass der Asyldebatte berichtete im August 2013 auch das ZDF über die Menschen, die nach Deutschland kommen. Mohammad, ein syrischer Student, der fließend Englisch spricht, sagt, dass seine Familie jetzt zwar vollkommen zerstreut ist, aber das sei immer noch besser, als im Bürgerkriegsland Syrien zu bleiben. Eine afghanische Familie, die gerade vier Wochen zuvor gekommen ist, kommt ebenfalls zu Wort. Der Vater war Lehrer in einer Mädchenschule und wurde zu Hause bedroht. Deshalb sind er und seine Frau mit den beiden Töchtern nach einer langen Flucht nach Berlin gekommen. »Wir hätten unsere Heimat nicht verlassen, um in einem Heim zu leben, wenn es nicht notwendig gewesen wäre.«[18]

Bei aller Hetze gibt es in Berlin-Hellersdorf, in Reinickendorf und im schweizerischen Bremgarten auch massive Proteste gegen die menschenfeindliche Haltung der Anwohner und der beteiligten politischen Gruppen im Hintergrund. Ihre Art der Heimatverteidigung stieß keineswegs nur auf Zustimmung. Und Ressentiments werden immer wieder zu einem Thema, über das man in der Öffentlichkeit lautstark debattiert. Die Vorurteile und Ängste aber sind weiterhin vorhanden, wenn die Diskussionen an der Oberfläche bleiben.

»Im Gericht sieht man die heutige Bundesrepublik, die der NSU angegriffen hat, als Mikrokosmos«, schreibt Özlem Topçu in der *Zeit*, der »Senat besteht nur aus deutschstämmigen Juristen, dafür sorgen viele Polizeibeamte augenscheinlich nichtdeutscher Herkunft für die Sicherheit von Beate Zschäpe und ihren Mitangeklagten. Nur 60 Jahre nach Ende der Nürnberger Prozesse ist ein Großteil derjenigen, die heute Mordtaten aus neonazistischer Ideologie aufklären wollen, türkischstämmig. Neue deutsche Normalität. Ein Blick auf die Anklagebank hinterlässt die Frage, wer hier eigentlich wirklich integriert werden müsste.«[19] Am Ende ihrer Reportage kommt die Journalistin ausgehend von der Idee einer vielschichtig angelegten Gesellschaft zu einem zuversichtlich stimmenden Schluss. »Dieses Land wurde angegriffen. Nun hat es angefangen, sich zu wehren.«

Für Offenheit steht auch ein ganz besonderes Hotel, das in Augsburg konzipiert wurde. Die Rede ist vom »Grandhotel Cosmopolis«. Das Gebäude für dieses Projekt hat ein kirchlicher Träger zur Verfügung gestellt. Die Macher sprechen im Zusammenhang mit ihrer Idee von »einer sozialen Skulptur in Augsburgs Herzen«,[20] die unmittelbar in der Nähe des Doms umgesetzt wird. Das Paul-Gerhardt-Haus, das zuvor als Altenheim genutzt worden war, wurde in den vergangenen Jahren mit Hilfe vieler tatkräftiger Unterstützer umgebaut.

Was ist nun so außergewöhnlich an diesem »Grandhotel Cosmopolis«? Es gibt auf der einen Seite tatsächlich ein Hotel, in dem man gegen Bezahlung für eine Nacht oder mehrere Nächte bleiben kann. In dem anderen Flügel des Hauses sind Asylsuchende untergebracht. Die Räume sind freundlich und farbenfroh ausgestattet, es gibt eine Teeküche und einen Rosengarten. Mit dem »Grandhotel Cosmopolis« soll deutlich gemacht werden, dass Menschen, die Hilfe benötigen, auch auf diese Weise unterstützt werden können. Die Bezeichnung gilt gewissermaßen für alle Bewohner des Hauses. Die Flüchtlinge müssen nicht in einer Massenunterkunft am Rande auf ihre Bescheide warten, sondern sind in einer kleineren Wohneinheit im Zentrum von Augsburg untergebracht. Interessierte können sich zu Führungen anmelden und das Konzept des Hauses kennenlernen.

»Grandhotel Cosmopolis«

Darüber hinaus finden Veranstaltungen zu wechselnden Inhalten statt. Neben alltäglichen Problemen, Ablehnungsbescheiden, dem öffentlichen Interesse und den Bautätigkeiten wird im »Grandhotel Cosmopolis« auch Kunst gemacht. Eine Gruppe aus dem Haus war 2013 am Rahmenprogramm des Stücks »Intolleranza 1960« im Theater Augsburg beteiligt, und »der gemeinsame Song von Stef Maldener, Farhad Sidiqi und Riccardo Ferrara, der im Grandhotel entstanden ist«,[21] so wird auf dem Blog des »Cosmopolis« berichtet, landete im September 2013 tatsächlich auf Platz 2 der afghanischen Charts.

»FEINE SAHNE FISCHFILET« ist eine Hardcore-Punkband aus Mecklenburg-Vorpommern. Benannt haben sich die Musiker aus Rostock und Greifswald nach dem Produkt eines Discounters. Das Logo mit dem Anker deutet aber durchaus auf einen Bezug zur Küste hin, und den hat die Gruppe auch.
»Feine Sahne Fischfilet« ist nicht nur eine Punkband, sondern auch ein Netzwerk, das in einer Region bewusst antifaschistische Positionen bezieht, in der das nicht immer selbstverständlich ist.

Das klare Eintreten gegen Nazis führte in der Vergangenheit zu massiven Drohungen von rechts. Zudem wurde die Band als linksextremistische Gruppierung im Verfassungsschutzbericht des Landes Mecklenburg-Vorpommern aufgeführt. Von einem Auftritt beim Stadtfest im sächsischen Riesa wurde »Feine Sahne Fischfilet« wieder ausgeladen, weil der Stadtrat das Risiko für unkalkulierbar hielt. Die Medien berichteten, die Bürgermeisterin warb für Verständnis, und die Band reagierte mit Erstaunen. Gerade in solchen Regionen wollten sie doch demonstrieren, dass es auch andere Perspektiven auf die Welt geben kann.
Im Jahr 2013 wurde »Feine Sahne Fischfilet« mit dem Courage-Preis ausgezeichnet. In einer Stellungnahme bedankte sich die Band für die Aufmerksamkeit und wies gleichzeitig darauf hin, dass noch eine ganze Menge zu tun sei. In manchen Landstrichen in Mecklenburg-Vorpommern würde sich auch in Wahlkampfzeiten niemand mehr engagieren. Einzig und allein NPD-Plakate werben für ihre Kandidatinnen und Kandidaten. Dabei gibt es viele unterstützenswerte Initiativen gegen Rassismus und Fremdenfeindlichkeit. »Feine Sahne Fischfilet« macht sich stark für den Verein Ajuko e. V., der in Stralsund versucht, ein alternatives Jugendzentrum aufzubauen.

»WILLKOMMEN IN OBERHAVEL!« Mit dieser freundlichen Begrüßung ist keine Kampagne des regionalen Verkehrsamts gemeint, auch wenn touristisch ausgerichtete Werbeanzeigen in der Regel ganz ähnlich klingen. Schließlich sollen mit diesem Aufruf auch Gäste angesprochen werden, die ihren Urlaub in dieser oder jener Gegend verbringen sollen. Im brandenburgischen Hennigsdorf kaufen Bürgerinnen und Bürger den Flüchtlingen, die an dem Ort als Asylsuchende angesiedelt worden sind, ihre Lebensmittelgutscheine ab und kaufen damit ein. Das Problem ist, dass die Coupons nicht in allen Geschäften gelten

und nach einer Zeit verfallen. Will man also etwas Bestimmtes besorgen, geht das mitunter nicht, weil der Gutschein nicht gilt. »Willkommen in Oberhavel!« ist der Titel dieser Kampagne und der Name der Bürgerinitiative. Urheber war die Menschenrechtsorganisation Uri. Die Journalistin Svenja Pelzel hat im Brandenburgischen recherchiert und erfahren, dass die engagierte Bürgerschaft mit der Aktion gleich zwei Ziele verfolgt: »Die Menschen sollen sich beim Tauschen besser kennenlernen und der Landkreis ab sofort nur noch Bargeld auszahlen.«[22]
Wem das Ganze gar nicht gefällt, ist der Landrat der Region. Anstatt die Bemühungen auch im Sinne eines Miteinanders, das man aus seiner Sicht als »integrationspolitischen Erfolg« werten könnte, positiv zu bewerten, wurden die Bedingungen für den Einkauf mit den Gutscheinen, auf den man in der Regel nicht einmal das Wechselgeld zurückbekommt, noch verschärft. Vom Streit um diese Praxis berichtete die *Märkische Allgemeine Zeitung* im September 2013.[23] Einmal abgesehen von dieser Debatte ist durch das Projekt aber ein Austausch zwischen Menschen in Gang gekommen, und das ist schließlich die Voraussetzung für ein gemeinsames Leben und ein gemeinsames Verständnis von Heimat.

HEIMAT
IST ÜBERALL

HEIMAT HAT IMMER ETWAS PROZESSHAFTES. Im Laufe unseres Lebens eignen wir uns neue Heimaten an, wenn es notwendig ist. Aus beruflichen oder privaten Gründen bewegen wir uns von einer Situation in eine andere, das kann ein Ort sein, aber auch die Familie oder der Freundeskreis. Je umfassender, je radikaler, freiwillig oder erzwungen, sich der Übergang von einer Heimat in eine andere Heimat vollzieht, desto durchdringender erleben wir diesen Einschnitt.

Eine neue Beziehung kann das Gewesene infrage stellen und die eigene Idee von Heimat total umkrempeln. Der Bruch mit einer Partnerin oder einem Partner geht nicht selten mit dem Verlust von Heimat einher. Ein Neuanfang in einer unbekannten Stadt oder in einem fremden Land wird Strategien erfordern, sich selbst zu verorten, Kontakte aufzubauen und mit der alten Heimat umzugehen. Wer aufgrund seiner Arbeit von Berlin nach Hongkong geht, und das ist in unserer mobilen Gesellschaft durchaus möglich, wird dort vielleicht ein Faible für Buletten oder Berliner Weiße mit Schuss entwickeln. Auch wenn sie oder er zu Hause niemals Wert darauf gelegt hat, stehen diese Dinge fern von der Heimat auf einmal für etwas Gutes.

Überall auf der Welt entwickeln Menschen solche und andere Formen des Bezugnehmens auf etwas, was ihnen wichtig erscheint. Ein zentrales Thema ist dabei immer die Zugehörigkeit, auch wenn die Art und Weise, wie mit Heimat umgegangen und was als Heimat empfunden wird, kulturell geprägt ist. Und immer hat das Verhalten etwas mit den finanziellen Mitteln zu tun, die zur Verfügung stehen. Als Banker in London kann ich jeden Freitag nach Hause zu meiner Familie in Hannover fliegen. Als Managerin bewege ich mich zwischen Rom und Zürich, sooft es mir in meiner Zeitplanung möglich ist. Als Saisonarbeiterin auf einem Feld bleiben mir Telefonate mit meiner Mutter, als Bauarbeiter auf Montage schicke ich alle zwei Wochen eine Karte. Das Geld spielt aber nicht die zentrale Rolle, obwohl es manches sicherlich einfacher macht. Die Intensität von Beziehungen hängt von den Menschen ab. Über das Netz lassen sich Kontakte ganz anders als noch vor zwanzig Jahren halten, wenn man sich auch nicht spüren kann, mit einer Kamera kann man sich täglich sehen. Die technischen Errungenschaften der letzten Zeit lassen Entfernungen inzwischen beinahe willkürlich relativieren. Die Bandbreite der Internetverbindung bildet die Basis für einen Austausch, wie er früher vielleicht auf der Bank vor dem Haus stattgefunden hat.

Ein wesentlicher Unterschied im Umgang mit alten und neuen Heimaten ist aber immer die Frage, ob man den Wohnort oder den Arbeitsplatz freiwillig gewechselt hat. Der beste Job ist schließlich kaum verlockend, wenn man niemanden kennt, die Stadt nicht mag oder die Mentalität vor Ort nicht versteht. Noch schwieriger wird es, wenn man seine Heimat von heute auf morgen wegen eines Krieges oder Konfliktes verlassen musste, in Sorge lebt und immer noch die Hoffnung hat, dass sich alles klären wird. Oft sind Menschen

gezwungen, das gewohnte Umfeld oder sogar den Kontinent zu wechseln. Mit nichts als ihren Kleidern kommen sie allein oder mit der Familie in irgendeiner Welt an, in der sie versuchen müssen, ein Alltagsleben aufzubauen und eine neue Heimat zu finden. Auf traumatisierte Menschen aus einem Kriegsgebiet treffen sie, wenn es ihnen gelungen ist, zu fliehen, und zum Beispiel in Deutschland auf einen schier undurchdringlichen Verwaltungsapparat. Nicht nur die Sprache ist unbekannt, auch die zahllosen Regeln, nach denen sie leben sollen, sind kompliziert und verbieten jede Form von Normalisierung. Anstatt sich zu fragen, wie ein Miteinander aussehen kann, wird mit Ausgrenzung im Gegenteil noch Politik gemacht. Wie aber kann man sich mit dem Schutz der eigenen Heimat befassen, während man anderen ihr Recht auf Heimat gleichzeitig abspricht? In welcher Gesellschaft leben wir, wenn sich nicht alle irgendwo zugehörig fühlen dürfen? Heimat hat immer auch mit Teilhabe zu tun.

»Heimat kann man als einen Populärmythos bezeichnen. Er erschöpft sich nicht in einer phantastischen Erzählung, sondern kreist um einen Kern von elementaren Bedürfnissen, ist unspektakulär, bleibt weitgehend verborgen und wird von allen geteilt.«[1] Der Literaturwissenschaftler Bernd Hüppauf verfolgt die Entwicklung des Heimatbegriffs und denkt über die verschiedenen Bedeutungen von Heimat nach. Auf der einen Seite ist seit dem 19. Jahrhundert eine romantische, ideale Vorstellung ent-

standen. Um diesen Sehnsuchtsort bemühen wir uns noch heute. Während alles immer schwerer zu begreifen ist, bietet Heimat ein vermeintlich überschaubares Repertoire an Gegenständen und Gefühlen. Auf der anderen Seite hat der Begriff ganz wesentlich mit Abschiednehmen, Trauer, Schmerz und Nostalgie zu tun. Schattenseiten wie Flucht und Vertreibung sind ebenfalls Teil einer Heimatdebatte. Dieser Realität muss man ins Auge blicken, um das Thema in der Gegenwart denken und diskutieren zu können. Eine Heimat, die sich nur auf Traumwelten und Kulissen bezieht, ist im wahrsten Sinne des Wortes nicht mehr zeitgemäß. Das gilt genauso für die Vergangenheit.
Heimat, das heißt nicht nur Idylle. Heimat ist der Förster vom Silberwald. Heimat ist aber immer auch mit Schwierigkeiten verbunden. Damit können kriegerische Auseinandersetzungen gemeint sein genauso wie ein innerer Widerstreit. Hüppauf nennt als Beispiel die Biografie eines jungen Mannes, der darüber nachdenkt, welche Sprache ihm in welchem Moment wichtig ist. Geboren in Palästina, lebt er inzwischen seit Jahrzehnten in Deutschland. Die Sprache seiner Gedichte und Essays hat sich mit der Zeit ebenfalls zu Deutsch gewandelt. Nicht nur seine Heimat hat sich verändert, auch zu seiner Identität sind im Laufe seines Lebens viele neue Facetten hinzugekommen. »Heimat, die nicht verlangt, die Augen vor den Ungeheuern in Geschichte und Gegenwart zu schließen«, meint Bernd Hüppauf, »und einen Raum öffnet, in dem *Streit* unverborgen ausgetragen werden kann, hat eine Zukunft. Und nur sie.«[2]
Verschiedene Untersuchungen zeigen, dass die Wertschätzung von Vielfalt der Ausgrenzung von Gruppen oder Gemeinschaften entgegenwirkt. Menschen, die in ihrem Umfeld mit Menschen zu tun haben, die andere kulturelle Erfahrungen mitbringen, wenden sich in weitaus geringerem Maße gegen Menschen, die sich in irgendeiner Weise voneinander unterscheiden. Ge-

genwehr ist vor allem bei denen zu bemerken, die ohnehin nur mit einem Umfeld zu tun haben, das weitestgehend gleich bleibt. Das heißt, diese Leute begegnen in erster Linie Menschen, die demselben sozialen Milieu angehören, über vergleichbare Fähigkeiten verfügen und so weiter. Das, was sie als »das Fremde« ablehnen, ist ihnen in der Regel unbekannt.[3] Die eigene Identität geht immer von Abgrenzungen aus. Das ist ein ganz gewöhnlicher Vorgang, der aber eigentlich nichts mit anderen Menschen, sondern vor allem mit mir selbst zu tun hat. Wenn ich aber weiß, was Heimat für mich bedeutet, mir meiner Familie und meines Zuhauses sicher bin, kann ich dieses Gefühl auch teilen, ohne Angst zu haben, dass es mir jemand wegnimmt.

BIBLIOGRAFIE

Bausinger, Hermann (1980): Heimat und Identität. In: Köstlin, Konrad; Bausinger, Hermann (Hg.): Heimat und Identität. Probleme regionaler Kultur. Publikation zum Volkskunde-Kongress in Kiel 1979. Neumünster, S. 9–24.

Bausinger, Hermann (1986): Heimat in einer offenen Gesellschaft. Begriffsgeschichte als Problemgeschichte. In: Kelterer, Jochen (Hg.): Die Ohnmacht der Gefühle. Heimat zwischen Wunsch und Wirklichkeit. Weingarten, S. 89–115.

Bausinger, Hermann (2001): Heimat und Globalisierung. In: Österreichische Zeitschrift für Volkskunde. Band LV/2001, S. 121–135.

Binder, Beate (2008): Heimat als Begriff der Gegenwartsanalyse? Gefühle der Zugehörigkeit und soziale Imaginationen in der Auseinandersetzung um Einwanderung. In: Zeitschrift für Volkskunde, 2008/I, S. 1–17.

Bourdieu, Pierre (1987): Die feinen Unterschiede. Kritik der gesellschaftlichen Urteilskraft. Frankfurt a. M.

Chaussy, Ulrich; Püschner, Christoph (2012): Nachbar Hitler: Führerkult und Heimatzerstörung am Obersalzberg. 7., überarb. Aufl.

Egger, Simone (2008): Phänomen Wiesntracht. Identitätspraxen einer urbanen Gesellschaft. Dirndl und Lederhosen, München und das Oktoberfest (Münchner ethnographische Schriften, Band 2). München.

Egger, Simone (2013): Servus Heimat. Servus München. Volkskultur als Stilmittel urbaner Repräsentation. In: Eggmann, Sabine; Oehme-Juengling, Karoline (Hg.): Doing society. »Volkskultur« als gesellschaftliche Selbstverständigung. Basel (E-Book), S. 136–148.

Gebhard, Gunther; Geisler, Oliver; Schröter, Steffen (2007): Heimatdenken: Konjunkturen und Konturen. Statt einer Einleitung. In: Gebhard, Gunther; Geisler, Oliver; Schröter, Steffen (Hg.): Heimat. Konturen und Konjunkturen eines umstrittenen Konzepts. Bielefeld, S. 9–56.

Greverus, Ina-Maria (1972): Der territoriale Mensch. Ein literaturanthropologischer Versuch zum Heimatphänomen. Frankfurt a. M.

Greverus, Ina-Maria (1979): Auf der Suche nach Heimat. München.

Hobsbawm, Eric; Ranger, Terence (Hg.) (1992): The Invention of Tradition. Cambridge.

Ipsen, Detlev (1994): Regionale Identität. Überlegungen zum politischen Charakter einer psychosozialen Raumkategorie. In: Rolf Lindner (Hg.):

Die Wiederkehr des Regionalen. Über neue Formen kultureller Identität. Frankfurt a. M.; New York, S. 232–254.
Jacobs, Jane (1993): Tod und Leben großer amerikanischer Städte. Braunschweig (Berlin 1963).
Katschnig-Fasch, Elisabeth (1998): Möblierter Sinn. Städtische Wohn- und Lebensstile. Wien; Köln; Weimar.
Keupp, Heiner; Ahbe, Thomas; Gmür, Wolfgang, u. a. (2006): Identitätskonstruktionen. Das Patchwork der Identitäten in der Spätmoderne. Reinbek bei Hamburg.
Köstlin, Konrad (1991): Heimat geht durch den Magen. Das Maultaschensyndrom oder: Soul Food in der Moderne. In: Forschungen zur Volkskunde Baden-Württembergs, Band 4, S. 157-174.
Köstlin, Konrad (1996): Heimat als Identitätsfabrik. In: Österreichische Zeitschrift für Volkskunde. Band L/99. Wien, S. 321–338.
Kretschmer, Winfried (1998): Wackersdorf. Wiederaufbereitung im Widerstreit. In: Linse, Ulrich, u. a. (Hg.): Von der Bittschrift zur Platzbesetzung. Konflikte um technische Großprojekte. Berlin; Bonn.
Lauterbach, Burkhart (2008): Tourismus. Eine Einführung aus Sicht der volkskundlichen Kulturwissenschaft (Kulturtransfer. Alltagskulturelle Beiträge, 3). Würzburg, 2. Aufl.
Lehnert, Kathrin; Lemberger, Barbara (2013): Die Un-Ordnung neu denken – Probleme der Kategorisierung von »Migration« und Fragen an eine zukünftige Migrationsforschung. In: unveröffentlichter Tagungsband. Tübingen, S. 1–27.
Lindner, Rolf (1994): Vom Ethos der Region. In: Lindner, Rolf: Die Wiederkehr des Regionalen. Über neue Formen kultureller Identität. Frankfurt a. M.; New York, S. 201–231.
Ludwig-Uhland-Institut für empirische Kulturwissenschaften der Universität Tübingen (Hg.) (1989): Der deutsche Heimatfilm. Bildwelten und Weltbilder. Bilder, Texte, Analysen zu 70 Jahren deutscher Filmgeschichte. Tübingen.
Maase, Kaspar (1998): Nahwelten zwischen »Heimat« und »Kulisse«. Anmerkungen zur volkskundlich-kulturwissenschaftlichen Regionalitätsforschung. In: Zeitschrift für Volkskunde, 1/1998, S. 53–70.
Miller, Daniel (2008): The Comfort of Things. Cambridge; Malden.
Möhring, Maren (2012): Fremdes Essen. Die Geschichte der ausländischen Gastronomie in der Bundesrepublik Deutschland. München.
Pöttering, Hans-Gert; Klose, Joachim (2012): Wir sind Heimat. Annäherungen an einen schwierigen Begriff. Bonn.
Roth, Hans (2002): Erbe und Auftrag. Heimatschutz und Heimatpflege in Bayern im Wandel der Zeit. In: Bayerischer Landesverein für Heimatpfle-

ge e. V. (Hg.): Heimat erleben, bewahren, neu schaffen. Kultur als Erbe und Auftrag. 100 Jahre Bayerischer Landesverein für Heimatpflege e. V. München, S. 9–108.
Rucht, Dieter (1988): Wyhl. Der Aufbruch der Anti-Atomkraftbewegung. In: Linse, Ulrich, u. a. (Hg.): Von der Bittschrift zur Platzbesetzung. Konflikte um technische Großprojekte. Berlin; Bonn.
Schöck, Gustav (1986): Sammeln und Retten. Anmerkungen zu zwei Prinzipien volkskundlicher Empirie. In: Bausinger, Hermann; Korff, Gottfried; Scharfe, Martin; Schenda, Rudolf (Hg.): Abschied vom Volksleben. (Untersuchungen des Ludwig-Uhland-Instituts der Universität Tübingen, 27), Tübingen, 2. Aufl., S. 85–104.
Schrep, Bruno (2008): Die neue Verhöhnung: ›Bierdosen sind Hartz-IV-Stelzen‹. In: Heitmeyer, Wilhelm (Hg.): Deutsche Zustände. Folge 6. Frankfurt a. M., S. 218–223.
Ständecke, Monika (2004): Das deutsche Heimatwerk. Idee, Ideologie und Kommerzialisierung (Bayerische Schriften zur Volkskunde, Band 8). München.

ANMERKUNGEN

SPUREN IN DER GEGENWART

1 Bausinger, Hermann (1986): Heimat in einer offenen Gesellschaft. Begriffsgeschichte als Problemgeschichte. In: Kelterer, Jochen (Hg.): Die Ohnmacht der Gefühle. Heimat zwischen Wunsch und Wirklichkeit. Weingarten, S. 89–115, hier: S. 90 f.

2 Vgl. Bausinger, Hermann (2001): Heimat und Globalisierung. In: Österreichische Zeitschrift für Volkskunde. Band LV/2001, S. 121–135.

1. HEIMAT – EINE BIOGRAFIE

1 Bausinger (1986), a. a. O., hier: S. 89.

2 Vgl. Kluge: Etymologisches Wörterbuch der deutschen Sprache (1999): Heimat. Berlin, New York, 23., erweiterte Aufl., S. 365.

3 Vgl. Greverus, Ina-Maria (1972): Der territoriale Mensch. Ein literaturanthropologischer Versuch zum Heimatphänomen. Frankfurt a. M., S. 28.

4 Vgl. ebenda; Greverus, Ina-Maria (1979): Auf der Suche nach Heimat. München, S. 63; Bausinger (1986), a. a. O., hier: S. 92 f.

5 Vgl. Bausinger (1986), a. a. O., hier: S. 93 f.; Greverus (1979), a. a. O., S. 63.

6 Lauterbach, Burkhart (2008): Tourismus. Eine Einführung aus Sicht der volkskundlichen Kulturwissenschaft (Kulturtransfer. Alltagskulturelle Beiträge, 3). Würzburg, 2. Aufl., S. 29.

7 Vgl. Roth, Hans (2002): Erbe und Auftrag. Heimatschutz und Heimatpflege in Bayern im Wandel der Zeit. In: Bayerischer Landesverein für Heimatpflege e. V. (Hg.): Heimat erleben, bewahren, neu schaffen. Kultur als Erbe und Auftrag. 100 Jahre Bayerischer Landesverein für Heimatpflege e. V. München, S. 9–108, hier: S. 9–18.

8 www.heidelberg.de/hd,Lde/HD/Leben/Die+Stadt.html (3. Oktober 2013).

9 Ebenda.

10 Vgl. Arnim, Achim von; Brentano, Clemens (Hg.) (1806/08): Des Knaben Wunderhorn. Alte deutsche Lieder. 3 Bände. Heidelberg. Schöck, Gustav (1986): Sammeln und Retten. Anmerkungen zu zwei

Prinzipien volkskundlicher Empirie. In: Bausinger, Hermann; Korff, Gottfried; Scharfe, Martin; Schenda, Rudolf (Hg.): Abschied vom Volksleben (Untersuchungen des Ludwig-Uhland-Instituts der Universität Tübingen, 27). Tübingen, 2. Aufl., S. 85–104, hier: S. 89.

11 Vgl. Grimm, Jacob; Grimm, Wilhelm (1816): Deutsche Sagen, Berlin. Grimm, Jacob (1819–1837): Deutsche Grammatik. 4 Bände. Göttingen.

12 Vgl. Gebhard, Gunther; Geisler, Oliver; Schröter, Steffen (2007): Heimatdenken: Konjunkturen und Konturen. Statt einer Einleitung. In: Gebhard, Gunther; Geisler, Oliver; Schröter, Steffen (Hg.): Heimat. Konturen und Konjunkturen eines umstrittenen Konzepts. Bielefeld, S. 9–56, hier: S. 19.

13 Hölderlin, Friedrich (1800): Heidelberg-Ode. In: Hölderlin, Friedrich (1970): Sämtliche Werke. Hg. von Friedrich Beissner. Band 2. Stuttgart, S. 14 f.

14 Eichendorff, Josef von (1855): Einzug in Heidelberg. In: Eichendorff, Josef von: Robert und Guiscard. Leipzig.

15 Vesely, Friedrich; Löhner-Beda, Fritz; Neubach, Ernst (1925): Ich hab mein Herz in Heidelberg verloren. Musik und Text. Heidelberg.

16 Vgl. www.whudat.de/40-jahre-torch-stadtfuhrung-hip-hop-in-heidelberg-dokumentation/ (1. April 2013).

17 Advanced Chemistry (1992): Fremd im eigenen Land. Lied und Text. Heidelberg.

18 Biermann, Wolf (8. November 2000): Das Kind sitzt nackt im Schneesturm. In: Die Welt. Verfügbar unter: www.welt.de/print-welt/article545923/Das-Kind-sitzt-nackt-im-Schneesturm.html (3. Oktober 2013).

19 Vgl. www.whudat.de/40-jahre-torch-stadtfuhrung-hip-hop-in-heidelberg-dokumentation/ (1. April 2013).

20 Vgl. www.whudat.de/40-jahre-torch-stadtfuhrung-hip-hop-in-heidelberg-dokumentation/ (1. April 2013).

21 Hahn, Frederik (2008): Wunderschön (Kapitel 69). Lied und Text. Verfügbar unter: www.google.de/url?sa=t&rct=j&q=&esrc=s&source=web&cd=2&ved=0CDoQFjAB&url=http%3A%2F%2Fww1.heidelberg.de%2Fbuergerinfo%2Fgetfile.asp%3Fid%3D216958%26type%3Ddo&ei=LQpPUrbBGYWctAaTvIF4&usg=AFQjCN-H4mPT8TOTbR75dyIdsgElBteukjg&sig2=Fr6ygRMWl5u3itYv-j8Ri_g&bvm=bv.53537100,d.Yms (4. Oktober 2013).

22 Vgl. Was ist Heimat? Eine Spurensuche in Deutschland (7. April 2012). Der Spiegel.

23 Vgl. Kurbjuweit, Dirk (7. April 2012): Mein Herz hüpft. In: Der Spiegel, S. 60–69.

24 Heimat mal dreizehn (7. April 2012). In: Der Spiegel, S. 70 f., hier: S. 71.

25 Vgl. www.faz.net/aktuell/feuilleton/auktion-die-teure-fruehlingslandschaft-1160399.html (17. Juni 2008).

26 Stahl-Grosse, Sabine (1991): Staffage. Begriffsgeschichte und Erscheinungsform. München, S. 181.

27 Vgl. Börsch-Supan, Helmut (1987): Caspar David Friedrich. München, S. 24 f.

28 Busch, Werner (2003): Caspar David Friedrich. Ästhetik und Religion. München, S. 46.

29 Vgl. Heine, Heinrich (2005): Deutschland. Ein Wintermärchen. Geschrieben im Januar 1844. Köln; www.br.de/radio/bayern2/sendungen/radiowissen/deutsch-und-literatur/heinrich-heine-dossier100.html (1. April 2013).

30 Vgl. www.br.de/fernsehen/bayerisches-fernsehen/sendungen/dahoam-is-dahoam/index.html (7. Juli 2013).

31 www.swr.de/diekirchebleibtimdorf (15. Mai 2013).

32 Vgl. Köstlin, Konrad (1996): Heimat als Identitätsfabrik. In: Österreichische Zeitschrift für Volkskunde. Band L/99. Wien, S. 321–338, hier: S. 332.

33 Vgl. Bausinger (1986): Heimat in einer offenen Gesellschaft, a. a. O., hier: S. 105.

34 Vgl. Ständecke, Monika (2004): Das deutsche Heimatwerk. Idee, Ideologie und Kommerzialisierung (Bayerische Schriften zur Volkskunde, 8). München.

35 Vgl. Chaussy, Ulrich; Püschner, Christoph (2012): Nachbar Hitler: Führerkult und Heimatzerstörung am Obersalzberg. 7., überarb. Aufl.

36 Bausinger (1986), a. a. O., hier: S. 107.

37 Ludwig-Uhland-Institut für empirische Kulturwissenschaften der Universität Tübingen (Hg.): Der deutsche Heimatfilm. Bildwelten und Weltbilder. Bilder, Texte, Analysen zu 70 Jahren deutscher Filmgeschichte. Tübingen 1989, S. 80.

38 Vgl. ebenda, S. 80 f.

39 Vgl. www.salzburgerland.com/de/sound-of-music/die-wahre-geschichte.html (7. Juli 2013).

40 Vgl. www.imdb.com/title/tt0059742/ (7. Juli 2013).

41 Vgl. www.panoramatours.com/de/salzburg/tour/tour-1a-original-sound-of-music-tour-27 (6. Juli 2013).

42 Vgl. www.imdb.com/media/rm1977783552/tt0052313?ref_=tt_pv_md_1 (6. Juli 2013).
43 www.salzburgerland.com/de/sound-of-music/die-wahre-geschichte.html (7. Juli 2013).
44 Vgl. Mitterer, Felix (1991): Die Piefke-Saga. Komödie einer vergeblichen Zuneigung. Innsbruck.
45 Bausinger (1986), a. a. O., hier: S. 108 f.; Greverus (1979), a. a. O., S. 19 ff.
46 Bausinger (1986), a. a. O., hier: S. 108.
47 Görtemaker, Manfred (1999): Geschichte der Bundesrepublik Deutschland. Von der Gründung bis zur Gegenwart. München, S. 628.
48 Wolfrum, Edgar (2005): Die Bundesrepublik Deutschland 1949–1990 (Gebhardt, Handbuch der deutschen Geschichte, 23). Stuttgart, S. 505.
49 Vgl. Görtemaker, a. a. O., S. 628, 634, 645.
50 Kretschmer, Winfried (1998): Wackersdorf. Wiederaufbereitung im Widerstreit. In: Linse, Ulrich, u. a. (Hg.): Von der Bittschrift zur Platzbesetzung. Konflikte um technische Großprojekte. Berlin; Bonn, S. 165–218, hier: S. 165, 167, 177.
51 Rucht, Dieter (1988): Wyhl. Der Aufbruch der Anti-Atomkraftbewegung. In: Linse, Ulrich, u. a. (Hg.): Von der Bittschrift zur Platzbesetzung. Konflikte um technische Großprojekte. Berlin; Bonn. S. 128–164, hier: S. 128.
52 Vgl. Kretschmer, a. a. O., hier: S. 165.
53 Vgl. Wolfrum, a. a. O., S. 510, 513.
54 Vgl. Kretschmer, a. a. O., hier: S. 175 ff.
55 Greverus (1979), a. a. O.
56 Ebenda, S. 34.

2. LEBENSWELTEN UND WELTREGIONEN

1 Vgl. Pöttering, Hans-Gert; Klose, Joachim (2012): Wir sind Heimat. Annäherungen an einen schwierigen Begriff. Bonn.
2 www.kas.de/upload/dokumente/2012/heimat/Heimat_rosa.pdf (18. Mai 2013).
3 Ebenda.
4 Kurbjuweit, a. a. O.
5 Bausinger (1986), a. a. O., hier: S. 90 f.
6 Vgl. Keupp, Heiner; Ahbe, Thomas; Gmür, Wolfgang, u. a. (2006): Identitätskonstruktionen. Das Patchwork der Identitäten in der Spätmoderne. Reinbek bei Hamburg.

7 Bausinger, Hermann (1980): Heimat und Identität. In: Köstlin, Konrad; Bausinger, Hermann (Hg.): Heimat und Identität. Probleme regionaler Kultur. Publikation zum Volkskunde-Kongress in Kiel 1979. Neumünster, S. 9–24, hier: S. 9.

8 Vgl. Maase, Kaspar (1998): Nahwelten zwischen »Heimat« und »Kulisse«. Anmerkungen zur volkskundlich-kulturwissenschaftlichen Regionalitätsforschung. In: Zeitschrift für Volkskunde, 1/1998, S. 53–70.

9 Lindenberg, Udo (2011): Reeperbahn 2011 (What it's like) feat. Jan Delay. Text und Musik. Hamburg.

10 http://ksta.stadtmenschen.de/blogs/mod_blogs_eintrag/blog/kstablog/thema/vermischtes/eintrag/suedafrika_namibia_afrika_motorrad/ocs_ausgabe/ksta_blogs/index.html (29. August 2013).

11 www.deutschlandradiokultur.de/besuch-in-tehrangeles.979.de.html?dram:article_id=257556 (26. August 2013).

12 Frisch, Max (1998): Fragebogen. Frankfurt a. M., S. 76 f.

13 Vgl. Zwischen Heimat und Herz (17. Februar 2013). In: Welt am Sonntag. Verfügbar unter: www.welt.de/print/wams/sport/article113687840/Zwischen-Heimat-und-Herz.html (7. Oktober 2013).

14 Lehnert, Kathrin; Lemberger, Barbara (2013): Die Un-Ordnung neu denken – Probleme der Kategorisierung von »Migration« und Fragen an eine zukünftige Migrationsforschung. In: unveröffentlichter Tagungsband. Tübingen, S. 1–27.

15 Binder, Beate (2008): Heimat als Begriff der Gegenwartsanalyse? Gefühle der Zugehörigkeit und soziale Imaginationen in der Auseinandersetzung um Einwanderung. In: Zeitschrift für Volkskunde, 2008/I, S. 1–17, hier: S. 7.

16 Maase, a. a. O., hier: S. 56.

17 Vgl. www.stylehousefiles.com/dirndl-a-l%C2%B4africaine-african-prints-bavarian-silhouettes/ (20. April 2012).

18 Stadttheater Bremerhaven (2011): Odyssee: Heimat. Interkulturelles Theaterfestival. Programmheft. Bremerhaven, S. 17.

19 Vgl. www.zeit.de/gesellschaft/zeitgeschehen/2013-06/camp-muenchen-aufgeloest (30. Juni 2013).

20 Vgl. die Reihe »Heimat, fremde Heimat« auf ORF 2, 8. Mai 2005; die Serie »Die letzten 50 Tage«. In: Süddeutsche Zeitung, 20. April 2005, S. 6; Beiträge auf www.dradio.de/dlf/sendungen/fluchtundvertreibung (2. Juni 2005).

21 Vgl. Kaurismäki, Mika (2011): Mama Afrika – Miriam Makeba. Spielfilm. Südafrika.

22 Vgl. Karolinski, Alexa (2013): Oma und Bella. Dokumentarfilm.
23 Vgl. Gregorian, Karnik (2003): Die Gerichte meines Vaters. Dokumentarfilm.
24 Vgl. www.diegerichtemeinesvaters.de (15. Juni 2012).
25 www.boersenblatt.net/637725/?t=newsletter (24. September 2013).
26 Ebenda.

3. HEIMATGEFÜHLE UND SEHNSUCHTSORTE

1 Poisel, Philipp (2008): Halt mich. Lied und Text. Stuttgart.
2 Vgl. www.heimat123.de/heim2inh.htm (19. Juli 2013).
3 Vgl. www.fbw-filmbewertung.com/film/die_andere_heimat_chronik_einer_sehnsucht (29. August 2013).
4 Vgl. Moorhouse, Jocelyn (1995): Ein amerikanischer Quilt. Spielfilm.
5 Vgl. Miller, Daniel (2008): The Comfort of Things. Cambridge, Malden.
6 www.heimat-koeln.de/opencms/opencms/heimat-koeln/Konzept.html (7. Juli 2013).
7 Ebenda.
8 Haas, Wolf (2002): Wie die Tiere. Reinbek bei Hamburg, S. 91.
9 Ebenda, S. 42.
10 Klüpfel, Volker; Kobr, Michael (2004): Erntedank. Kluftingers zweiter Fall. Memmingen, S. 19.
11 Vgl. Mankell, Henning (2012): Mittsommermord. München; Vázquez Montalbán, Manuel (2012): Carvalho und die tätowierte Leiche. Ein Kriminalroman aus Barcelona. Berlin.
12 Vgl. Vargas, Fred (2000): Bei Einbruch der Nacht. Berlin.
13 Izzo, Jean-Claude (2010): Mein Marseille. Zürich, S. 21.
14 Vgl. Price, Richard (2012): Clockers. Frankfurt a. M.
15 The Wire (2002–2008). Serie auf HBO. USA.
16 Vgl. Larsson, Stieg (2006): Verblendung. München; ders. (2007): Verdammnis. München; ders. (2008): Vergebung. München.
17 Steinbauer-Grötsch, Barbara (2009): Ein Topf Heimat. Überlebensrezepte aus Globalistan. Wasseken.
18 http://eintopfheimat.com/ (15. April 2013).
19 http://eintopfheimat.com/autorin/ (16. September 2013).
20 http://eintopfheimat.com/2013/09/16/eurasische-mischkueche-vom-feinsten-oerap-oerap/ (18. September 2013).
21 Vgl. Hobsbawm, Eric; Ranger, Terence (1992): The Invention of Tradition. Cambridge, S. 1–14.

22 Vgl. www.schwarzwaelder-schinken-verband.de/index.php?seite=schinkenmuseum (12. August 2013).
23 Waigand, Magda (1966): Kochbuch der Donauschwaben. Pfeddersheim. 7. Auflage, Vorwort.
24 Ebenda, S. 15.
25 Vgl. Neubeck, Peter von (11. Juni 2012): Die »Chefin« wird heute 90. In: Donauwörther Zeitung. Verfügbar unter: www.augsburger-allgemeine.de/dillingen/Die-Chefin-wird-heute-90-id20558116.html (24. November 2013).
26 Vgl. Köstlin, Konrad (1991): Heimat geht durch den Magen. Das Maultaschensyndrom oder: Soul Food in der Moderne. In: Forschungen zur Volkskunde Baden-Württembergs, 4, S. 157–174.
27 Vgl. www.kloster-maulbronn.de/wissenswert-amuesant/anekdoten/jakobs-maultaschen/ (15. September 2013).
28 Vgl. Möhring, Maren (2012): Fremdes Essen. Die Geschichte der ausländischen Gastronomie in der Bundesrepublik Deutschland. München.
29 Pledl Wolfgang (15. Juni 2013): Obacht 17. Der aktuelle Newsletter des bayerischen Landesvereins für Heimatpflege.
30 Vgl. Greverus (1972), a. a. O.
31 Vgl. Franke, Ulrike; Loeken, Michael (2012): Arbeit, Heimat, Opel. Dokumentarfilm.
32 www.faz.net/aktuell/feuilleton/medien/wdr-film-arbeit-heimat-opel-macht-keine-grossen-plaene-11991158.html (5. Juli 2013).
33 www.3sat.de/page/?source=/kulturzeit/themen/166819/index.html (12. August 2013).
34 Promm, Thomas (8. März 2013): Willkommen in der Realität. In: Süddeutsche Zeitung, S. 19.

4. IDYLLE UND WIRKLICHKEIT

1 http://jetzt.sueddeutsche.de/texte/anzeigen/498951/Berliner-Arroganz-und-Muenchner-Freiheit (22. September 2013).
2 Vgl. Lindner, Rolf (2003 b): Der Habitus der Stadt. Ein kulturanthropologischer Versuch. In: Petermanns Geographische Mitteilungen, H. 2, S. 46–53.
3 Vgl. Lindner, Rolf (1994): Vom Ethos der Region. In: Lindner, Rolf: Die Wiederkehr des Regionalen. Über neue Formen kultureller Identität. Frankfurt a. M.; New York, S. 201–231.
4 MUH 10, Sommer 2013, S. 19.

5 Koll, Andreas (2013): Gscherte Lackln, Volkssänger und Goaßlschnalzer. In: MUH 10, Sommer 2013, S. 19–24, hier: S. 19.

6 Ebenda, hier: S. 23.

7 Vgl. Egger, Simone (2008): Phänomen Wiesntracht. Identitätspraxen einer urbanen Gesellschaft. Dirndl und Lederhosen, München und das Oktoberfest (Münchner ethnographische Schriften, 2). München.

8 Schmidt, Christopher (6. August 2004): Politik der falschen Fünfziger. In: Süddeutsche Zeitung, S. 17.

9 Vgl. Riehl-Heyse, Herbert (1979): CSU. Die Partei, die das schöne Bayern erfunden hat. München.

10 www.dradio.de/dkultur/sendungen/kulturinterviews/577612/ (29. Dezember 2006).

11 Vgl. Egger, a. a. O.

12 Mayer, Christian (7. September 2004): Barbie-Dirndl, Hirschhornknöpfe und Ranzengürtel. In: Süddeutsche Zeitung, S. 43.

13 Vgl. Egger, a. a. O., S. 28 ff.

14 Möhler, Gerda (1981): Das Münchner Oktoberfest. Vom bayerischen Landwirtschaftsfest zum größten Volksfest der Welt. München; Wien; Zürich, S. 180.

15 Vgl. Tostmann, Gexi (1998): Das Dirndl. Alpenländische Tradition und Mode. Wien; München, S. 11.

16 Die fröhlichste Mode im Olympia-Jahr (April 1972). In: Neue Post, S. 36.

17 Vgl. Egger, a. a. O., S. 46 f.

18 Polt, Gerhard (1985): Auf geht's. In: Crivelli, Giosanna; Klinger, Thomas (Hg.): Auf geht's zur Wiesn. Das Münchner Oktoberfest. München, S. 7 f., hier: S. 7.

19 Egger, Simone (2013): Servus Heimat. Servus München. Volkskultur als Stilmittel urbaner Repräsentation. In: Eggmann, Sabine; Oehme-Juengling, Karoline (Hg.): Doing Society. »Volkskultur« als gesellschaftliche Selbstverständigung. Basel (E-Book), S. 136–148, hier: S. 136.

20 www.servusheimat.com (4. März 2010).

21 Keyser, Beate (22./23. August 2009): Besuchen Sie doch mal die bayerische Gams. In: tz, S. 10.

22 Die Schau bietet einen Überblick zu rund 850 Jahren Stadtgeschichte und setzt immer wieder Akzente zum Thema »Invention of Tradition«.

23 Theiss, Maximilian (16. März 2009): Weissblauer Hampelmann. Abendzeitung, S. 4 f.

24 Vgl. www.reiner-stolte-grafik-design.de/galerie/1104670963/Pelikan%20Verlag%20TKKG%20-TKKG%20-%20Sch%FClerkalender.htm (10. März 2010).

25 Der Text ist in Teilen bereits in einem Artikel zum Thema Volkskultur erschienen. Vgl. Egger (2013), a. a. O.

26 Vgl. Hobsbawm, Eric: Introduction: Inventing Traditions. In Hobsbawn/Ranger, a. a. O., S. 1–14.

27 Vgl. Eggmann: Doing Society. Was »Volkskultur« und »Gesellschaft« verbindet. In: Eggmann/Oehme-Juengling (Hg.), a. a. O., hier: S. 9–26.

28 Vgl. Kiefersauer, Matthias (2007): Das große Hobeditzn. Spielfilm. München.

29 Vgl. Trojanow, Ilija (2010): Vorwort. In: Trojanow, Ilija: Oberammergau. Richard F. Burton zu Besuch bei den Passionsspielern. Hamburg, S. 7–20, hier: S. 13.

30 Burton, Richard F.: Von Murnau nach Oberammergau. In: ebenda, S. 35–44, hier: S. 43.

31 Vgl. ebenda, hier: S. 13.

32 Ebenda.

33 Vgl. ebenda, hier: S. 16.

34 Vgl. http://passionstheater.de/ (6. September 2013).

35 Vgl. Egger (2013), a. a. O., S. 136–148.

36 LaBrassBanda, Flyer von 2009. Das Zitat stammt offenbar aus der *Süddeutschen Zeitung*.

37 www.gutfeeling.de/shop/g-rag-die-landlergschwister/landlergschwister/ (15. August 2013).

38 Ebenda.

39 Kotteder, Franz (27. Oktober 2009): Sturmflut aus Übersee: Besser als der Rest: »LaBrassBanda« mit neuer CD im Circus Krone. In: Süddeutsche Zeitung, S. 41.

40 www.muh.by/ueber-die-muh (6. März 2013).

41 Ebenda.

42 Ipsen, Detlev: Regionale Identität. Überlegungen zum politischen Charakter einer psychosozialen Raumkategorie. In: Lindner, Rolf (Hg.): Die Wiederkehr des Regionalen. Über neue Formen kultureller Identität. Frankfurt a. M.; New York 1994, S. 232–254, hier: S. 239.

43 Keinz, Anika; Schönberger, Klaus; Wolff, Vera (Hg.) (2012): Kulturelle Übersetzungen (Schriftenreihe der Isa Lohmann-Siems Stiftung, 4). Berlin, S. 7.

44 Bachmann-Medick, Doris (2010): Kultur der Übersetzung – Übersetzung der Kultur. In: Humboldt. Eine Publikation des Goethe-Instituts. Verfügbar unter: www.goethe.de/wis/bib/prj/hmb/the/kul/de6074307.htm (15. April 2013).

45 www.derwesten.de/freizeit/das-dirndl-wird-selbst-im-ruhrgebiet-zum-modetrend-id8283265.html (7. August 2013).
46 www.bayerische-staatszeitung.de/staatszeitung/leben/detailansicht-leben-in-bayern/artikel/der-nahe-osten-entdeckt-den-freistaat.html (14. August 2013).
47 Vgl. www.tsv1860.de/aktuell/news/wiesn-trikot-online-bereits-am-ersten-tag-ausverkauft (15. Mai 2013).
48 Vgl. www.fold.lv/en/2013/06/latvian-craftsmen-and-designers-in-riga-art-space/ (10. August 2013).
49 Vgl. Bausinger (2001), a. a. O., hier: S. 125.
50 www.goldhauben.net/trachtenerneuerung/index.html (17. August 2013).
51 Vgl. www.liqua.net/stadt-im-glueck/text/chapter/der-goldhauben-eklat (10. August 2013).
52 Vgl. www.internationalwardrobe.com/ (10. Mai 2013).
53 Vgl. www.circleculture-gallery.com/exhibitions/Berlin/home_sweet_home ahoi_blackjpg (25. August 2013).

5. LEBEN UND WOHNEN

1 Vgl. Heitz, Halina (2003): Balkon- und Kübelpflanzen. München, S. 124.
2 Vgl. Katschnig-Fasch, Elisabeth (1998): Möblierter Sinn. Städtische Wohn- und Lebensstile. Wien; Köln; Weimar.
3 Vgl. Bourdieu, Pierre (1987): Die feinen Unterschiede. Kritik der gesellschaftlichen Urteilskraft. Frankfurt a. M.
4 Vgl. ebenda.
5 Vgl. https://www.facebook.com/HomelessInSeattle?fref=ts (17. Juli 2013).
6 Vgl. Fittkau, Ludger (21. Mai 2013): Schrumpfen – nein danke. Kommunen in der Pfalz und ihr Umgang mit sinkenden Einwohnerzahlen. Länderreport in Deutschlandradio Kultur.
7 Vgl. Saunders, Doug (2011): Arrival City. Über alle Grenzen hinweg ziehen Millionen Menschen vom Land in die Städte. Von ihnen hängt unsere Zukunft ab. München.
8 »Hilfe, wir wurden versteigert!«. In: tz, 18. September 2013.
9 Wright, Christian L. (10. Juli 2010): Ludlow Street, Light and Dark. In: New York Times. Verfügbar unter: www.nytimes.com/2010/07/18/realestate/18block.html?pagewanted=all&_r=0 (22. September 2012).

10 Vgl. Moss Spatt, Beverly (1971): A Proposal to change the Structure of City Planning. Case Study of New York City. (Praeger Special Studies in U.S. economic and social development) New York; London, S. 58 f.

11 Wahlwerbespot von Erich Ulrich auf NY1HD in der Pause der Sendung »INside City Hall«, 19. September 2012.

12 Breckner, Ingrid (2010): Gentrifizierung im 21. Jahrhundert. In: *APuZ, 17/2010, S. 27–32, hier: S. 27.*

13 Ebenda.

14 www.spiegel.de/kultur/gesellschaft/der-marxist-und-geograph-david-harvey-ueber-das-recht-auf-stadt-a-895290.html (4. Juli 2013); vgl. Harvey, David (2013): Rebellische Städte. Frankfurt a. M.

15 Vgl. www.syndikat.org/ (15. März 2013).

16 www.goldgrund.org/ (24. Mai 2012).

17 Kommentar zu »Goldgrund Immobilien« auf Facebook (24. Mai 2012).

18 Vgl. Beitrag in der Sendung »quer« im Bayerischen Rundfunk, 24. Mai 2012.

19 Vgl. www.goldgrund.org/social-network/ (17. Juli 2013).

20 Vgl. www.hamburg.de/gaengeviertel/chronik/ (17. Mai 2013).

21 www.abendblatt.de/hamburg/article1153188/Wie-eine-Stadt-ihre-Geschichte-wegsaniert.html (19. Mai 2013).

22 Vgl. www.ndr.de/regional/hamburg/gaengeviertel243.html (15. Mai 2013).

23 http://das-gaengeviertel.info/ (15. Mai 2013).

24 Vgl. http://gaengeviertel-eg.de/ (15. Mai 2013).

25 Vgl. Jacobs, Jane (1993): Tod und Leben großer amerikanischer Städte. Braunschweig (Berlin 1963).

6. HERZLICH WILLKOMMEN!

1 www.achtneun.com/2013/09/liebeserklarung-von-beastin-an-89/ (11. September 2013).

2 Schrep, Bruno (2008): Die neue Verhöhnung: ›Bierdosen sind Hartz-IV-Stelzen‹. In: Heitmeyer, Wilhelm (Hg.): Deutsche Zustände. Folge 6. Frankfurt a. M., S. 218–223, hier: S. 219.

3 Ebenda.

4 Ebenda.

5 Ebenda.

6 http://katrinhilger.wordpress.com/2013/08/21/danke-fur-nichts-liebe-regierung/ (22. August 2013).

7 Vgl. www.zeit.de/gesellschaft/zeitgeschehen/2013-06/fluechtlinge-unhcr-syrien-un (5. Juli 2013).
8 Vgl. www.berliner-zeitung.de/berlin/spielplatz-eingezaeunt-fluechtlingskinder-muessen-draussen-bleiben,10809148,23867006.html (11. August 2013).
9 Vgl. www.focus.de/panorama/welt/zum-schutz-der-bevoelkerung-schweizer-asylbewerber-duerfen-nichts-ins-freibad_aid_1063817.html (21. August 2013).
10 Vgl. www.zeit.de/politik/deutschland/2013-08/asyl-hellersdorf-demonstrationen (19. August 2013).
11 Seibt, Gustav (26. November 2010): Dem Bewahren, Guten, Schönen. Unser Lifestyle ist weniger modern, als wir dachten. Ein Essay über den neuen Konservativismus. In: Süddeutsche Zeitung Magazin, S. 48–52, hier: Titel.
12 Vgl. Frisch, Max (1958): Biedermann und die Brandstifter. Theaterstück. Zürich.
13 www.spiegel.de/spiegel/print/d-68785492.html (20. Mai 2013).
14 Maase, a. a. O., hier: S. 69.
15 Heitmeyer, Wilhelm (2008): Die Ideologie der Ungleichwertigkeit. In: Heitmeyer (Hg.): Deutsche Zustände. Folge 6. Frankfurt a. M., S. 36–44, hier: S. 43.
16 Ross, Jan (25. Juli 2013): Sind die Frommen die Dummen? In: Die Zeit, S. 3.
17 www.zeit.de/wirtschaft/2013-08/mythos-armutszuwanderung (21. August 2013).
18 Beitrag im ZDF Mittagsmagazin, 21. August 2013.
19 Topçu, Özlem (8. August 2013): Die andere Angeklagte. In: Die Zeit, S. 2 f., hier: S. 3.
20 http://grandhotelcosmopolis.wordpress.com/ (25. Juni 2013).
21 http://grandhotelcosmopolis.wordpress.com/2013/09/24/quer-is-in-da-house-und-platz-2-in-afghanischen-charts-fur-eine-grandhotel-connection/ (24. September 2013).
22 Vgl. www.dradio.de/dkultur/sendungen/reportage/2255151/ (19. September 2013).
23 Vgl. www.maz-online.de/Lokales/Oberhavel/Streit-um-Gutscheine-fuer-Asylbwerber-spitzt-sich-zu (19. September 2013).

HEIMAT IST ÜBERALL

1 Hüppauf, Bernd (2007): Heimat – Die Wiederkehr eines verpönten Wortes. Ein Populärmythos im Zeitalter der Globalisierung. In: Gebhard, Gunther; Geisler, Oliver; Schröter, Steffen (Hg.): Konturen und Konjunkturen eines umstrittenen Konzepts. Bielefeld, S. 109–140, hier: S. 110.

2 Ebenda, hier: S. 138.

3 Vgl. Wolf, Carina; Dick, Rolf van (2008): Wenn anders nicht schlechter bedeutet. Die Wertschätzung von Vielfalt fördert die Gleichwertigkeit von Gruppen. In: Heitmeyer, Wilhelm (Hg.): Deutsche Zustände. Folge 6. Frankfurt a. M., S. 137–154.

CALL HOME
PRESS THE
BUTTON
USA
CANADA
Collect
OTHER
COUNTRIES
TOURIST
INFO
Lift Handset
Swipe Card
wait 20 sec
Follow
Instructions

Ich danke Nadine Lipp vom Riemann Verlag
für viele anregende Gespräche und die schöne
Zusammenarbeit.

FSC® www.fsc.org
MIX
Aus verantwortungsvollen Quellen
FSC® C011124

Verlagsgruppe Random House FSC® N001967
Das für dieses Buch verwendete FSC®-zertifizierte Papier
Tauro liefert Papier Union.

1. Auflage
Originalausgabe

Redaktion: Ralf Lay
Umschlaggestaltung: Martina Baldauf, Herzblut02
Innenlayout nach einer Vorlage von Martina Baldauf, Herzblut02
Alle Fotos Innenteil © Simone Egger bis auf S. 47, 49, 60, 63,
125 oben, 127 © Nadine Lipp
Satz: EDV-Fotosatz Huber/Verlagsservice G. Pfeifer, Germering
Druck und Bindung: Mohndruck, Gütersloh
Printed in Germany
ISBN 978-3-570-50162-7
www.riemann-verlag.de